Bruxaria na internet

M. Macha NightMare

Bruxaria
na internet

Tradução
CLAUDINEY PRIETO

Revisão de tradução
RODRIGO ALVA

CIP-Brasil. Catalogação-na-fonte
Sindicato Nacional dos Editores de Livros, RJ.

M. Macha NightMare
M1b   Bruxaria na internet / M. Macha NightMare; tradução de Claudiney
Prieto; revisão de tradução Rodrigo Alva. – Rio de Janeiro: Nova Era,
2007.

     Contém glossário
     Inclui bibliografia
     ISBN 978-85-7701-102-5

     1. Feitiçaria. 2 Internet e feitiçaria. I. Título.

                                  CDD – 133.4
07-0770   CDU – 133.4

Título original em inglês:
WITCHCRAFT AND THE WEB

Copyright da tradução © 2006 by Editora Best Seller Ltda.
Copyright © 2001 by M. Macha NightMare

Publicado originalmente por ECW PRESS, Ontário, Canadá.

Todos os direitos reservados. Proibida a reprodução, no todo ou em
parte, sem autorização prévia por escrito da editora, sejam quais
forem os meios empregados, com exceção das resenhas literárias,
que podem reproduzir algumas passagens do livro, desde que
citada a fonte.

Direitos exclusivos de publicação em língua portuguesa para o Brasil
adquiridos pela EDITORA NOVA ERA um selo da EDITORA BEST SELLER LTDA.
Rua Argentina, 171 – Rio de Janeiro, RJ – 20921-380 – Tel.: 2585-2000
que se reserva a propriedade literária desta tradução

Impresso no Brasil

ISBN 978-85-7701-102-5

PEDIDOS PELO REEMBOLSO POSTAL
Caixa Postal 23.052
Rio de Janeiro, RJ – 20922-970

Às minhas Irmãs e aos meus Irmãos na Arte.

Que nossos ritos sagrados possam gerar ondas e ondas de compaixão, entendimento, prazer e amor em todos os mundos.

Mulher Aranha

Num tempo remoto,
Quando não havia mundo
E nada vivo existia
Eu, a Mulher Aranha, me lancei no espaço.

Eu respirei, cantei, pensei,
E teci um mundo que se formou
Do brilho púrpura, no início.

Depois de finalizar este mundo,
Eu o povoei com criaturas, e criei a primeira mulher e o primeiro homem,
Que então criaram seus ancestrais,
Que então criaram todos vocês neste espaço.
E assim foi.

Na primeira mulher e no primeiro homem
Eu teci um pouco de meu próprio ser —
Uma teia de sabedoria e pensamento,
E a liguei por um fio
À minha própria teia.

Entretanto, depois de um tempo, a primeira mulher e o primeiro homem e seus
descendentes, seus ancestrais, e vocês
Pareceram todos ter-se esquecido de que possuem essa teia de sabedoria,
E assim perderam a visão do significado da vida,
E se tornaram orgulhosos e cruéis,
Arriscando-se e lutando,
E até mesmo fantasiando que criaram a si mesmos!

Vocês me decepcionaram *muito*!

E ainda assim eu perseverei,
Criando três novos mundos para vocês.
Cada um mais real, perfeito e completo que outro,
Em cada um vocês adquiriram novos conhecimentos:
Como plantar as sementes,
Como preservar o fogo,
Como tecer mantos, fazer potes,
Orar.

Agora estamos no quarto mundo,
Onde vocês, os seres humanos, têm sido altamente engenhosos
Com as artes que lhes ensinei.
Vocês formaram uma civilização complexa, cheia de construções, dinheiro,
tecnologias e hábitos,
Cujas conexões de computadores vocês até ousaram chamar de a grande teia
mundial.
Mas o propósito do magnífico projeto cultural que preocupa a todos é — qual?
Proporcionar o imenso crescimento da vida humana em detrimento a todas as
outras formas de vida?
O fio *real* que os sustenta,
A trama que eu teci,
A teia que contém todas as substâncias, seres, pensamentos, ações visíveis e
invisíveis,
Espaço e Tempo,
Parece agora esquecida por vocês.
A pujante vida desapareceu com a correria de seus empreendimentos.

Hoje eu os desafio e ordeno
A despertarem do devaneio de abstração e apego,
A abrirem os olhos e o coração
Para Mim,
Para a Minha teia,
Para a realidade.

A enxergarem
que *vocês* não estão "aqui"
Para dominar e se contrapor ao mundo "lá fora".
Ao contrário, vocês são uma parte e parcela do mundo;
Construído pela mesma teia estrelada que a Terra, as pedras e as árvores,
Seu cão, seu companheiro,
Seu inimigo, seu amor,
Seu computador, sua mãe.

Vocês são todos a minha trama,
Pontos da mesma luz,
Interligados.
Seus vizinhos são vocês mesmos,
E todos vocês são Meus.

Se não acreditam em mim,
Tentem Me chamar em suas mentes.
Não falem,
Mesmo assim eu responderei
Com uma imagem ou palavra no mundo exterior.
Incrível coincidência, vocês acreditam?

Não,
A sincronicidade é a teia iluminada,
E isso é tudo.

— Mary Kay Landon

Sumário

Prefácio à edição brasileira	13
Prefácio	15
Agradecimentos	21
Introdução	23
Capítulo 1 O povo da internet	29
Capítulo 2 Seguindo as conexões: caminhos para o aprendizado	63
Capítulo 3 Tecendo os fios: redes de comunicação	95
Capítulo 4 Avivando os filamentos: divindade e "teísmos"	147
Capítulo 5 Quem tem a lançadeira?	168
Capítulo 6 Encontros e muitos fios a tecer	189
Capítulo 7 Adicionando cor e textura	223
Conclusão Ampliando e colorindo a tapeçaria	245
Notas	247
Glossário terminológico	251
Bibliografia selecionada	263

Prefácio à edição brasileira

A Bruxaria é aquilo que sempre chamei de *Cyber Religion*. Seguramente, ela é a religião mais presente na internet e tem sido, há mais de uma década, ponto de encontro e de troca de informações entre Pagãos de todas as linhas de pensamento em todo o mundo.

Pela internet, alguém em qualquer lugar do mundo pode expressar livremente seu pensamento e manifestar sua religiosidade sem medo de discriminação, de perseguição, de se expor a grupos radicais e sem precisar andar quilômetros para encontrar uma única pessoa que acredite e pratique a sua religião.

A internet é o meio ideal para promover um fórum global de comunicação, diálogo e interatividade entre os Bruxos. A liberdade, a adaptabilidade e a modernidade fornecidas por ela se ajustam perfeitamente ao espírito da contemporânea Arte dos Sábios. A internet é um dos poucos meios de comunicação que tem abraçado a Bruxaria, a espiritualidade Pagã e a Deusa com todo o seu potencial e sem preconceitos.

Os tecnopagãos, agora, possuem um livro!

Com mais de 30 anos de experiência como Bruxa, M. Macha NightMare explora em *Bruxaria na internet* os aspectos vitais da cultura Pagã on-line que estão mudando a imagem da Wicca, da Bruxaria e do Paganismo não só na rede, mas também além dela.

A autora disponibiliza informações valiosas para um Bruxo que esteja iniciando sua caminhada na Arte ou tentando estabelecer contatos com outros Pagãos pela internet.

Nesta obra, você encontrará técnicas de como se preparar e conduzir rituais on-line, e conhecerá os sites das principais organizações Pagãs do mundo e dos grupos mais atuantes do Paganismo — que há mais de uma década forjam a presença da cultura Pagã na rede.

Macha fornece, ainda, informações únicas que ajudam a expandir sua experiência de comunicação pela internet com pessoas que compartilham os mesmos pensamentos e crenças. Revela teorias e práticas da arte da Bruxaria que envolvem purificações, invocações, criação de espaços sagrados, formas de canto e dança, elevação e criação de energia. Tudo isso poderá ser aproveitado da mesma maneira por aqueles que preferem praticar a Arte no espaço real, em vez do virtual.

Como Bruxo e usuário da internet praticamente desde o seu florescer, na década de 1990 — considerando que passo diversas horas em frente ao meu computador e me incluo entre os praticantes da Arte que fazem uso da rede não só para aprimorar seus conhecimentos, mas também para estabelecer novos contatos e cruzar fronteiras —, tenho lido muitos livros sobre o tema Bruxaria e sua relação com a rede. De todas as obras que encontrei sobre o tema, esta é definitivamente a mais concisa, útil, inspiradora, poética e prática com a qual já me deparei.

Este livro é uma jóia que lançará luz na comunicação on-line entre Pagãos de diversos lugares, durante muito tempo, criando amor, tolerância e sabedoria através da Teia da Sábia Fiandeira.

Claudiney Prieto
Lammas — 6º ARD

Prefácio

Uma Bruxa ou Bruxo é uma mulher sábia, um homem talentoso, um xamã, um explorador da realidade sagrada, um tecelão de forças invisíveis, um vidente. Um Bruxo é alguém que está atento, alguém com visão — que observa o que não pode ser visto e que sabe que visão não é apenas o ato de ver, mas de prever.

Os Bruxos têm previsto o potencial infinito da internet, a ponte tecnológica do futuro. Desde o início, Bruxos e Pagãos têm sido parte integrante desse crescimento tecnológico e, mais do que os praticantes de qualquer outra religião, eles têm cruzado a fronteira do espaço virtual para explorar, cultivar e criar. Assim como os Bruxos criam e colaboram com este maravilhoso recurso, a rede contribui para o desenvolvimento da Bruxaria contemporânea. A incrível velocidade com que a internet conecta as pessoas favoreceu tanto o nosso crescimento que hoje diversas fontes reconhecem a Bruxaria como a religião que cresce mais rapidamente nos Estados Unidos.

A Bruxaria foi durante muito tempo uma religião secreta — uma inevitável conseqüência da caça às Bruxas e dos estereótipos distorcidos e negativos que surgiram dessa perseguição feroz. A partir de 1950, no entanto, a Bruxaria contemporânea iniciou um lento e cuidadoso processo de reaparecimento, organização e liberação — ainda que por mais de 50 anos somente poucos tenham desejado ou podido se declarar publicamente como praticantes dessa religião ao mesmo tempo antiga e moderna. As conseqüências desse processo, conforme eu mesma posso atestar como Bruxa e defensora dos direitos dos Pagãos, ainda podem ser severas. Mas os Bruxos não podem viver nem praticar sua espiritualidade com medo. O confronto com os terrores da opressão é profundamente libertador, pois do outro lado do temor está o fortalecimento da liberdade.

Há, entretanto, muitos Bruxos que não podem correr o risco de "sair do armário de vassouras": os que vivem em áreas onde a violência é facilmente usada para intimidar; os que temem perder a custódia de seus filhos ou um emprego do qual dependem para viver; e os jovens Bruxos que se deparam com os aborrecimentos de colegas ou funcionários de escolas. Investidas contra nossa liberdade religiosa se estendem das profundas pregações da Bíblia às carteiras da universidade, da mídia aos atuais representantes da sociedade. Os tempos, no entanto, estão mudando rapidamente — e a internet é uma das responsáveis por isso.

A internet fornece uma fonte de intensa força e solidariedade a incontáveis indivíduos que um dia se empenharam, exploraram, estudaram ou praticaram sozinhos. Com o anonimato permitido pela tela do computador, Bruxos puderam alcançar um mundo anteriormente escondido, e encontrar apoio, educação, informação, uma rede de ajuda legal e jurídica, organizações e, o mais importante, uma comunidade. As pessoas descobriram que, não importa onde vivam, ou quais sejam as circunstâncias, elas não estão sozinhas. A internet possibilitou uma rede segura — uma teia de magia e conexão longe do medo e do isolamento e próxima a um ambiente dinâmico de ativismo e espiritualidade. A internet possibilitou o nosso fortalecimento individual e comunitário, o que não apenas tem ajudado na organização dessa comunidade, mas também tem-na hospedado e transformou-a intensamente.

Sites, listas de discussão, blogs, correspondências eletrônicas — a internet permitiu aos Bruxos se comunicar, reagir e responder com extraordinária rapidez e efetividade. Um ato de preconceito é respondido com a rápida mobilização — com a ajuda e o conforto de amigos e o apoio, a assistência legal e os esforços da mídia. A internet abriga não só uma, mas dúzias de redes de assistência a ativistas, informação e inspiração. Nossas conexões no espaço cibernético se transformaram em ligações no espaço físico — amizades são feitas, covens são fundados ou formados, organizações ganham formato e objetivos com planos de ação emergem. Não somos mais invisíveis — um para o outro ou para o mundo. O que nós Bruxos tecemos no espaço virtual nos fez luminosamente visíveis.

Prefácio

A internet se tornou a praça do mundo, onde somos livres para falar com nossas vozes — apresentar a verdade sobre quem somos, no que acreditamos, como praticamos e quais são nossos valores, sem o preconceito ou o temor de outros. E o que dizemos agora é acessível a qualquer um que queira ouvir, em qualquer lugar do mundo, a qualquer momento. E, à medida que tanto a nossa verdade quanto a nossa comunidade se tornam cada vez mais presentes no mundo, causamos um impacto mais forte no futuro. Em um mundo que corre o risco de ser aniquilado, a internet carrega nossa mensagem, informando que o Divino habita dentro de nós e à nossa volta, que a Deusa está retornando, que a Terra é sagrada e que a Bruxaria é uma espiritualidade formada por elegância, beleza e renascimento.

O ciberespaço nos permite crescer como uma comunidade espiritual, como membros de uma comunidade global e também como indivíduos. Ele possibilita o contato entre as pessoas e o acesso à fonte de informação mais extensa e rica que já existiu. A Bruxaria é uma espiritualidade viva e envolvente — ela é orgânica, e, como qualquer coisa viva, requer nutrição. A internet fornece uma infindável fonte de apoio — para nossas mentes, nossas almas e nossa espiritualidade. Podemos aprender sobre lugares sagrados, religiões, divindades, mitologia, línguas, filosofia, metafísica, física, matemática, geologia, história, arquitetura, arte, dança, música, poesia, psicologia, consultoria, política e muito mais.

Nós podemos investigar a história e o folclore, a cosmologia e os rituais religiosos de nossos antepassados. Podemos aprender os conhecimentos sagrados e as técnicas xamanistas, incluindo estados alterados de consciência, adivinhação, energia e práticas de cura. Podemos pesquisar sobre ervas, rios, animais, tempo, astronomia ou a biografia de figuras inspiradoras. Os novatos em Bruxaria podem aprender a fazer um círculo mágico, e praticantes experientes podem estudar sânscrito. A lista é infinita, assim como nossos interesses. E tudo isso enriquece a forma como vivemos e praticamos nossa espiritualidade. Nós também podemos ensinar uns aos outros. Há aulas on-line, estações de rádio digitais e publicações independentes. Criamos salas de bate-papo, boletins informativos e sites onde é possível discutir técnicas e experiências, assuntos e idéias, e compartilhar rituais e descobertas.

A internet é o local onde os Bruxos estão reconstruindo a biblioteca perdida de Alexandria, com recursos valiosos que excedem o conteúdo desse antigo templo de aprendizado de um modo que, até agora, seria apenas um sonho. Os reinos do espaço cibernético, misteriosos e ativos, abrigam agora o conhecimento da humanidade através das eras e para todo o planeta. Tudo está literalmente disponível, ao alcance das mãos. E cada guardião do conhecimento e explorador dos mistérios sagrados nessa teia de energia, luz e informação é abençoado pelo espírito orientador de Hypatia — filósofa, matemática e aclamada professora da universidade da antiga Alexandria. Após ter sido brutalmente assassinada por uma multidão cristã, ela reside em cada um de nós, assim como o espírito da grande biblioteca alexandrina habita a internet.

A internet também é um templo de magia, um portal dentro dos reinos da possibilidade e da divindade. Círculos, rituais e encontros de covens são realizados on-line. Há lugares dedicados às Divindades e aos altares sagrados. Existem trabalhos mágicos, feitiços, energização e cura na rede. Os Bruxos transformaram suas fronteiras sagradas no espaço virtual em um local seguro e sagrado. Eles sabem que tudo é energia, e nossas jornadas ao longo dos caminhos de luz que pulsam no planeta nos unem quando criamos uma teia de maravilhas, sabedoria e descobertas divinas. Realizamos mais conexões, avivamos informações pela intuição e damos forma a nós mesmos e à nossa religião à medida que navegamos pelos reinos do ciberespaço e da cibermagia. Lembramo-nos de onde estamos e do porquê de estarmos aqui: toda a vida é divina e está interligada, e assim também é o mundo revelado, entrelaçado e manifestado através da teia de energia à qual chamamos internet.

O caminho que percorremos dentro dessa teia ou rede é tão singular e único quanto nós mesmos. Mas nossas jornadas mágicas têm demonstrado que percorremos esses caminhos em um cenário compartilhado e sagrado. Como trazemos para ele nossos propósitos sagrados — nutrir nossa espiritualidade como indivíduos e comunidade —, a realidade na qual nos aventuramos se torna impregnada do divino. A mesma divindade que dá poderes à teia da vida, dá poderes à rede de luz e sabedoria que chamamos de internet.

Ela é um portal para os reinos da magia, um instrumento para realizar feitiços e uma outra forma de energia divina com a qual se faz magia sagra-

Prefácio

da. Há padrões e conexões, sincronicidade e manifestações mágicas. Os Bruxos praticam uma espiritualidade baseada na divindade imanente, uma espiritualidade que se sustenta em nossa habilidade de experienciar o Sagrado dentro de nós mesmos e no mundo. Nossos corpos são sagrados, a Terra é sagrada, a Natureza, como personificação do Divino, é nossa mestra espiritual. Será que a internet, e a perspectiva da cibermagia, nos voltou para uma realidade transcendente e sem corpo confinada à mente? Ela poderá colocar em risco a espiritualidade nos levando à realidade culturalmente confortável da abstração?

Não acredito que esse seja o nosso destino. Podemos escolher permanecer em nossas mentes ou usar esse marcante dom para abrir nossos corações. Assim como a internet tem nutrido o crescimento da Bruxaria, esta agora está nutrindo a internet. Levamos a sabedoria da Terra e do corpo para as dimensões de energia do espaço cibernético. Como Bruxos, experimentamos esse reino de energia. Não teremos a experiência única e necessária da realização de um círculo mágico de mãos dadas, do fluir da energia de um Bruxo para outro, de sentir o vento na face e o Sol sobre a pele enquanto invocamos os elementos ou de ver e sentir a energia da Deusa ou do Deus descer sobre nós e nos transformar. Por isso, devemos sempre nos voltar para a Terra ao praticar a magia e a nossa espiritualidade, de modo a ter a plenitude de sua natureza divina. Mas podemos levar conosco o poder, a sensação e a sabedoria daquelas experiências para o espaço virtual e para a cibermagia. Assim como compreendemos que a máxima "Como acima, é abaixo" significa que o espírito e matéria são uno, cada vez mais as nossas explorações na internet irão revelar que "Como dentro, é fora". Nossa paisagem interior — que contém nossos sentimentos espirituais, emocionais e físicos — encontrará uma maneira de moldar a paisagem exterior do espaço virtual.

Qual é a nossa visão do futuro? O Nobel de Física, Richard Feynman, sabiamente disse que a única forma de predizer o futuro é inventando-o. A fronteira mágica do espaço virtual, que é um amontoado caótico de informações, nos lembra que além do caos emerge um padrão — é o modelo de espirais, a forma fundamental da vida, das moléculas que constituem nosso DNA às galáxias que giram ao nosso redor. Que nos seja permitido nutrir a nós mesmos e nossa espiritualidade com a ilimitada sabedoria que a internet nos possibilita, e que possamos construir templos nos reinos virtuais, e dentro de nossos corações, que honrem o espírito de Hypatia.

— Phyllis Curott, cidade de Nova York, maio de 2001

Agradecimentos

Mais do que a maioria dos livros, este é o resultado da contribuição, do encorajamento e da influência de muitas pessoas. Muito de minha inspiração veio
delas, suas respostas me ajudaram a refinar esta obra, porém os erros são somente de minha parte.

Pelos elogios, conselhos sadios e convicção do que deveria fazer, agradeço
a minha agente, Jennie Dunham, da Dunham Literary. Por acreditar em meu
potencial, a Emma McKay, da ECW. Pelo parecer da proposta original, a John
Hedtke ("Tiller"). Pelo auxílio na organização deste livro e pela assistência desde
meus primeiros dias na Arte, a Diane Baker e ao Coven Raving.

Por abrir o mundo da Bruxaria feminista a mim e depois me levar ao mundo da publicação literária, os agradecimentos vão para Starhawk. Por ver o
potencial e oferecer encorajamento para meu crescimento pessoal e social na
Arte, durante anos e anos, os agradecimentos são para Mevlannen Beshderen,
Judy Harrow e Brandy Williams. Pela orientação oracular, o meu "oráculo na
Caverna", para Kat Suthon. Pelo apoio animado, competente e generoso em
instituir e manter minha presença na internet, que foi o ponto de partida que
me trouxe a este trabalho, para Elsa DieLöwin.

Por me ajudarem na aventura catastrófica da computação, agradeço a Russel
Williams, Chas S. Clifton, Pam Williams, Elvis Omar ben Tof, David Farrow e Tom
Caudle. Pela disciplina do grupo Book in a Week, a Jennifer Stevenson. Pelo seu
prefácio lírico, a Phyllis Curott. Pelas consultas sobre inter-religiosidade internacional, a Donald H. Frew, e sobre educação superior inter-religiosa, a Anne Hill.

Pela participação em meu encontro educativo informal e no serviço de minha lista de discussão na internet, os agradecimentos vão para Ginger Wages,
Laura Spellweaver Wildman, Chris Classen, Melissa Oringer, Marilyn R. Pukkila,

Panthera Orbweaver, BaAset e Nanx. O auxílio em áreas específicas foi provido pelas seguintes pessoas:

- Por compartilhar experiências sobre as primeiras tricotadas on-line na internet: Carol Maltby e Magenta Griffin.
- Por trocar idéias sobre rituais e ensino on-line: Jehanna Silverwing, Tom "Moose" Dixon, Abby Willowroot, Adam Jenkins e Ceffyl.
- Por me dar a oportunidade de experimentar a educação on-line de maneira direta: Cat Chapin-Bishop e Kirk White do Seminário Cherry Hill e meus maravilhosos amigos de classe em Limites e Éticas.
- Por me fornecer informações sobre radiodifusão digital on-line: Sandy Johnson e Mark Kelly.
- Por discursar em nome dos estudantes universitários: Murph/Barda.
- Por compartilhar sua bela voz de Mulher Aranha: Mary Kay Landon.

Pelas consultas sobre gírias da internet, os agradecimentos vão para a irmã Beth Bone Blossom Stanford, do coven Holy Terror. Por supervisionar a objetividade ao longo dos anos, para minha irmã no Reclaiming, Vibra Willow, que contribuiu muito para o Glossário também. Pelo estímulo intelectual em observar as práticas de uma religião da Natureza no espaço cibernético, para Shawn Arthur e Grant H. Potts.

Pela simpatia, encorajamento e discernimento, sou grata a Grey Cat. Por sua perspectiva do Bruxo homossexual em nosso movimento, por me impedir de caminhar em algo fétido e por sua avaliação lisonjeira de meu trabalho, a Sparky T. Rabbit. Pelos bate-papos matinais "além da conta" por e-mail e por me incentivar a cada passo do caminho, a Patricia Monaghan.

Por seu auxílio generoso em manter meu equilíbrio e perspectiva, por partilhar sua perspectiva única sobre a presença e o crescimento do paganismo e da Bruxaria na rede mundial de computadores, mesmo que eles jamais tenham me encontrado, agradeço a Fritz Jung, do *The Witches' Voice*, e a Lhiannon/Jen Bryan, do DrakNet.

E por último, mas não menos importante, meus agradecimentos a Corby Lawton, por me manter alimentada, descansada e massageada, por me levar para caminhar ao ar livre pelas montanhas de nosso lindo litoral, pelo riso e pelo amor.

Introdução

Como toda área da vida humana, a religião antiga/moderna da Bruxaria tem sido profundamente afetada pelo avanço da internet. A Bruxaria tem experienciado um tremendo crescimento e mudança nos últimos 20 anos, e esse crescimento se expandiu de forma ilimitada com a popularidade da rede de computadores. A cultura cibernética parece conter um atrativo de especial apelo para Bruxos e Pagãos. Nós, os Bruxos, temos certamente abraçado o e-mail, as salas de bate-papo, os blogs e muitos outros recursos do mundo virtual.

Com a diáspora, os judeus permaneceram ligados como povo por seu texto sagrado, o Talmude, mesmo não tendo uma pátria. As intermináveis discussões das passagens e dos significados do texto talmúdico fizeram com que o povo judeu permanecesse unido. Eles se tornaram conhecidos como o Povo do Livro. Eu vejo os Pagãos, especialmente os Bruxos, evoluindo para aquilo que chamo de Povo da Internet.

Antes do advento do ciberespaço, Bruxos e Pagãos estavam isolados uns dos outros. Nós tínhamos grupos de trabalho, comumente chamados covens, e "tradições" — famílias de covens cujos membros aprendiam uns com os outros e passavam os ensinamentos via linhagem. Quando o coven crescia, "dividia-se": um grupo, adequadamente treinado, se unia a outros e formava um novo, ou simplesmente saía do antigo e criava um outro. No entanto, diversos covens e tradições podiam coexistir na mesma cidade, ou até no mesmo bairro, sem jamais saber da existência um do outro. Embora algumas dessas divisões se opusessem aos festivais rurais Pagãos, nos quais amizades nasciam, a maioria dos Bruxos não revelava sua verdadeira identidade. Discrição era o caminho seguro e prudente quando a internet chegou à nossa religião. Mantínhamos nossas identidades e nossos grupos em sigilo.

A internet mudou tudo isso. No mundo virtual, indivíduos isolados e grupos se encontraram. Nele, relações virtuais foram tecidas em torno de interesses e objetivos em comum. O espaço virtual permitiu criar uma comunidade onde nenhuma outra existia. O anonimato das comunidades on-line permitiu ao povo da Bruxaria expressar pensamentos, sentimentos e experiências com relativa segurança. Assim, de certa forma, a internet se tornou nossa igreja. Seguindo filamentos, de nó em nó, sobrepondo e interligando nossos bordados, a Bruxaria tem tecido uma cultura no ciberespaço que está se manifestando no espaço físico.

A internet nos proporcionou uma rede de contatos sem precedentes. Ela facilitou a construção da comunidade, on-line e off-line, e permitiu que grupos isolados se encontrassem e praticantes anteriormente solitários localizassem uma comunidade. Essas interações encorajaram o crescimento de organizações que lutam pelos direitos Pagãos, de publicações do gênero e de uma certa organização e mobilização geral pela segurança e pelos direitos civis dos Pagãos. A internet nos tem fornecido recursos ilimitados para o conhecimento de nossa herança étnica e cultural, a reconstrução de ritos antigos e para o compartilhamento de tudo isso.

Todas essas mudanças geraram o fenômeno singular do ensino on-line. Agora podemos realizar rituais e trabalhos mágicos no ciberespaço; antes só podíamos executá-los fisicamente. A internet facilitou a realização de feitiços nacionais e internacionais. Isso tem inspirado a formação de covens on-line e até levado à criação de tradições da Arte que existem exclusivamente no âmbito virtual. Se por um lado a internet impulsiona o ensino e a magia on-line, ela também aumenta nossa necessidade de orientação para avaliar qualquer busca que possamos considerar.

O movimento e a cultura Pagãos têm sido radicalmente alterados por esses fatores. Neste livro, exploro alguns aspectos que considero mais marcantes da cultura cibernética e como ela afeta a população que segue os caminhos pagãos. Convido você a pegar um fio e segui-lo comigo pela trama complexa e agradavelmente rica que é a Bruxaria moderna e o Paganismo.

Introdução

Este livro é filho da internet. Ele foi concebido, gerado e nascido na rede. Esse projeto ganhou forma na rede virtual e a editora me encontrou por meio dela. Minhas qualificações para escrevê-lo foram determinadas, em parte, por minha presença nas páginas da internet. Muitas das noções apresentadas aqui vieram de minhas experiências como uma Bruxa que usa o computador e seus contatos on-line. Mais importante, no entanto, é o fato de eu estar escrevendo a partir da perspectiva do "espaço terreno" — o que quero dizer é que sou uma pessoa treinada em Bruxaria, Magia e Ritual, e continuo praticando, pessoalmente, em um espaço físico, com outras pessoas, e em tempo real.

Minhas considerações sobre os efeitos culturais da internet na Bruxaria foram intensificadas e refinadas pelas conversas on-line nas maravilhosas listas de discussão e em outras formas de comunicação eletrônica. Para me ajudar a escrever este livro, pedi a um pequeno grupo de Pagãos para se inscrever em uma lista de e-mail e discutir algumas das idéias que eu estava trabalhando. No livro, refiro-me a eles como meus "co-conspiradores". Alguns de meus colegas nessa aventura são amigos de longa data; uns, ao contrário, são novos, que conheci on-line; outros são pessoas interessadas e inteligentes que conheci por acaso, pessoalmente ou não; e há aqueles que vivem muito distantes de mim. Todos, de uma forma ou de outra, participaram do nascimento deste trabalho impresso, filtrado por minhas percepções e meus entendimentos; o livro é o resultado dessa síntese.

Antes de começarmos, deixe-me esclarecer alguns termos presentes neste livro. *Paganismo* é um termo amplo que inclui muitas das tradições de fé baseadas na Terra ou na Natureza, muitas das quais não reverenciam um único deus-pai-do-céu como uma deidade monoteísta. Uso o termo *Pagão* em vez de *neopagão* porque o prefixo *neo* sugere que houve anteriormente o antepositivo "paleo" para o Paganismo, que tinha uma identidade grupal e alguns valores compartilhados, crenças e práticas diferentes da contemporaneidade. Tal fenômeno não existiu. *Pagão* simplesmente significa "povo do campo" ou "camponês", e o termo foi usado pelos romanos à medida que expandiam seu império por grande parte da Europa, África e Oriente Médio. Posteriormente, isso foi adotado por outros impérios, como o da Inglaterra. Para eles, um Pagão era o que hoje poderia ser chamado de "caipira".

Outro termo usado para designar os povos nativos das terras conquistadas era *bárbaros*, ou "habitantes dos urzais". Ironicamente, no início o Império Romano era formado por pessoas que hoje poderíamos chamar de Pagãos, já que não eram judeus, cristãos ou muçulmanos. O exército romano era composto de muitos homens que cultuavam um deus persa chamado Mitras. Somente alguns séculos após Júlio César ter expandido o império para o interior, o Imperador Constantino declarou o cristianismo como a religião oficial.

Os mais numerosos e também visíveis praticantes do caminho Pagão são os Bruxos. A *Wicca* é um subgrupo da Bruxaria (nem por isso menos valioso). Ela é considerada por muitos mais pura do que a Bruxaria, porque é firmemente baseada na herança cultural britânica. A Wicca cultua a dualidade Deusa/Deus, possui covens mistos de homens e mulheres; uma Alta Sacerdotisa e geralmente um Alto Sacerdote (muitas vezes tratados pelas siglas ASA e ASO). Encontramos, também, um sistema de graus que indicam o nível de competência e crescimento pessoal; uma série prescrita de oferendas e rituais sazonais; um Livro das Sombras (um livro contendo rituais, feitiços, meditações guiadas, canções, cânticos e outros materiais que sejam importantes para aquela tradição); e, algumas vezes, um grupo específico de deuses. Wicca é uma das muitas tradições de Bruxaria baseada em linhagem.

Além dos Wiccanianos, existem outros tipos de Bruxos: aqueles que atuam em covens de pessoas do mesmo sexo, esfera social, região ou outros grupos; aqueles que cultuam apenas uma ou várias divindades femininas; aqueles que comungam com um grupo igualitário sem hierarquias e aqueles que trabalham sozinhos, e são chamados de solitários. Estes Bruxos podem ou não ter um Livro das Sombras.

A prática dos Bruxos e dos Wiccanianos é chamada de "Bruxaria" ou "Arte", mas muitos Pagãos preferem o termo *Wicca* ao termo *Bruxaria*. Isso serve para distinguir a Arte da Feitiçaria, da "magia negra", da conjuração e de outras práticas que geralmente conferem aos seus praticantes o apelido de "bruxo". No

Introdução

entanto, no contexto deste livro, usarei o termo *Bruxo* para designar "um praticante da Arte". O outro termo seria *seguidor da Arte*.

Apesar de todos os Bruxos serem Pagãos, nem todos os Pagãos são Bruxos. Assim como todos os Wiccanianos são Bruxos, mas nem todos os Bruxos são wiccanianos. Muitos usam as duas palavras — *Bruxaria* e *Wicca* — intercaladamente. Utilizarei o adjetivo *Bruxínico* para me referir a elas, e a palavra *Pagão* quando me referir a Bruxos, Druidas, Asatrú e aos caminhos Pagãos — incluindo a própria Bruxaria.

Incluí, como forma de auxiliar a compreensão da terminologia usada, textos auxiliares e um Glossário que definem os termos da Bruxaria que aparecem em negrito ao longo do livro.

Agora, caminhe comigo na teia envolvente e rendada da Mulher Aranha que percorre toda a internet.

Capítulo 1

O POVO DA INTERNET

Natureza e redes: a essência do ciberespaço

Como minha velha amiga Bruxínica Judy Foster costumava dizer: "O que nós, Bruxos, fazemos é buscar padrões. É isso o que fazemos." Os padrões da natureza são, de várias maneiras, idênticos aos encontrados na internet. Afirmo isso como Bruxa, sacerdotisa e leiga, não como uma cientista, tecnóloga ou engenheira.

Na cultura popular, Bruxas são sempre representadas com teias de aranha por perto — em uma porta ou um batente de janela, ou pendendo em uma cornija de lareira; lugares onde as aranhas tecem suas teias quando vivem em casas ou apartamentos. Observo as aranhas e sua escolha por viver numa casa em particular como um bom sinal, um sinal de que a aranha abençoou o lar. Há uma deusa na cultura dos índios do sudoeste norte-americano chamada Mulher Aranha, ou Avó Aranha. As palavras da Mulher Aranha iniciam este livro.

Os Bruxos geralmente consideram todas as formas de vida interligadas (como numa teia de aranha). O que ocorre em um ponto da teia vibra ao longo dela e afeta outro

> Assim como o suave zumbido outonal dos grilos está para nós, nós estamos para as árvores, da mesma forma que elas estão para as rochas e as montanhas.[1]
> — GARY SNYDER

ponto. Quando uma linha é cortada, a rede se enfraquece. Quando um novo fio é produzido, a trama é fortalecida e renovada.

Aranhas tecem suas teias em espiral. As galáxias giram em espiral. As moléculas de DNA formam espirais. As vastas galáxias, o universo compacto da teia de aranha, as moléculas microscópicas do DNA — tudo compartilha essa forma estrutural. O macrocosmo e o microcosmo.

Os sistemas solares formam padrões como os planetas, em suas discretas vias, circulando seus sóis, criando teias interconectadas. Ainda que não estejam conectados por filamentos, estão energeticamente ligados. Aranhas tecem teias com filamentos que saem de seus próprios corpos, estendendo-se para construir vórtices e se ligar a outros filamentos. Quando um desses fios é cortado, a teia inteira é rompida. Se um animal rompe a teia da aranha, ela imediatamente percebe isso. Ela pode não ser capaz de restaurá-la em sua forma original, mas consegue reconstruir sua casa e seus meios de obter alimento.

Em um surto de faxina em casa, pego minha vassoura e retiro as teias dos cantos da sala, destruindo a casa da aranha. Peço desculpas e digo a ela que poderá reconstruí-la no mesmo lugar, se quiser, e que não irei perturbá-la até que eu pinte novamente a sala ou retire as cortinas para lavar. Se a encontrar perdida em minha casa, a levarei cuidadosamente para fora. Nunca a matarei. Sinto que ela abençoa o meu lar, as pessoas que lá estão e as atividades nas quais nos engajamos quando escolhemos residir aqui. As teias, porém, podem ser pegajosas e desagradáveis. Elas se enchem de carcaças dos insetos devorados, e não gosto de tê-las em minha pele, meu cabelo e minha roupa. No entanto, a aranha geralmente constrói sua teia em lugares inacessíveis aos habitantes da casa para não ser perturbada com freqüência.

O povo da internet

Quando faltavam três semanas para o manuscrito deste livro ser entregue ao editor, perdi tudo que havia em meu computador. Diagnósticos oferecidos por vários técnicos diferiam, mas não alteravam o resultado da calamidade. Tornei-me dependente dessa máquina — de suas diversificadas conexões com e-mails, listas de discussão, salas de bate-papo e páginas — para grande parte de minhas atividades profissionais. Todos os meus registros financeiros estavam em arquivos eletrônicos, assim como meus bancos de dados e listas de endereço. Todas as pesquisas para este livro e outros escritos estavam lá também — rascunhos, revisões e descrições de *workshops*, correspondências e contatos habitavam o misterioso mundo interno do meu computador. Para piorar, muitos dos meus *backups* recentes se encontravam no meu disco rígido principal.

Os técnicos sempre recomendam que se faça *backup* do trabalho, pois não há maneira de saber *se* o seu computador deixará de funcionar, a não ser *quando* isso acontecer. Não me sentia invulnerável a algo assim, mas por causa do modelo de computador que uso achei que estaria menos suscetível a problemas desse tipo. Ironicamente, quando o desastre aconteceu, estava baixando um programa que eu acreditava que iria diminuir a possibilidade de meu computador ser infectado por um **vírus** ou Cavalo de Tróia.

Não estou me desculpando pela minha negligência em relação aos *backups*, quero apenas determinar a mensagem cósmica por trás desse evento, a razão de tudo isso ter acontecido. Também desejo tentar encarar esse fato como uma oportunidade semelhante às experiências de uma aranha sempre que sua casa é destruída. Assim, espero que o conteúdo deste livro reproduza o caminho da Mulher Aranha, aquela que tece novamente aquilo que foi desfeito.

VÍRUS: Um fragmento de código programado, geralmente disfarçado ou algo parecido, que causa alguns eventos indesejados às suas vítimas. É, com freqüência, projetado para se espalhar automaticamente para outros computadores. No dicionário especializado em computadores, um Cavalo de Tróia é um programa que contém um código mal-intencionado ou nocivo. Esse código é ocultado em programas ou dados aparentemente não prejudiciais, e a partir deles assume o controle e causa diferentes danos — como destruir os arquivos do sistema em seu disco rígido. O termo vem da *Ilíada* de Homero. Na Guerra de Tróia, os gregos presentearam os cidadãos de Tróia com um grande cavalo de madeira que transportava guerreiros escondidos. Durante a noite, os guerreiros saíram de dentro do cavalo de madeira e tomaram a cidade.[2]

Cristãos, judeus e muçulmanos são conhecidos como o Povo do Livro. Os pagãos, no entanto, sempre consideraram que um livro nunca é suficiente. Os pagãos não são o povo do livro, eles são o Povo da Biblioteca.[3]

— STEVEN POSCH

O povo da biblioteca

Nós, Bruxos, somos pessoas incrivelmente letradas. Entre no lar de qualquer Bruxo, e você vai se descobrir rodeado por várias prateleiras de livros. Não é difícil entrar no pequeno apartamento de um Bruxo e se deparar com um corredor enfileirado de livros. Os que têm sorte suficiente para ter mais espaço, muitas vezes utilizam uma sala inteira como biblioteca. Há até comunidades de compilações situadas em bibliotecas privativas, como a Biblioteca Nova Alexandria, em Mineápolis.[4]

O estilo de material literário que você encontrará na biblioteca de um Bruxo é relativamente variado. É possível que textos obscuros e populares sobre mitologia grega estejam ao lado de livros sobre vestuário da Renascença, cabala, orquídeas, morcegos, **geomancia**, língua nórdica e cultos hindus.

GEOMANCIA: Divinação por meios de linhas e figuras, ou por traços geográficos.[5]

Minha biblioteca, por exemplo, contém pouca ficção científica, embora este seja um gênero de literatura popular entre os Pagãos. No entanto, coleciono livros sobre teoria feminista e história das mulheres da segunda fase feminista, entre o fim da década de 1960 e o início da de 1970. Tenho também o que um amigo Bruxo chama de "um apetite imoderado por ficção contemporânea": norte-americana, irlandesa, bíblica, nativa americana, afro-americana, indiana-oriental, sul-americana, *noir*, pop. Em minha biblioteca, você não vai encontrar muitos romances ou livros de mistério, mas há vários sobre mitologia, folclore, história e psicologia. Um dos meus gêneros favoritos é biografia — da Primeira-ministra de Israel, Golda Meir, a Eleanor de Aquitânia, do novelista criminal James Ellroy à ativista ambiental Julia Butterfly, de Lord Byron ao ativista trabalhista Joe Hill.

O povo da internet

Minha leitura denota a percepção do mundo ao meu redor. Busco inspiração nos escritores de ficção contemporânea, como Barbara Kingsolver e Dorothy Allison; nas afro-americanas Toni Morrison e Alice Walker; no índio americano da tribo spokane/coeur d'alene, Sherman Alexie; na realista mágica sul-americana Isabel Allende e em Gabriel García Márquez; nas realistas mágicas norte-americanas Barbara Gowdy e Jane Urquhart; nos escritores indiano-orientais, anglo-indianos e ameríndios orientais Gita Mehta, Chitra Banerjee Divakaruni e Salman Rushdie.

Os trabalhos comuns a todos nós são de antropólogos como Claude Lévi-Strauss, Mircea Eliade e Joseph Campbell. Possuir os livros desses autores não significa necessariamente que concordamos com todas as suas idéias, nem que as aceitamos integralmente. Também não temos um livro comum de leis, recomendações, lendas, doutrina ou liturgia.

O estudioso britânico Graham Harvey diz que "a formação e o desenvolvimento das identidades pagãs se caracteriza quase sempre por recursos literários significativos".[6] A maioria de nós lê vorazmente, explorando uma grande variedade de tópicos e gêneros. Também escrevemos muito: poemas curtos e épicos; cânticos e canções; artigos e opiniões; liturgia ritual e litanias; cartas a editores; livros de todos os tipos. O Reverendo J. Gordon Melton, do Instituto para o Estudo da Religião Americana, em Santa Bárbara, Califórnia, afirma que "os primeiros livros sagrados dos neopagãos foram textos antropológicos".[7] E muitos Pagãos e Bruxos declaram ainda seus interesses por outros gêneros — como fantasia, ficção utópica, teoria feminista, ecologia —, afirmando que esses escritos os têm instruído profundamente em sua teologia e práticas. Vamos seguir algumas dessas linhas de influência.

CIÊNCIAS NATURAIS

Muitos Pagãos trabalham na esfera da preservação e ecologia — como microbiólogos, botânicos, ictiologistas ou cartógrafos. "Cultuo o solo sobre o qual caminho" é um ditado Pagão popular. Nós somos afirmadores da vida, nos regozijamos por estarmos vivos e fazermos parte da misteriosa e gloriosa teia da vida. Amamos testemunhar a mudança das estações e os ciclos da vida revolvendo ao nosso redor. Da semente ao broto; do botão à semente; do ovo à codorna e desta ao alimento da raposa.

Não compartilhamos uma visão de vida, mesmo quando observamos as mesmas coisas — cada um de nós tem uma forma diferente de experimentar o mundo. Alguns de nós praticam jardinagem, remam em canoas ou cuidam de criaturas marinhas feridas. Outros trabalham em laboratórios rodeados de vidros, aços e plásticos, com tubos de ensaio para testes e cultivos em placas de Petri. Outros, ainda, fazem a contagem das espécies de pássaros ou cuidam das migrações dos alces.

Sei que não estou sozinha em minha fascinação por fotografias de satélites do nosso planeta azul-verde, registros que só foram possíveis graças à tecnologia que enviou satélites para fora da esfera gravitacional da órbita terrestre. Assisto aos relatórios sobre o tempo na televisão e visito páginas na internet para checar o clima no local para onde estou viajando. Além de revelar a distribuição de massa da Terra, continentes, oceanos e calotas polares, essas fotografias nos mostram os infindáveis redemoinhos e rotações de tempestades, nuvens de massa escura na Terra liberadas por erupções vulcânicas.

GEOLOGIA: Richard Ely é geólogo há muitos anos e tem sido sacerdote pagão durante boa parte desse tempo. Em seus

O povo da internet

primeiros anos no paganismo, Richard pensava que a geologia não tinha nada de especial a oferecer ao desenvolvimento de suas sensibilidades pagãs. Ele estava enganado, como descobriu posteriormente. No curso de suas explorações sobre as conexões entre o paganismo e as ciências terrestres, Richard escreveu um artigo maravilhoso chamado "As nove camadas de Gaia", que foi publicado na coluna "Misticismo científico: mistérios e magia do mundo físico", da revista *PanGaia*.

Fiquei tão comovida ao ler a meditação de Richard que fui inspirada a aprender mais sobre aquilo. Dessa maneira, aprendendo a perceber e sentir, pude conhecer mais sobre a minha Terra, a Terra que me sustenta. Como desejava compartilhar esse conhecimento com os outros por meio de minhas próprias meditações, escrevi entusiasmada para Richard sobre essa forma inovadora e muito real de **aterrar**. Por ser extremamente hábil em geologia, Richard sabia com exatidão onde eu poderia obter as informações de que precisava para criar a meditação.

Desde a primeira vez que conversamos sobre isso, há vários anos, Richard tem generosamente ajudado — a mim, que não sou geóloga — a desenvolver meditações "geologicamente corretas" que utilizo em várias partes do país. Cada área tem sua própria geologia, assim cada meditação é diferente numa extensão de aproximadamente 40 quilômetros. Os Pagãos com os quais fiz essas meditações gostaram delas; de certa forma, eles se equilibraram melhor do que com a meditação básica da Árvore da Vida. Richard e eu continuamos a planejá-las via e-mail.[8] Paganismo, magia, mentes, ciência terrestre e e-mail têm se juntado para formar um vórtice na teia da vida onde muitos fios se cruzam e se conectam.

ATERRAR: Conectar-se de corpo e alma com o planeta para se tornar consciente da energia terrestre, geralmente por intermédio da meditação. Esta aplicação é considerada essencial para que haja concentração durante um ritual mágico, bem como para prevenir formas de pensamento negativas.

Meditação de aterrar geologicamente correta
Para Burlington, Vermont [EUA]

(Para ser falada lentamente.)

Respire profundamente. Mais uma vez. Agora pela terceira vez. Desse modo estamos todos respirando em harmonia. Fique de pé com os pés afastados. Pressione-os no chão. Sinta a Terra sólida que o sustenta. Respeite a Terra.

Agora concentre-se no seu corpo, no seu chacra do coração. Traga a sua consciência para o coração e permita que ele se abra de forma a demonstrar e receber amor. Então, sua energia e consciência irão descer pelos seus chacras inferiores, até as suas pernas e depois para o chão.

Sua energia irá descer ainda mais, imagine-a como duas cordas vermelhas entrelaçadas em forma de espiral que emergem dos seus pés.

Estamos sobre os resíduos de um recife continental, altamente descaracterizado, que formou cerca de 550 a 440 milhões de anos atrás o litoral do oceano Iapetus (o precursor do oceano Atlântico). Trilobites e peixes primitivos povoaram as águas desse mar. Imagine-se por um momento à beira da costa desse antigo mar e sinta a consciência latente de todos os organismos extintos incrustados nas pedras.

Há 440 milhões de anos, a bacia do oceano Iapetus se fechou, e o que hoje é a América do Norte colidiu com o que atualmente conhecemos como Europa, numa das diversas colisões que formaram a Pangéia, um supercontinente que incluía quase todos os continentes que conhecemos hoje. Grandes montanhas se elevaram ao longo dos locais onde os continentes colidiram.

Hoje, estamos sobre as raízes dessas montanhas, irreconhecíveis pela formação de xisto e fósseis marinhos, que eram parte do antigo recife continental que fora empurra-

O povo da internet

do para o oeste, para o interior do que é a América do Norte hoje. Novamente, sinta por mais um momento a consciência latente daqueles organismos extintos fossilizados nessas pedras.

Há 225 milhões de anos, o oceano Atlântico começou a se formar, e o que hoje é a Europa se separou da América do Norte.

Agora, aprofunde mais a sua consciência. Aproximadamente a 40 quilômetros da superfície, passamos pela base da crosta e entramos no manto. A temperatura se encontra por volta dos 480º C. Observe o vermelho brilhante dessas rochas, sinta sua densidade. Granada e olivina são minerais típicos daqui. Essas rochas ficam cada vez mais quentes e macias à medida que sua energia e consciência se aprofundam.

Penetre seus cordões energéticos cada vez mais fundo. Por fim, a uma profundidade de aproximadamente 130 quilômetros, alcançamos a base do platô norte-americano. Em seguida, entramos nas rochas macias da astenosfera, o manto sobre o qual a América do Norte desliza suavemente a oeste.

Desça ainda mais com seu cordão energético pelo manto da Terra em rochas quentes e densas com um brilho amarelo, passando pelo branco e chegando por último ao Tártaro, na base do manto terrestre — o reino das sombras para onde os antigos deuses foram banidos. Este é o lugar onde os anticontinentes flutuam sobre o metal líquido, sob um céu de silicato, cercado pelos mares de magma dos quais emergem colunas de rochas fundidas de quase 3.000 quilômetros, que ligam esse reino sombrio ao nosso. Essas rochas não derretem por causa da imensa quantidade de peso das rochas acima. Lentamente, poucos centímetros ao ano, o manto se eleva, agitado pelo calor da desintegração radioativa.

Pare neste momento e conecte sua energia aos poderes que você achar compatíveis.

As rochas liquefeitas de ferro e níquel do núcleo se encontram a cerca de 2.900 quilômetros. Desça mais uns 2.100 quilômetros pelo metal líquido em direção ao centro. Aqui, no centro, reside um grande corpo de ferro cristalizado — o coração cristalino da Mãe Terra. Conecte a sua energia a esse grande corpo cristalino e respeite-o como o coração da Mãe.

Agora, retorne pelo mesmo caminho, trazendo consigo a corda de energia que está conectada ao coração da Mãe Terra. Atravesse a película de metal líquido que envolve seu coração cristalino, passe pelas rochas brilhantes, encontre novamente a base das montanhas descaracterizadas, chegue à antiga plataforma continental, vá até o solo vivo da cidade de Vermont e, por último, adentre seu corpo, centrado no coração.

Quando a energia do seu coração incorporar a energia do coração da Terra, esta fusão irá emergir pelos seus chacras superiores, elevando-se do seu chacra da coroa para a perfeição cósmica, para o celestial em uma fonte de amor. Permita, então, que as energias superiores e inferiores se misturem por um tempo, e depois traga o resultado dessa mescla de volta ao centro do coração. Nesse momento, pare e aprecie o resultado dessa mistura. Então, enquanto você permanece como uma árvore, uma ponte ligando a grandeza superior e a inferior irá transportar essa energia ao coração da Terra.

Abençoado seja.

— Richard Ely e M. Macha NightMare (© 1999)

Geomantes como Paul Devereux favorecem a exploração de velhos e novos caminhos de compreensão e conexão com os fluxos energéticos da Terra. Em *Earthmind: A Modern Adventure in Ancient Wisdom*, Devereux, John Steele e o Bruxo da Tradição Reclaiming David Kubrin descreveram

O povo da internet

as várias formas como nossos ancestrais se comunicavam com Gaia e sugeriram métodos (incluindo jejum e êxtase) através dos quais poderíamos fazer o mesmo. Devereux, Steele e Kubrin também mapearam diversos lugares sagrados nos quais a comunicação é provavelmente mais eficaz.

Observando o céu daqui da Terra, descobrimos que existem páginas na internet — científicas, não pagãs — em que uma câmera foi posicionada dentro de uma câmara noturna celta, para que pessoas de todo o mundo pudessem ver a luz se projetar no interior da tumba no exato momento da manhã do solstício de inverno.

Astronomia e arqueologia: Maes Howe é um cairn,* uma câmara mortuária megalítica situada em Orkney, na Escócia. Em 1996, um druida norte-americano chamado Lowell McFarland postou uma mensagem na internet perguntando se alguém estava pensando em instalar uma câmera em um outro cairn, New Grange, localizado na Irlanda, em conexão com o nascer e o pôr-do-sol no solstício de inverno. Isso inspirou o arqueo-astrônomo Victor Reijs a instalar uma **webcam** em Maes Howe; seu intuito era compreender melhor o alinhamento dessa antiga estrutura, assim como promover pesquisa, informação e turismo.

Em 1997, o fotógrafo Charles Tait, que observa o pôr-do-sol do solstício de inverno desde a juventude com seu avô, chegou ao site de Reijs sobre a câmara de Maes Howe. A colaboração que se seguiu entre Reijs e Tait resultou na transmissão do pôr-do-sol pela internet.[9] Mais de 8 mil visitas foram registradas em um período de três semanas em dezembro

WEBCAM: Uma câmera caseira ou uma webcam é uma câmera de vídeo, geralmente ligada a um computador, cuja imagem corrente ou mais recente é acessada em uma página da internet. Uma câmera ao vivo é aquela que está continuamente fornecendo novas imagens, que são transmitidas em rápida sucessão, ou, em alguns casos, em vídeos sucessivos. É estimado que existam muitos milhares de sites com câmeras. As primeiras câmeras foram posicionadas em tanques de peixes e máquinas de café. Muitas das câmeras ao vivo disponíveis atualmente encontram-se em sites sobre sexo, agências de viagens, informações sobre o trânsito e visualização de qualquer evento de interesse. As webcams parecem uma possibilidade incrível e elas provavelmente se tornarão mais comuns à medida que os usuários tiverem mais acesso à banda larga.[10]

---

*Cairns são estruturas construídas pelas mãos humanas, formadas com pilhas de pedras, geralmente alinhadas para marcar as mudanças das estações e principalmente assinalar a ocorrência dos solstícios. Os cairns também podem denominar um túmulo celta na Gália ou na Grã-Bretanha. Tais estruturas são encontradas por toda a Europa, muitas delas datando do período celta. (*N. do. T.*)

de 1997, por volta da época do solstício; eu fui uma das 950 pessoas que visitaram o site em 21 de dezembro de 1997.

A experiência bem-sucedida de se observar o Sol em pleno inverno em Maes Howe através da imagem de uma webcam envolve uma união singular entre tecnologia antiga e futura. Isso abre infinitas possibilidades para o uso da internet, e também nos oferece novas formas de ver o mundo e novos caminhos para explorar a religião. Muitas das pessoas que assistem a este extraordinário evento celestial fazem isso no intuito da celebração do **Sabbat**.

SABBAT: Um dos oitos dias do ano solar, incluindo os solstícios de inverno e de verão e os equinócios do outono e da primavera, que marcam o ponto de rotação da Roda do Ano.

ORNITOLOGIA: Até mesmo aqueles entre nós que não viajam podem aprender mais sobre a parte da Natureza de nossa religião — por meio de livros, televisão, vídeo e agora pela internet. Se desejar conhecer sobre um animal em particular, árvore ou formação geológica, posso navegar na rede. Posso, por exemplo, aprender sobre os hábitos, o crescimento e o desenvolvimento do falcão peregrino, pois a Eastman Kodak Company, em parceria com o Projeto Falcão Peregrino de Rochester, colocou um ninho feito à mão no topo da torre da Kodak em Rochester, Nova York. Como acontece na câmara mortuária de cairn de Maes Howe, o ninho é monitorado por uma webcam. Os internautas podem ver quatro ângulos diferentes da caixa e das aves, que mudam a cada minuto.[11]

Embora a ornitologia não seja um ramo de Bruxaria ou do paganismo, os mantenedores do Projeto Falcão de Rochester estão empenhados em encontrar novas formas de viver neste planeta e de compreendê-lo melhor. Estes também são os interesses de muitos Bruxos. Alguns podem questionar a decisão de invadir a vida desses pássaros selvagens, mas se considerarmos que o seu habitat está sendo prejudicado pelo homem, então é possível perceber que a inclusão de ninhos artificiais tem ajudado na sobrevivência da espécie. Esta pode não ser a resposta final, no entanto, é uma valiosa contribuição.

Se você ama pássaros e deseja aprender mais sobre eles, incluindo como atraí-los para seu próprio quintal, visite o site *Backyard Wildlife* e veja, via webcam, um alimentador de jardim perto de Fort Worth, Texas.[12]

ÁRVORES, OS PULMÕES DE NOSSA MÃE TERRA: Depois de caminhar pelo bosque, quando as lembranças das folhas, tronco e formas das árvores ainda estão impregnadas em minha memória, posso pegar um livro de botânica e folheá-lo até encontrar a árvore que desejo identificar. Posso visitar também o site da Fundação Nacional do Dia da Árvore.[13] Lá, me perguntarão se as árvores têm espinhos e pinha ou folhas, flores, frutas ou castanhas; estas questões vão me guiar a outras características que tornam uma espécie diferente da outra, até que a identificação seja possível. Também posso procurar uma árvore por espécie e descobrir em que regiões ela é mais comum. Posso ver diagramas e um glossário. A fundação mantém uma plantação de árvores em uma área urbana e se esforça para proteger florestas tropicais.

A internet me permite um envolvimento a distância em atividades relacionadas às árvores, do reflorestamento ao ativismo.

Alguns grupos de Bruxos são chamados de groves, ou nemetons — círculos sagrados de árvores. Um praticante da Arte pode ter uma árvore totem, pode nomear a si mesmo pelo nome de Carvalho, Salgueiro ou Folha, pode devotar sua vida a ações diretas contra o corte e a comercialização de sequóias antigas. Nossas crenças pagãs, sensibilidades e valores podem nos impelir a tais ações.

FOGO: Estou criando um ritual usando 13 extraordinárias máscaras da Deusa de couro feitas por uma artista plástica chamada Lauren Raine.[14] Uma é Pele, que reside no vulcão Moana Loa. Preciso aprender mais sobre ela, e não posso ir ao Havaí. Como desejo caracterizar a máscara durante o ritual, pesquisei na internet sobre mitologia e lugares sagrados dessa divindade. Procurei santuários on-line, poesia e imagens, mas encontrei pouco material. Só fui capaz de encontrar o que procurava no site de serviço do Parque Nacional dos vulcões havaianos, em Aia La o Pele,[15] e outros sites de viagem e de herança cultural — como o do grupo de dança Halau o Kekuhi.[16] Ao fazer isso, deixei de lado a biblioteca e me utilizei da internet. A informação que compilei em minha busca revelou uma nova dimensão da arte ritualística que eu havia criado. (O fio das divindades e dos santuários on-line reaparece no Capítulo 4.)

OCEANOGRAFIA: Um dos meus sites científicos favoritos é o Monterey Bay Aquarium Research Institute — MBARI.[17] Além da baía Monterey, na Califórnia, estende-se um cânion submerso do tamanho do Grand Canyon. As profundezas escuras do mar estão repletas de criaturas estranhas; espécies inimagináveis criam o próprio ecossistema no qual proliferam. Oceanógrafos em MBARI usam um ROV (veículo operado remotamente) para explorar o solo oceânico onde a pressão é demasiadamente intensa para humanos suportarem. Diariamente, eles navegam e manipulam o ROV do navio, coletam espécimes e observam o mundo sob as águas. O ROV — você sabia? — é equipado com uma webcam que grava a pesquisa e transmite em tempo real para o site do instituto.

Essas maravilhas da tecnologia podem não parecer extraordinárias para cientistas, estudantes ou pessoas que gastam grande parte de seu tempo explorando o aparente mundo infinito da internet. Mas para mim, uma pessoa comum, Bruxa, mulher que ama o mar e que se incomoda quando fica longe dele por muito tempo, isso é um recurso

O povo da internet

inacreditável, pois abre meus olhos para muito mais até do que eu poderia experienciar por mim mesma. Posso ver a Deusa nas ondas fortes que quebram nas rochas irregulares da costa. Posso ouvir a voz dela rugindo nos trovões. Posso senti-la a me embalar quando flutuo nas águas. E agora, pelo avanço tecnológico de uma webcam, posso visitar as misteriosas profundezas do oceano onde vivem 95 por cento das preciosas criaturas do planeta.

Eu consigo encontrar meu eixo espiritual usando a imagística da própria Terra em que estou; vejo o Sol em pleno inverno se elevar e se pôr de dentro da Maes Howe; averiguo o reflorestamento da Fundação do Dia da Árvore; aprendo on-line sobre o comportamento, os dons, a aparência e a família da deusa Pele; fico maravilhada com a vida oculta que reside quilômetros abaixo da superfície do mar — todas essas coisas falam sobre minha espiritualidade. Elas induzem à magia. É possível incorporar o que estamos aprendendo aos exercícios, cânticos, canções, invocações e outras formas de liturgia — só depende de nós.

CIÊNCIAS SOCIAIS

Alguns Bruxos são tão fascinados pelas ciências sociais que se dedicam integral e incondicionalmente a elas. Wendy Griffin é uma dessas pessoas. Ela é uma socióloga que examinou nossa sociedade sob uma perspectiva de reverência à Deusa em sua antologia *Daughters of the Goddess: Studies of Healing, Identity and Empowerment.* Wendy está entre os muitos eruditos que pesquisam nosso passado e presente pagãos.[18]

PSICOLOGIA E PSICOTERAPIA: A psicóloga junguiana Clarissa Pinkolas Estés é autora do livro *Mulheres que correm com os lobos* (Rocco, 2004), uma obra que inspirou muitos a procurarem insights e revelações em contos tradicionais e populares. Coincidentemente (se você acreditar em coincidências), os WitchCamps (acampamentos de Bruxos com função escolar ou espiritual) de tradição Reclaiming baseiam seus trabalhos mágicos em contos. (Para entender melhor a tradição Reclaiming, veja os Capítulos 5, 6 e 7.)

Algumas sessões dos WitchCamps têm sido realizadas em grupo ou individualmente, relacionadas a folclore, contos de fada, mitos e algumas lendas. Os participantes e professores passam um fim de semana explorando partes e temas de uma história proposta, como "A balada de Tamlin", "Os doze cisnes selvagens", histórias mesopotâmicas da Deusa Inanna, traduzidas do sumério. A cada noite eles participam de rituais relacionados a uma parte da história em questão. Durante o dia, podem encenar, dançar, fazer máscaras ou figurinos associados às partes da história. Os participantes também podem vivenciar as histórias em meditações guiadas.

A prática da magia exerce efeitos terapêuticos sobre nós quando participamos de rituais que foram construídos de forma a estimular e revelar partes ocultas de nós mesmos. Alguns aspectos do que aprendemos em várias correntes da psicologia podem ser aplicados em situações mágicas. A Bruxaria não é uma terapia, nem nunca pretendeu ser; mas é uma prática que pode se revelar terapêutica para todos os que desejam gerar mudanças em sua vida, ou que buscam autoconhecimento e cura.

O livro de Estés é apenas um exemplo do material psicológico que enriquece e aviva as práticas mágicas de alguns grupos e contribui para o crescimento pessoal e o autoconhecimento dos Bruxos.

HISTÓRIA E BIOGRAFIA: A cultura literária também informa e inspira nossa religião. Lutamos para aprender novamente os caminhos de nossos ancestrais. Reconstruímos os caminhos dos povos e culturas de tempos mais remotos e muitas vezes de lugares distantes. Pesquisamos em livros convencionais, mas também temos o benefício dos vastos recursos encontrados no ciberespaço.

Alguns de nós observam a história na busca por meios mais saudáveis e equilibrados de se viver na Terra. Estamos atrás do conhecimento de nossos ancestrais: como viveram, onde viveram, o que comiam, o que os protegia das intempéries, como era sua arquitetura e que utensílios utilizavam para cozinhar, qual era o tipo de cultivo de alimento, como cuidavam dos animais domésticos, como caçavam, pescavam e plantavam. Podemos visitar lugares onde nossos ancestrais caminharam, o solo que os sustentava. E se, por qualquer razão, caminhar sobre esses lugares não for uma opção para nós, então podemos explorá-los por meio de livros, arte, música, dança, culinária e da internet.

Podemos ter a sensação de vidas passadas em outros locais e momentos históricos. Essa noção expressa uma crença na reencarnação, uma crença comum entre Bruxos e Pagãos. A reencarnação é um tema muito complexo e demasiadamente extenso para este livro, no entanto merece ser mencionado. Através dos tempos, muitas mentes especiais abraçaram este conceito e o discutiram extensivamente. Há diversos livros sobre **reencarnação**. Em algumas sociedades isso é chamado de transubstanciação de almas. Nem todos acreditam em reencarnação em seu sentido literal, mas é certo afirmar que muitos Pagãos observam os padrões da vida, o girar da Terra, as mudanças das estações, as fases da existência — do nascimento, passando pela iniciação, consumação e repouso até chegar à morte.

Podemos nos ater a um personagem histórico, ou a uma constelação de pessoas. A escritora e autoridade em tarô

REENCARNAÇÃO: A maioria dos Bruxos acredita em algum tipo de reencarnação ou renascimento — seja no sentido de que todas as coisas se reciclam, uma vez que tudo vem da terra e nossos corpos retornam a ela quando morremos, ou na idéia de que nossa identidade individual, nosso espírito, irá se conectar a uma nova pessoa ou forma de vida.

SAMHAIN: Também conhecido como Halloween, Hallows ou Hallomas. Acontece no dia 31 de outubro e é o ponto médio entre o equinócio de outono e o solstício de inverno. O Samhain é o Ano-novo dos Bruxos, um feriado importante. Nele homenageamos os Poderosos Mortos, celebramos nossos ancestrais, lamentamos todos os que morreram no ano que se passou e procuramos contatar os espíritos dos mortos.

PODEROSOS MORTOS: Todos os que morreram e que são amplamente conhecidos como grandes sacerdotisas, sacerdotes e/ou professores da Arte. O termo é usado nas tradições Reclaiming e Faery.

CONTEMPLAÇÃO: Uma meditação guiada por uma pessoa.

Mary K. Greer, por exemplo, se interessou profundamente por quatro mulheres que viveram na Europa Ocidental por volta do século XIX.[19] Em conjunto com alguns colegas homens, essas mulheres formaram a ordem Golden Dawn, uma casa de magia e um grupo de trabalho que lidava essencialmente com magia cerimonial ocidental. Numa época em que a maioria das pessoas se submetia às convenções sociais e não abandonava as doutrinas teológicas vigentes, os magos da Golden Dawn romperam os limites para explorar o território psíquico desconhecido. Essas quatro mulheres — Florence Farr, Moina Mathers, Annie Horniman e Maud Gonne — são nossas mães ancestrais mágicas.

A fascinação de Greer por essas mulheres a levou a escrever uma biografia coletiva chamada, apropriadamente, de *Women of the Golden Dawn*. O trabalho dela me inspirou a convidar as mulheres da Golden Dawn a se juntarem ao nosso grupo de mulheres no ritual de **Samhain**. Em minha Tradição, Reclaiming, respeitamos todos aqueles a quem chamamos de **Poderosos Mortos** — pessoas que percorreram os caminhos da magia mas que já morreram. Para mim, as mulheres da Golden Dawn estão entre nossos Poderosos Mortos, e por isso as convidei para o nosso círculo sagrado. Dessa forma, Mary Greer e eu — e espero que as mulheres que estiveram no círculo para o qual Florence, Moina, Annie e Maud foram invocadas — aplicamos a biografia às nossas práticas.

Para obter mais informações é só explorar os inúmeros sites que estão relacionados a essas mulheres — sua colaboração na Golden Dawn e os métodos empregados, como cabala, astrologia, tarô e **contemplação**. É possível recriar os rituais delas da mesma forma como estão escritos, ou utilizar somente elementos e exercícios de seus trabalhos que sejam significativos e atrativos, incluindo-os em nossos próprios rituais.

CIÊNCIA RECONSTRUTIVA E HISTÓRICA

ARQUEOLOGIA: Já observamos que, ao combinar arqueologia, tecnologia, astronomia, turismo e paganismo, é possível explorar aquilo que é antigo usando ferramentas novas e relativamente não experimentadas. E podemos ainda incluir pesquisas arqueológicas recentes nessa lista de ferramentas.

Uma das estudiosas mais proeminentes que influenciou os Bruxos é a falecida Marija Gimbutas. A Dra. Gimbutas, nascida em Vilnius, era filha de dois médicos que foram ativistas políticos e membros da inteligência lituana. A Lituânia foi o último país europeu a se cristianizar, sendo assim, antigas tradições pagãs sobreviveram até o século XX. Os pais de Marija incentivaram nela uma paixão pelos estudos, pela política, pela liberdade estética e pelos feitos intelectuais quando a Lituânia tinha acabado de se libertar da tirania czarista e estava sendo ocupada pelas forças polonesas. A fala e a escrita em sua língua nativa estavam proibidas, mesmo assim os pais de Marija contrabandearam livros.

Com o encorajamento da família, Marija começou a colecionar folclore aos 15 anos de idade. Ela absorveu a mitologia do panteão indígena indo-europeu. Observou a mudança das estações e os padrões tradicionais do povo que trabalhava a terra. Investigou aspectos da cultura lituana, especialmente as práticas mortuárias e os sítios de sepultamento pré-históricos. Ela colecionou canções folclóricas e antigas. Estudou arqueologia, etnologia, lingüística e gradativamente se tornou uma notável erudita interdisciplinar.

Marija fugiu do avanço soviético na Lituânia em 1944. Em 1949, ela foi para os Estados Unidos. Publicou livros; deu palestras e fez pesquisas; recebeu prêmios, privilégios e homenagens; e dirigiu diversas escavações importantes no sudeste da Europa. Até a data de sua morte, em 1994, a Dra. Marija Gimbutas publicou incontáveis documentos e livros. Seus trabalhos mais importantes, ao menos para os Pagãos modernos, são *Goddesses and Gods of Old Europe* (1974, 1982), *The Language of the Goddess* (1989) e *The Civilization of the Goddess* (1991).

Embora muitos estudiosos contestem as hipóteses que a Dra. Gimbutas apresentou em seus livros, especialmente no último deles, ela conquistou grande admiração e apreciação entre os cultuadores da Deusa, Bruxos e outros tipos de Pagãos. Seus escritos estão nas estantes de muitas casas Pagãs, algumas feministas estão fazendo um filme sobre sua vida,[20] e ela tem inspirado muitas páginas na internet.

CATAL HOYUK: No fim da década de 1950, um arqueólogo chamado James Mellaart descobriu o local de uma cidade conhecida como Catal Hoyuk nas planícies da Anatólia, ao sudoeste da Turquia. Essa cidade existiu por 2 mil anos durante o período de 7000 a 8000 AEC (em vez de a.C. e d.C., autores Pagãos utilizam as siglas AEC e EC para indicar Antes da Era Comum e depois da Era Comum), e se caracteriza por ser o primeiro centro urbano do mundo. Algumas de suas espetaculares esculturas e pinturas têm 9 mil anos e servem como vitrine da vida neolítica. Em 1960, Mellaart começou a escavar Catal Hoyuk.[21] Logo em seguida, o local ficou internacionalmente famoso em função de seu grande tamanho e densidade populacional, bem como pelos murais espetaculares e outras formas de arte que foram descobertos dentro de algumas moradias. As escavações recomeçaram em 1993, feitas por uma equipe de arqueólogos internacionais liderados pelo Dr. Ian Hodder. Muitas coisas nesse lugar acabam por confundir aqueles que buscavam descobrir seus mistérios.

Então, por que esforços desconhecidos, como os das escavações de Catal Hoyuk, são mencionados em um livro

O povo da internet

sobre Bruxaria e internet? Porque a Bruxaria é uma tradição de fé que está viva e evoluindo. E porque alguns estudiosos que começaram a interpretar as descobertas em Catal Hoyuk, incluindo a arqueóloga Marija Gimbutas, afirmaram que os artefatos do local levam a crer que lá existiu um antigo matriarcado.

Muitos grupos, movimentos de reconstrução e políticos se referem a uma "era de ouro", na tentativa de justificar sua autenticidade. Isso se aplica às Bruxas feministas (aqui quero dizer diânicas — que não é a mesma coisa que Bruxas que são feministas) como a qualquer outro grupo. Muitos acreditam que a arquitetura e os artefatos do povo que viveu em Catal Hoyuk confirmam que foi uma sociedade centrada no feminino. As discussões sobre estes pontos se tornaram tão ardentes que uma seção do site de Catal Hoyuk é dedicada à discussão.[22] (Mais informações sobre a Arte Diânica e o matriarcado reaparecem nos Capítulos 6 e 7.)

MITOLOGIA E FOLCLORE: A autora e Bruxa Margot Adler diz que foi apresentada à mitologia grega quando era criança. Ela se vestia e interpretava os contos. Quando eu era pequena, minha mãe lia histórias de deusas e deuses gregos e romanos para mim. Passava minhas horas ouvindo, fascinada e sonhando com as possibilidades. Minha mãe também lia as histórias dos Irmãos Grimm e as de Hans Christian Andersen, bem como outros contos de fadas. Uma das séries que mais me fascinou foi a dos livros de Oz, a começar pelo *Mágico de Oz*, de L. Frank Baum. Outro dos meus escritores favoritos era o excêntrico professor de matemática vitoriano Lewis Carroll. Segui o Coelho Branco até o buraco. Entrei no espelho. Brinquei com cartas e gatos, peças de xadrez e xícaras de chá. Sei que muitos dos meus correligionários tiveram experiências semelhantes. Os livros lidos por nós em nossas infâncias — nossas primeiras exposições a mitologia clássica, contos de fada e lendas bíblicas — abasteceram nossa imaginação.

Os trabalhos de Edgar Allan Poe acrescentaram um pouco de nuvens escuras sobre meu estoque de imagística sobrenatural. Em meu primeiro ano de ensino superior, tive a oportunidade de assistir a aulas de literatura, mitologia e folclore. Meu interesse por esses gêneros permanece. Eles mexem com a minha imaginação e me lembram de que há outras maneiras de ver o mundo, outras formas de conhecimento.

O principal documento litúrgico compartilhado por todos os Bruxos é conhecido como "A Carga da Deusa" (veja o Capítulo 5). A Carga tem sua origem em um livro de folclore e contos gregos antigos. O livro é *Aradia: evangelho das Bruxas*, escrito pelo norte-americano Charles Godfrey Leland no fim do século XVIII e baseado em entrevistas com uma Bruxa toscana chamada Maddalena. O conto é "O asno de ouro", de Lucius Apuleius, e foi escrito no século IV EC.

O folclore é uma tradição oral e deriva dos povos que vivem da terra, principalmente dos camponeses — caçadores e pescadores, fazendeiros e falcoeiros, pastores, artesãos, cervejeiros e cozinheiros. Nós, Bruxos, temos nossa própria cultura oral, que tem de alguma forma começado a se mover no ciberespaço. Há agora páginas da internet, não especificamente pagãs, onde lendas urbanas, mitos modernos e outras efemeridades orais populares são coletados.

A Dra. Sabina Magliocco conduziu pesquisas de campo em uma pequena vila da Sardenha. Ela comentou algumas das tradições populares de seu querido povo do vilarejo e como essas tradições se manifestam hoje. Ela também descreveu o que sobreviveu, e sob quais formas, e explicou de que maneira esse folclore pode ser visto como práticas mágicas. Em 1999, Sabina foi responsável por uma edição especial wiccaniana do *Éthnologies*, o periódico da Associação de Estudos Folclóricos do Canadá. Atualmente, ela está terminando um estudo sobre altares neopagãos. Sabina, uma Bruxa, estuda agora tradições folclóricas Pagãs contemporâneas. Em parceria com uma outra folclorista, Holly Tannen,[23] Sabina também colabora em estudos de cânticos Pagãos e de humor Pagão. Suas apresentações em encontros Pagãos atraem multidões de pessoas fascinadas.

FICÇÃO CIENTÍFICA, FANTASIA E FICÇÃO UTÓPICA: Para muitos de nós, a porta para a Arte foi o interesse em ficção científica. Esse gênero abrangente inclui a literatura fantástica e a ficção utópica. Graham Harvey afirma que a ficção, e não os trabalhos teológicos, livros e manuais, foi "a primeira literatura do Paganismo". Escritores de ficção podem se informar sobre a ciência e podem recorrer à teologia, mas estão livres para se aventurar onde quer que sua imaginação possa levá-los. Harvey afirma que "os Pagãos raramente escrevem sobre tratados, credos, manifestos, discursos e outras literaturas polêmicas. Em vez disso, eles preferem expressar sua visão, experiências, poesia e romances".[24]

"A primeira literatura do Paganismo", Graham continua a explicar, "não é a teologia, os livros, nem os manuais, mas sim a ficção (...) A literatura fantástica é, talvez, a forma contemporânea mais próxima da arte de contar histórias (em volta do fogo e algumas vezes em bares ou salas de estar), o que é típico de muitos eventos e celebrações Pagãs. Ela também contém o encantamento e a magia que estão no coração do Paganismo atual. Rituais de encantamentos experimentais e a arte engajada de contar histórias representam e revelam o Paganismo além dos sermões explanatórios."[25]

Uma série de lendas galesas medievais, das tribos de Cymri, forma um épico conhecido como *The Mabinogion*. A tradução de suas lendas, com interpretações e comentários, encontra-se disponível em livrarias; mas quando um escritor de ficção as filtra através de sua própria imaginação e experiência e as reescreve para leitores contemporâneos, elas são reavivadas. Foi isso que Evangeline Walton fez numa série de quatro volumes chamada *The Island of the Mighty*. As lendas do *Mabinogion* são, provavelmente, mais conhecidas — pelo menos no movimento Pagão — pelos livros de Walton e romances de outros autores fantásticos do que pelas traduções dos estudiosos.

Como Graham Harvey ressalta: "A forma narrativa permite e encoraja uma exploração e um encontro que a destilação sistemática, linear e hierárquica impede."[26] Há uma Igreja Pagã cuja criação foi inspirada por um romance de ficção científica. O romance é *Um estranho numa terra estranha*, de Robert Heinlein, e a igreja é a Church of All Worlds (CAW, sigla em inglês para Igreja de Todos os Mundos).[27] O romance de Heinlein não vê a mulher de uma forma em que muitas Bruxas feministas se sentem confortáveis — e eu faço parte desse grupo. No entanto, ele despertou muitas pessoas, levando-as a refinar seus pensamentos, crenças e práticas a um nível muito distante de qualquer coisa apresentada no romance.

Acredito que seja seguro afirmar que o romance de Marion Zimmer Bradley, *As brumas de Avalon*, abriu as portas da Arte para mais pessoas, especialmente mulheres, do que qualquer outro livro conseguiu. Bradley reconta a eterna e emocionante lenda arthuriana da perspectiva das personagens femininas. Ela descreve a irmã de Arthur, Morgana, como uma sacerdotisa da Deusa, e Avalon como a ilha e lar de todas as sacerdotisas da Deusa. Em *O incêndio de Tróia*, Bradley reconta a história da Guerra de Tróia, uma lenda em um tempo, local e cultura completamente diferentes, e relata novamente os eventos da perspectiva de Cassandra, a vidente que não foi ouvida.

Diana L. Paxson é outra romancista que escreveu o que eu classifico como ficção histórica, no entanto os livros são catalogados como ficção científica/literatura fantástica. Com Adrienne Martine-Barnes, Paxson escreveu uma trilogia intitulada *The Chronicle of Fionn MacCumhal*, sobre os fenianos da Irlanda. Os deuses irlandeses vivem nas páginas das crônicas de Fionn. Além de outros títulos sobre as lendas irlandesas e galesas, Diana Paxson escreveu outra trilogia intitulada *Wodan's Children*. Esses três livros narram novamente os contos de Siegfried (a criança lobo) e Brunhild (a valquíria de cabelos negros), que chegou a nós por meio de um poema épico do século XIII intitulado *O anel do Nibelungo*. Wagner escreveu parcialmente esses contos para suas óperas do Ciclo do Anel, mas Paxson aborda a herança mágica e espiritual nórdica por um ângulo diferente.

Os romances de Bradley e Paxson demonstram diversos elementos que são comuns na Arte e no Paganismo: a sensibilidade feminina e o poder da mulher; a fundamentação nas sociedades primitivas e uma atitude de atribuição de experiências irracionais e inexplicáveis às influências divinas. Por exemplo, o personagem Angus na obra de Paxson intitulada *The Sword of Fire and Shadow* (livro 3 da trilogia feniana) é demonstrado da mesma maneira que nas lendas, como o deus irlandês que é pai de Diarmid. Um outro romance, escrito por um autor diferente, contudo baseado no mesmo conto, apresenta Angus como o pai adotivo de Diarmid — adoção era uma prática comum nas antigas culturas celtas —, em vez de apresentá-lo como seu pai divino.

Graham Harvey vê as histórias fantásticas "como um mecanismo para explorar as possibilidades e potenciais: uma forma de ritual ou prelúdio para ritos de passagem transformadores. A fantasia não desvirtua necessariamente o aumento da consciência nas pessoas, ela não precisa ser um narcótico, mas deve ser o catalisador necessário para a mudança."[28]

Outros livros populares com temas Pagãos são *Lammas Night*, da autora britânica Katherine Kurtz, que trata da proteção mágica da Grã-Bretanha por covens Wiccanianos durante a Segunda Guerra Mundial; *The Book of Kells*, de R. A. McAvoy, a história da viagem no tempo que se passa na Irlanda tendo dois arqueólogos como personagens principais; *The Moon Under Her Feet*, de Clysta Kinstler, sobre Maria Madalena; e *Ariadne*, de June Rachuy Brindel, sobre uma Creta minóica matriarcal e seu encontro com a sociedade patriarcal grega.

A ficção científica com uma atitude feminista marcante por parte de escritores como Ursula Le Guin, Joanna Russ e Marge Piercy, norteia os adeptos da Bruxaria. Outros autores escrevem sobre o matriarcado e tempos antigos, quando personagens femininos eram livres das restrições culturais que inibiam suas ações e limitavam suas escolhas. Os Pagãos também lêem ficção utópica, como *A quintessência sagrada* (Record, 1995) de Starhawk; *The Kin of Ata Are Waiting for You*, de Dorothy Bryant; e *The Wanderground: Stories of the Hill Women*, de Sally Miller Gearhart.

Uma lista de trabalhos sobre ficção científica, especulativa, histórica e utópica que informam e inspiram Pagãos poderia compor um volume por si só. Escrever e ler esses trabalhos nos permite explorar novas maneiras de estar no mundo, novas tecnologias, novos sistemas sociais.

Da ficção científica, onde a imaginação especulativa não tem limites, a mente processa a teoria científica para experimentar, provar fatos e criar. Esses são os passos que têm nos levado aos computadores. Na fantasia da ficção científica encontramos antigas formas de sabedoria, mas o gênero é também um veículo para projetar futuras possibilidades.

Bruxaria e a cultura do computador

O que a internet tem que se adapta tão bem aos nossos caminhos e estes se adaptam tão bem a ela? O que posso dizer é que a Bruxaria sempre respeitou a busca científica, o pensamento científico e a tecnologia que vem sendo utilizada pela ciência. Bruxos são racionais. Apreciamos a internet como uma construção científica. Ao mesmo tempo, somos intuitivos e sentimentais. Quero dizer que valorizamos nossas experiências e prestamos atenção a elas. E cuidamos de nossa herança e dos caminhos e trabalhos de todos aqueles dos quais descendemos.

Várias pesquisas formais e informais conduzidas nos últimos anos em outros ambientes — festivais Pagãos — revelaram que um número aparentemente desproporcional de Bruxos e Pagãos trabalha na indústria do computador. Isso era verdade quando o livro *Drawing Down the Moon*, de Margot Adler, foi publicado em 1986, e a tendência é que essa manifestação seja ainda maior hoje. Erik Davis nos compara a "cultuadores de natureza dionisíaca que abraçaram o artifício das máquinas lógicas apolíneas".[29]

Outra de minhas co-conspiradoras, Ceffyl, de Knoxville, Tennessee, ajudou fundar o KAPOW (sigla em inglês para Pagãos e Wiccanianos da Área de Knoxville). Ceffyl, que foi direcionada à cultura dos computadores pelos seus pais — um programador e uma revisora técnica — e foi exposta a computadores durante toda a sua vida, fala sobre a internet: "É uma outra ferramenta, como um círculo ou **athame**, que pode ser útil em seu trabalho." Ela continua:

ATHAME: Uma faca ritualística, geralmente com lâmina dos dois lados.

> O principal uso que faço da internet é ensinar on-line, mediar ocasionalmente grupos de discussão e criar um

ambiente de aprendizado em sites (veja, por exemplo, http://www.northwin.faithweb.com/firstdegree).

Uso computadores desde 1978, e atualmente trabalho como revisora técnica para uma companhia de imagem na internet. Meus pais também estiveram no campo relacionado aos computadores (programador e revisora técnica), portanto, estive envolvida com essas máquinas durante toda a minha vida.

Os computadores não me parecem estranhos ou anormais. Conectar-se a uma outra pessoa através de um programa de mensagens instantâneas (como o ICQ) é muito fácil e natural para mim. Estar em uma sala de bate-papo é a segunda coisa mais parecida a sentir alguém próxima a você — é possível até ler sua aura, humor e estado de energia pela rede, da mesma forma que isso é feito quando a pessoa está sentada perto de você.[30]

ICQ: Forma abreviada em inglês de *"I seek you"*, que significa "Eu procuro você". Um programa disponível para *download* gratuito que permite saber quando amigos e contatos também estão on-line, indicando-os e permitindo que você se comunique com eles. O ICQ possibilita a você enviar mensagens, arquivos (isolados, múltiplos ou até um diretório inteiro) e URLs diretamente para seus amigos. Você ainda pode iniciar uma sessão de bate-papo em estilo IRC ou estabelecer conexões de voz e vídeo e inclusive jogar com os outros membros de ICQ que você esteja em contato. Seu contato recebe um sinal assim que você entra na rede e passa a ter a possibilidade de acesso imediato a ele.

A Arte da Bruxaria respeita a busca do conhecimento racional e científico e as percepções emocionais, intuitivas e experimentais. Isso a torna especialmente bem-vinda à tecnologia moderna e à cultura do computador.

Os Pagãos que trabalham na internet, na indústria de informática ou que fazem disso um ramo de atuação e se tornam adeptos da tecnologia e da cultura do computador são carinhosamente chamados de "tecnopagãos". Erik Davis descreve essas pessoas como tendo "um pé na tecnoesfera emergente e um pé no mundo selvagem e confuso do Paganismo".[31]

Tecnopagãos vêem os padrões das tecnologias e esquemas mágicos no seu trabalho com computadores e nos meios eletrônicos. Jody, por exemplo, trabalha com computadores por todos os Estados Unidos a partir de um computador no seu escritório em São Francisco. Ela estudou a metafísica medieval judaica da cabala e percebeu semelhanças com o seu trabalho em computadores. Não sou técnica em computador, nem cabalista, portanto está além de minhas habilidades explicar exatamente como Jody vê isso. No entanto, acho essa teoria estimulante para Bruxos, cabalistas e tecnopagãos explorarem.

Erik Davis atribui isso ao que ele considera um desejo básico por parte dos tecnopagãos: "Honrar a tecnologia como parte do ciclo de vida humano, uma vida que para os pagãos já é divina. Os Pagãos se recusam a separar o sagrado do profano, e sua religião é uma franca celebração do fluxo total da experiência: sexo, morte, livros cômicos, compiladores."[32]

Não sou uma tecnopagã como Ceffyl e Jody, assim procurei informações, ajuda e opiniões de diversos tecnopagãos para tecer este livro. Você verá os fios coloridos que eles adicionaram à tapeçaria.

No caminho para nos tornarmos o Povo da Internet, nós, Bruxos, pesquisamos muitos assuntos que nos interessam em livros, periódicos, jornais, manuscritos e outros materiais impressos. Agora fazemos muitas de nossas pesquisas on-line. Pedi aos meus co-conspiradores para descreverem como eles — individualmente e/ou seus covens e práticas — foram impactados pela internet, além do fato disso ter permitido que eles encontrassem pessoas com mentes semelhantes, e até mesmo coveners em potencial. Conheço pessoas que fizeram milhares de pesquisas on-line sobre um ritual específico, uma tecnologia sagrada, uma deidade ou díade, panteões ou uma afiliação étnica. Expli-

MAGIA DO CAOS: Para muitos, o termo "caos" denota desordem ou complexidade frente ao entendimento. Mas isso não se trata do que é realmente a magia do caos. Em essência, magia do caos está relacionada ao ato de abandonar aquilo que seus praticantes vêem como uma parafernália desnecessária e rígida, para ir direto ao centro da questão. Todos os que a praticam se afastam de crenças complexas e do simbolismo de outros sistemas mágicos e utilizam uma estrutura mágica que produz resultados por meio de métodos únicos a cada praticante. Essa estrutura provê um conjunto de ferramentas e técnicas que envolvem sinais, gnose (ou estados alterados de consciência, alcançados por meio de métodos variados), ritual, humor e uma rigorosa autodeterminação.

A rede de crenças e símbolos usados por outros sistemas mágicos é muitas vezes vista pelos praticantes do caos como simplesmente um conjunto de ferramentas em vez de um fim. Dessa forma, um mago do caos seleciona crenças e símbolos que melhor suprem suas necessidades numa dada situação. Um praticante pode, por exemplo, usar cabala de manhã, os mitos de Cthulhu de H. P. Lovecraft à tarde e mitologia egípcia ao anoitecer, e um

quei anteriormente como encontrei mitos da deusa Pele na internet e os introduzi em escritos litúrgicos que possibilitaram a Pele se comunicar.

Um de meus co-conspiradores, Adam, mora na Austrália.[33] Ele se autodenomina um tecnopagão com pouco treinamento tradicional na Arte alexandrina tradicional e uma paixão atual por **magia do caos**. Adam diz:

> Eu, como Pagão, creio que a internet é um recurso essencial. Procuro por divindades constantemente, em especial quando estou interessado em uma. Faço também extensas pesquisas em listas de e-mail e na rede sobre assuntos específicos — como a magia do caos — quando um tema me interessa.
>
> Na prática, poderia dizer que atualmente o que influencia a minha espiritualidade é: livros, cerca de 5% (embora para conhecimentos gerais sobre o paganismo e sua história essa porcentagem suba drasticamente); inspiração, talvez 10% mais ou menos; discussões na vida real, também uns 10% (embora quisesse que fosse muito mais); e internet, mais ou menos uns 75%. Mas, então, me sinto estranho, bem como o restante das pessoas.

O incrível efeito que a internet teve sobre a Bruxaria e o paganismo é que ela se tornou nossa comunidade. Cynthia, uma Bruxa da Virgínia, explica:

> Acredito que a internet deu aos Bruxos uma "igreja", por falta de uma palavra melhor; um ponto de encontro e, ainda melhor que isso, um ponto de encontro anônimo. Uma mulher que desejava desesperadamente estar próxima de outras Bruxas, mas temia os rumores enganosos sobre o paganismo me escreveu: "Gostaria de participar de uma

reunião sua, mas tenho medo de que vocês me conheçam e nunca mais me deixem ir embora." Ela pôde seguramente averiguar o que era ficção e o que era verdade pela internet. Antes, ela jamais havia se aventurado a sair do seu armário de vassouras por causa de todas as histórias estereotipadas sobre Bruxas.

Mas o que torna a internet tão atraente para nós? Ela simplesmente nos dá a voz que nunca tivemos apresentando um número de Pagãos que ninguém acreditava que existisse em um meio que não possui valores morais como outras formas de mídia. São nossas palavras, sem censura, despidas da imagem dos filmes de Hollywood. Pela primeira vez, nosso trabalho, palavras e pensamentos estão lado a lado com os de qualquer um, em igualdade e sem comentários editoriais.[34]

A vastidão da rede: Bruxas e Pagãos conectados

A internet é tão vasta que ninguém pode conhecer todas as suas partes. Mas quão vasta ela é? Pesquisando para escrever este livro, descobri que não só é impossível obter um número preciso de quantos Bruxos e Pagãos existem no mundo (ou nas Américas, ou nos Estados Unidos), mas também é impossível determinar a porcentagem de pessoas com acesso à internet. Isso é algo que a rede e a Arte têm em comum. Entretanto, com o crescimento do entendimento público e a difundida aceitação do Paganismo, estamos próximos de saber quantas pessoas seguem os caminhos Pagãos.

A escolha de seguir um caminho como este não deixa de ter riscos. Conheci Bruxos que tiveram suas casas incendiadas. E pais Bruxos que perderam a custódia de seus fi-

sistema baseado no "The Rocky Horror Picture Show" na calada da noite (embora eu prefira não especular o tipo de feitiços que "The Rocky Horror Picture Show" julga apropriado).

Tais magos podem empregar o simbolismo wiccaniano e chamar o Deus e a Deusa da Wicca, ou usar santos e símbolos cristãos. O mais importante não é quais símbolos eles usam, mas qual sistema será mais efetivo para a tarefa específica que eles têm em mente. Além disso, o sistema nem mesmo precisa ser "real" — os praticantes são encorajados a criar sistemas de crenças totalmente novos e únicos, se assim desejarem.

A magia do caos é um método de abordagem instigador. Seu incrível grau de flexibilidade, quando comparado a outros sistemas, permite que seus praticantes atinjam quase todos os objetivos que desejam, enquanto exploram novos territórios, técnicas e ferramentas (como a internet). O mais interessante sobre a magia do caos não é sua forma nem sua flexibilidade, é a atitude do mago do caos. Os praticantes usam técnicas não porque foram ensinados a usá-las, mas porque elas funcionam. No fim, o mago do caos usa o que sente ser adequado, pois está muito mais interessado na realização da magia do que em sua teoria.

COWAN: Uma pessoa que não é um Bruxo, assim como um gentio não é um judeu.

PENTÁCULO: A figura de uma estrela de cinco pontas, com um de seus vértices apontando para cima, dentro de um círculo. Instrumento do norte. O pentáculo é usado para atingir um equilíbrio psíquico e permitir que as pessoas experienciem várias energias conectadas de uma forma concentrada; cada uma de suas pontas está associada a diferentes poderes e qualidades.

As tradições Reclaiming e Faery usam dois, e algumas vezes mais, esquemas de pentáculo específicos da tradição: o pentáculo de ferro, cujas pontas são sexo, self, paixão, orgulho e poder; e o pentáculo de pérola, cujas pontas são amor, lei, sabedoria, conhecimento e poder. Adicionalmente, cada ponta do pentáculo corresponde a uma "ponta" do corpo quando ele assume a posição de um pentáculo (braços abertos, pernas afastadas): cabeça, mãos e pés.

lhos ao se divorciarem de seus companheiros **cowan**. Bruxos e outros Pagãos têm perdido seus trabalhos e sido despejados de suas casas alugadas e estabelecimentos comerciais. Bruxos adolescentes têm sido incomodados e até suspensos da escola por usarem jóias como **pentáculos**, que indicam que eles podem ser Pagãos.

Assim, mesmo que Bruxos não estejam sujeitos ao tipo de perseguição que sofreram no passado, muitos ainda sentem necessidade de esconder suas identidades das comunidades intolerantes. (Felizmente há uma separação constitucional entre Igreja e Estado nos Estados Unidos que garante a liberdade religiosa.) Tudo isso torna o acesso ao nosso exato número uma tarefa impossível, mas tive a possibilidade de reunir diversas fontes que lançaram luz sobre a dimensão da população Pagã.

A Pagan Educational Network — PEN (Rede Educacional Pagã) estima que nos Estados Unidos vivam de 150 mil a 600 mil Pagãos.[35] Novamente, pela tradição de segredo entre os Bruxos, e pelo fato de o movimento não ter uma autoridade central, estimativas precisas são difíceis de serem alcançadas. Além disso, todos os líderes dentro do movimento Pagão relatam que o crescimento é meteórico, com a demanda de professores, recursos e festivais ultrapassando a oferta.

A Wiccan/Pagan Press Alliance — WPPA (Aliança de Imprensa Wiccaniana/Pagã) é um movimento de associação somente para a imprensa Pagã. Silver RavenWolf, diretora da WPPA, estima que há 600 mil pagãos no Estados Unidos, baseados no número de membros da WPPA. Há mais de 150 publicações de membros da WPPA, as quais não incluem as centenas de pequenas circulações de jornais locais.

A Church of All Worlds — CAW (Igreja de Todos os Mundos), fundada em 1962, é uma das organizações mais

O povo da internet

antigas dos Estados Unidos.[36] Até recentemente, a CAW publicava o *Green Egg*, e esta era a revista mais antiga no movimento paganista. O emérito editor da *Green Egg*, Oberon Zell-Ravenheart, estima uma população Pagã de meio milhão de pessoas nos Estados Unidos, baseado no banco de dados da revista. Pouco tempo atrás, esse banco de dados tinha registrados mais de 1.300 grupos e aproximadamente 700 periódicos. Muitos, mas não todos, membros da CAW se consideram Pagãos.

John Machate, coordenador/diretor da Military Pagan Network — MPN (Rede Pagã Militar) estima que existam 10 mil Pagãos praticantes no exército norte-americano (oficiais ativos, guarda, reserva e dependentes).[37] Este quadro é baseado no levantamento geral conduzido pela MPN e é aceito pelo Conselho de Capelania dos Serviços Armados. O *Manual militar para capelães*, publicado em 1978, contém informações sobre Bruxaria para os capelães militares de qualquer fé. O principal colaborador do manual é um Bruxo.

Um levantamento realizado em 1998 mostrou que 19% dos universalistas unitarianos identificaram suas práticas como "centradas na Terra", um termo que possui uma conotação muito forte do ponto de vista Pagão. Isso indica que somente na Igreja Universalista Unitária há mais de 95 mil pagãos (ou pessoas cujas práticas e crenças são similares àquelas identificadas como pagãs). Muitas igrejas universalistas unitarianas possuem congregações chamadas Convenção Universalista Unitarista para Pagãos (CUUPS).[38] Entre os pagãos da CUUPS, muitos se identificam como Bruxos.

A Llewellyn, localizada em Minesota, é a maior editora de livros Pagãos nos Estados Unidos. O catálogo atual da empresa possui uma lista de mais de 400 títulos, com uma média de 47 mil cópias de impressão. Um número significativo de títulos da Llewellyn se relaciona à Bruxaria ou a tópicos relacionados à Arte, e o mercado da editora é formado por muitos Bruxos.

Phyllis Currot, autora, Bruxa e ativista, diz que há milhões de Bruxos nos Estados Unidos, fazendo referência a uma estimativa de 1991 fornecida pelo reverendo J. Gordon Melton, do Instituto para o Estudo da Religião Norte-americana, em Santa Bárbara, Califórnia. Dez anos antes, Melton afirmou que a população Pagã dos Estados Unidos era de 130 mil, e que esse número dobrava a cada 18 meses. Baseando seus números nas estimativas de Melton de 1991, Currot afirma que a população pagã atual dos Estados Unidos é de um a três milhões — entre 0,5 a 1,0% da população nacional.

Desde sua fundação em 1997, *The Witches' Voice* (A Voz dos Bruxos) (*Witchvox* ou *TWV*) cresceu a ponto de se tornar o site pagão mais popular da internet.[39] No verão de 2001, *The Witches' Voice* ultrapassou o número de 1,5 milhão de páginas visitadas (aproximadamente oito milhões de acessos) por ciclo lunar. A sua seção de contatos lista mais de 40 mil pagãos, eventos, grupos e lojas ao redor do mundo.

Quando a brisa atravessa uma teia de aranha, fios tecidos emitem sons. Quando os fios são puxados, eles cantam. Quando uma rede torna-se suficientemente larga e inclusiva — e a rede dos Bruxos se transformou nisso —, ela adquire voz. Em muitos aspectos, essa voz é emitida através de 2 milhões de páginas fenomenais de um site chamado, corretamente, *The Witches' Voice*. Ao longo deste livro, do mesmo modo que você verá conexões e portais aparecerem e depois desaparecerem para retornar somente em algum outro lugar, você também ouvirá os sons de *The Witches' Voice*.

Capítulo 2

Seguindo as conexões: caminhos para o aprendizado

Como o aprendizado acontece na internet

Quando o estudo clássico de Margot Adler, *Drawing Down the Moon*, foi relançado, em 1986, a autora incluiu no apêndice os resultados de uma pesquisa informal que ela realizou durante o processo de atualização do livro. Adler descobriu uma preponderância de profissionais da área de informática entre os seus correspondentes Pagãos. O que isso poderia significar? Há algo nos computadores que os torna especialmente compatíveis com a Bruxaria? Perguntei aos meus co-conspiradores. Grey Cat disse:

Acredito que sejam dois os motivos pelos quais muitos de nós se sentem confortáveis na internet. O primeiro é porque nossa religião não é nada hostil às ciências e invenções. Não temos a necessidade de manter as coisas como elas "eram" para que nossa fé permaneça forte. O segundo é que não temos os preconceitos culturais contra os "outros" meios de comunicação. A qualidade "entre mundos" da internet não nos é tão estranha, quanto parece ser para "a maioria das pessoas".

E Adam disse:

> Acredito que a Bruxaria e a internet são extremamente compatíveis com o desenvolvimento do significado da Arte. Os métodos tradicionais são basicamente lineares, mas a internet o encoraja (e, de fato, quase o força) a tomar um caminho não linear. Você toma para si e escolhe as respostas que são corretas para você, em vez de aprender a partir de um grupo estabelecido de dogmas de uma maneira linear. Desta forma, a internet encoraja as pessoas a seguir religiões de estilo pagão, nas quais elas podem escolher os aspectos da religião que são corretos para elas. Suponho que os termos usados com maior freqüência para destacar isso sejam dizer que a Bruxaria, o movimento neopagão e a internet são pós-modernos e tendem a fazer uso de métodos de aprendizado pós-modernos, enquanto muitas outras religiões são modernistas, ensinam um conjunto absoluto de verdades e, assim, não se ajustam muito bem aos novos paradigmas do ciberespaço.

A Bruxaria contemporânea bebe de muitas fontes e indivíduos, **covens** e tradições, combinando esses recursos de modo que funcionem melhor.

A internet se ajusta idealmente a esse tipo de aprendizado. Erik Davis expõe isso sucintamente ao afirmar que: "A magia é a ciência da imaginação, a arte de engendramento da consciência e da descoberta de forças virtuais que conectam o corpo-mente com o mundo físico."[1] Adam apresenta uma explicação mais prática:

COVEN: Um grupo autônomo de Bruxos que se encontra regularmente para praticar magia. Tradicionalmente, um coven tinha 13 membros que se encontravam sob a lua cheia. Hoje em dia, um coven pode ser de qualquer tamanho, e seus membros podem ser mulheres e homens. Em algumas tradições, há a aceitação de liderança e requerimentos para o ingresso no coven. Na tradição Reclaiming, os covens estabelecem suas próprias regras. A maioria dos covens se reúne de maneira reservada e não são abertos para visitantes; ocasionalmente, no entanto, um coven pode declarar um ritual aberto e convidar pessoas de fora para aquele ritual específico. A filiação a um coven se processa por meio de um convite pessoal. Freqüentemente, os associados se tornam muito próximos e consideram um ao outro como se fossem da família. Covens também são conhecidos como "círculos" ou "groves".

Seguindo as conexões: caminhos para o aprendizado

A internet leva você a aprender ao deixá-lo escolher seu próprio caminho, em qualquer assunto, seja ele religioso ou secular, e isso é um conceito muito pós-moderno de aprendizado. Assim, (seja qual for o tópico) (...) sobre o qual eu queira aprender (...) eu tenho à minha disposição centenas de argumentos de cada ponto de vista possível, e cabe a mim escolher quais eu quero ouvir. O mesmo ocorre com a espiritualidade. Se quero aprender sobre a espiritualidade e tenho acesso à internet, serei levado a escolher trechos de cada página de um grande número de fontes, em vez de retirar toda a informação de uma única fonte. O resultado da mistura será unicamente meu, e não algo ditado por uma tradição individual.

Perguntei aos meus co-conspiradores se eles achavam a Bruxaria e a internet compatíveis em suas práticas. Em resposta a isso, Adam escreveu:

Primeiro, vejo a rede de computadores como uma rede de energia e algo bastante real, assim como este mundo. Este e-mail existe e é real, mesmo que eu não possa tocá-lo. Tendo definido isso, creio que computadores e o ciberespaço são algo com que podemos trabalhar, do mesmo modo que trabalhamos com outras formas de energia quando trabalhamos com contemplação. Trata-se quando muito de um tipo diferente de energia (...) A segunda área onde creio que há compatibilidade é no modo como trabalhamos com energias correspondentes (...) programação (de computadores) se baseia na criação por meio de palavras e conceitos, em vez das mãos. A magia é, creio eu, semelhante — criamos com palavras e rituais, em vez de objetos físicos. Ferramentas, assim como teclados e monitores, servem para direcionar palavras e intenções, e não para serem essenciais. Os computadores nos proporcionam um novo conjunto de ferramentas com as quais é possível direcionar nossa intenção, e possivelmente um novo espaço para dirigi-lo, mas eles ainda usam muitos dos mesmos paradigmas e por esta razão são compatíveis.

Mark Kelly, uma Bruxa de Seattle e criadora da estação de transmissão on-line *Earth Radio International*, respondeu:

> A rede é um exemplo vivo de que nós, Bruxas, estamos sempre tagarelando. Tudo está conectado, você não pode fazer nada sem que isso afete outra coisa e assim por diante. A internet é a realização de um ideal. Posso conectar os arquivos do meu pequeno site a qualquer outra página da internet no mundo inteiro sem qualquer custo, sem medo, sem restrição. O que é meu não é, de fato, realmente meu (...) Tudo é parte de toda a **egrégora** do ciberespaço (...) Geralmente, estamos nos movendo em direções opostas e contrárias, mas a realidade é que isto fornece energia para aumentar o potencial da internet, e muitos dos resultados são intencionais (...) Isso não é porque a internet seja uma ferramenta mágica, da mesma forma que é um ato mágico (...) (o mago cerimonial em mim diz) que o conceito mágico em ação é o hipertexto. A ferramenta usada é o **HTML**. O resultado da obra mágica é a internet.

EGRÉGORA: Uma espécie de mente grupal que é criada quando pessoas conscientemente se reúnem para um propósito comum. Tem as características de ser mais eficaz que a mera soma da individualidade de seus membros.[2]
— Gaetan Delaforgem

HTML: Sigla para "hypertext markup language"; é um código de computador para desenvolver e publicar textos na internet.

Ceffyl, do Tennessee, escreveu: "Redes são sistemas de energia gigantes, e os pagãos parecem ser especialistas em lidar com forças como essas. Faz parte de nosso sistema de crenças (animismo). Assim, se conectar a uma rede de computadores é igual a se conectar ao divino em tudo ao seu redor. Essa força universal também move os elétrons acima das redes de comunicação." E Rune, do Grove Silvestre, afirmou que a internet, "por ser composta de energia, tem mais em comum com o plano etéreo ou astral do que com o físico". Ela então acrescentou: "As instalações e os servidores são a simples manifestação 'da internet', e ela possui uma existência muito além desses meros componentes".

Ao adotar uma perspectiva semelhante, SilverPeace, uma estudante universitária do Meio-Oeste e membro ativo de um dos muitos grupos pagãos de estudantes que proliferam pelos Estados Unidos e pelo Canadá, escreveu: "Esse meio combina com os Bruxos porque é realmente mágico, uma vez que ele é feito de pura energia. Dados em um servidor são apenas alguns bits de código digital, que quando enviados para outro computador via linha telefônica ou satélite em forma de energia é traduzido para algo agradável aos olhos e ouvidos. O que é magia senão a transmissão de energia de uma pessoa ou coisa para outra?"

Uma outra maneira de a internet promover o aprendizado é na forma de um poderoso meio de dissipar rumores. Ela permite que nos apresentemos ao mundo a ela conectado de maneiras que julgamos serem mais verdadeiras em relação ao que somos, em lugar das representações apresentadas por aqueles que não são Pagãos. Não só aprendemos um com o outro, como talvez vejamos um ao outro mais claramente. Mas também ensinamos aos outros sobre quem somos, sobre as coisas a nosso respeito, nossos princípios, preferências e personalidades.

Obviamente, há muito mais a ser dito sobre o modo como aprendemos. Estudos sobre aprendizado geram muitos livros. Escolas, faculdades, universidades e hospitais empregam muitas pessoas e usam muitos computadores para estudar formas de aprendizado. Por intermédio de meus coconspiradores, explorei algumas das formas como os Bruxos aprendem na rede. Agora, descreverei algumas formas mágicas de aprendizagem.

TECNOLOGIAS SAGRADAS

Está além do propósito deste livro fornecer uma apresentação detalhada sobre todas as tecnologias que foram desenvolvidas ao longo das eras e por todo o mundo. Tecnologias a que nós, Pagãos contemporâneos que vivem em uma aldeia global multicultural, multirracial e sem fronteiras, estamos expostos. Mesmo assim, farei uma breve descrição de algumas das mais populares.

Ao aprendermos várias tecnologias sagradas, descobrimos aquelas que funcionam melhor para cada um de nós. E cada vez que as realizamos, respondemos melhor às suas influências transformadoras. Empregamos essas tecnologias para alcançar uma conexão consciente com o divino, olhar dentro de nós mesmos e explorar as realidades além deste tempo e espaço.

Vamos supor que desejamos entender algo de uma perspectiva alternativa, ou de uma combinação de perspectivas alternativas. Olhamos para uma determinada situação de todos os ângulos; consideramos todas as possibilidades; examinamos cada fator; exploramos cada teoria. Agora desejamos entender isso de uma perspectiva metafísica, cósmica e holística.

A primeira coisa que precisamos fazer é consagrar um espaço. Eu escolheria um espaço que se encontra de alguma maneira fora da realidade comum. Espaços sagrados, lugares santos ou de poder são encontrados em todo o planeta. O Muro das Lamentações é sagrado para os judeus. Os muçulmanos em todo o mundo são encorajados a fazer peregrinações a Meca. As pirâmides do Egito foram erguidas para guardar as lembranças de personagens sagrados e as da América Central foram construídas para a realização de rituais. A lista continua: o rio Ganges; as barragens de Illinois; a

---

MAGIA: A Arte e prática de transformar a consciência pela vontade.

CÍRCULO: Um espaço sagrado onde um ritual, ou outro tipo de trabalho mágico, é realizado, seja por um indivíduo ou grupo. Freqüentemente, as pessoas ficam em círculo no início de um ritual, mas durante o mesmo elas podem formar qualquer configuração (triângulos, quadrados) e ainda assim estar "em um círculo". Um círculo é também um conceito fundamental para a teantropia da Bruxaria moderna, geralmente representa o ciclo da vida, morte e renascimento e a interconexão de tudo no universo. A palavra "círculo" é também usada como sinônimo de "coven"; usada como verbo, significa reunir pessoas em um espaço sagrado.

Seguindo as conexões: caminhos para o aprendizado

pedra de Cashel; as fontes de Sulis, na Bretanha; as estátuas da ilha de Páscoa, no oceano Pacífico; os templos de Machu Picchu, no Peru; as cataratas do Niágara; Dakshineswar, templo de Kali Ma em Calcutá; Uhuru, na Austrália.

Alguns espaços sagrados foram construídos e outros descobertos. A gruta do Oráculo de Delfos, na Grécia, onde profecias foram realizadas, tinha certas propriedades — talvez fumaça de alguma cratera, vinda do interior da Terra, ou fragrâncias de ervas conhecidas por facilitar a divinação — que permitiam à Sibila um contato mais profundo com o Divino.

Não só os Bruxos reconhecem e apreciam esses locais numinosos do mundo, como encontram locais naturais especiais perto de onde vivem. É claro que nem todos têm acesso a lugares remotos na natureza. É um fato da vida contemporânea que as pessoas estão perto de todos os lugares. Uma vez que a maioria de nós gostaria de manter o pouco da vida selvagem que se encontra primitiva e intocada pela presença humana, nós criamos espaços sagrados para nós mesmos por meio de ritual, para que, onde quer que estejamos, possamos nos equilibrar para realizar a **magia**.

Muitas vezes, em nosso mundo moderno, o lugar mais recluso para realizar nossos rituais é a nossa casa — num quintal com jardim se tivermos sorte, mas geralmente em espaços fechados.

O passo inicial para a preparação de um espaço sagrado é criar um **círculo** sagrado. Isso pode ser feito de muitas formas: podemos varrer uma área para limpá-la; marcar um círculo na areia; cortá-lo no ar com uma lâmina; traçar a forma com grãos, farinha ou pó colorido; trilhar, cantar, **aspergir** ou **incensar** a formação. Dizemos **lançar** (moldar, verter), **cortar** (abrir, gravar), erigir (criar, edificar) e, mais recentemente, selar (conjurar, plasmar) quando desenhamos

---

ASPERGIR: Purificar salpicando água com sal sobre os participantes de um ritual. Geralmente utiliza-se um ramo de erva aromática, como alecrim, que é mergulhado em água salgada.

INCENSAR: Purificar, usar a fumaça de um incenso.

LANÇAR: "Lançar um círculo" é definir os limites do espaço sagrado, geralmente uma área onde o ritual vai acontecer.

CORTAR: Lançar um círculo, ou ritualmente entrar e sair de um círculo depois que ele tenha sido lançado, abrindo cuidadosamente um espaço para atravessá-lo e fechando-o após cruzar seus limites.

ENERGIAS, ELEVAÇÃO DE ENERGIA: O uso de várias técnicas, como ritmos, movimentos, voz, aumentar e intensificar a energia concentrada num grupo. Essas técnicas tradicionais como cantar, tocar tambor e dançar são usadas para direcionar e enviar a energia para fortalecer a intenção do grupo. A forma mais fácil de observar que a energia foi elevada é o calor: a sala se torna quente e as pessoas que estão elevando a energia suam. A elevação de energia é usada para dar mais poder a um feitiço, cura ou outro trabalho. Quando a energia chega ao ápice, a moldamos naquilo que chamamos de "cone de poder" e o "enviamos", direcionando-o a algo, ou aterrando-o (que é permitir que o excesso de energia seja drenado e absorvido pela Terra).

ELEMENTOS: As quatro substâncias (Ar, Fogo, Água e Terra) necessárias para a criação e sustentação da vida. Cada uma está associada a uma das quatro direções; a um instrumento em particular; a certas qualidades e poderes que existem no mundo físico exterior e dentro de cada pessoa; a certas cores; a formas de vida e a fenômenos naturais que correspondem a cada direção. Começamos no Leste chamando o elemento Ar, progredimos ao Sul e o elemento Fogo,

um círculo mágico. Criar um círculo reforça nosso sentido de segurança, de estar protegido contra energias negativas. Essa sensação de confiança na santidade do círculo permite-nos sair com maior facilidade da consciência comum. Ela também serve para centrar e conter as energias que invocamos ou elevamos, assim podemos manipulá-las e direcioná-las melhor ao objetivo desejado.

O círculo delineia um limite semipermeável, mas distante, que reconhece o mundano como separado do lugar que chamamos "entre mundos". É um espaço fora do espaço, um tempo fora do tempo, sem começo nem fim. Quando o processo de purificação do espaço, dos participantes e do círculo se inicia, uma mudança na consciência começa a acontecer. Palavras, gestos, o aroma do incenso são as tecnologias sagradas e o conjunto de conhecimentos que nos auxiliam a promover essa mudança.

Uma vez que o espaço tenha sido demarcado como um círculo sagrado, honramos as direções cardeais com palavras e gestos; saudamos Leste, Sul, Oeste e Norte. Então, invocamos as **energias** para abençoar e equilibrar as atividades que vão acontecer dentro do círculo.

A maioria dos Pagãos atribui certos **elementos** a cada uma das quatro **direções**, embora a atribuição específica possa diferir de um grupo para outro. Chamamos isso de criação do espaço sagrado. Como, então, criamos um espaço sagrado on-line? Observaremos como isso é possível quando estudarmos os rituais e a magia no ciberespaço no Capítulo 6.

Certamente, antes de projetar um círculo, muitos de nós vão criar altares que portarão objetos significativos — por exemplo, uma pena, pedras, conchas, ossos, uma lâmina, um **bastão**, uma vela, um **cálice**, um pentáculo — que são símbolos dos elementos. Criar um altar nos prepara para entrar

Seguindo as conexões: caminhos para o aprendizado

no espaço sagrado e mudar a consciência. Isso pode ser visto como uma tarefa religiosa para fortalecer a experiência preparatória; um banho ritual pré-cerimonial é um outro ato de preparação. Usar uma veste ritual, jóias ou adornos, ou retirar todas as roupas, pode ajudar a nos transportar a outra realidade.

O propósito do círculo pode ser comemorativo, como honrar o movimento da **Roda do Ano**. Ele também pode ser usado para realizar um rito de passagem para um indivíduo, um casal ou para um grupo consagrar uma mudança de posição. Exemplos de ritos de passagem são um nascimento; uma cerimônia para nomear um bebê; a primeira menstruação de uma mulher; um casamento; uma iniciação em um coven, irmandade ou fraternidade; uma graduação ou conclusão de grau, tanto escolar quanto mágico; um aniversário; uma ascensão na carreira ou promoção de trabalho, a assinatura de um contrato; a compra de uma casa ou de um carro ou até uma negociação; uma morte; um memorial ou funeral — virtualmente, qualquer coisa que sentimos ser merecedora de um ritual. Aniversários são ritos de passagem festivos, ao passo que alguns tipos de ritos são ocasiões sóbrias; mas a maioria clama por alguma espécie de celebração final.

Dependendo do propósito do círculo, nós utilizamos diferentes técnicas mágicas. Se estamos celebrando, desejamos cantar, dançar e festejar. O canto eleva nossos espíritos, dançar eleva nossa energia, festejar traz prazer aos sentidos — todos comemorativos.

O canto, ou outro tipo de música, também pode ser usado para evocar tristeza e lágrimas. Para uma cerimônia de cura, escolhemos um tipo de música — algo suavizante e hipnótico — que é muito diferente da música que escolhemos para uma celebração. Um canto de ninar, uma canção

depois para Oeste e Água, para o Norte e Terra e, em algumas tradições, para o Centro, que representa o Espírito, Éter e o "Aqui e Agora".

DIREÇÕES: Leste, Sul, Oeste, Norte (também conhecido como quadrantes) e Centro. Cada direção possui um elemento e poderes particulares associados a ela. O núcleo é o ponto principal do círculo.

BASTÃO: Instrumento do Sul. Um bastão pode ser feito de madeira, metal ou pedra e é geralmente manufaturado por quem vai utilizá-lo. Ele é uma varinha ou um ramo de árvore, um pouco maior do que o comprimento de um braço, que pode ser enfeitado com entalhes ou cristais, penas e outros objetos de significado para o seu dono. É usado para direcionar energia.

CÁLICE: Instrumento do Oeste. Usado para armazenar água salgada, água pura ou qualquer bebida usada no ritual. Em algumas tradições, o cálice é símbolo do feminino. Pode ser uma taça, copa, pote ou outro receptáculo capaz de conter líquido.

RODA DO ANO: Os oitos principais dias sagrados do ano solar chamados "sabbats", que marcam o girar da Roda.

ou cântico que conforta e traz sono, é apropriado para um círculo de cura quando a pessoa sujeita à cura está em pânico ou carrega tanta tensão que precisa de ajuda para relaxar.

Procuramos aprender com nossos deuses. Aprendemos falando com eles, realizando atos religiosos, convidando-os para o interior de nossos círculos, e até convidando-os para os nossos corpos. Muitas tradições da Arte são arrebatadoras em sua natureza. Com isso, quero dizer que buscamos "desestagnar", estar fora de *estagnação*, muito além do senso comum. Quando alcançamos esse estado, confiamos mais no conhecimento intuitivo, agimos espontaneamente e sem inibição.

A mudança da consciência que freqüentemente menciono aqui é um tipo de transe. Além das combinações dos métodos ritualísticos discutidos anteriormente — banho pré-ritual, construção de altar, consagração de espaço —, o meio mais fácil e acessível de mudar a consciência é jejuar. O jejum pode durar vários dias, somente o dia do ritual ou apenas as horas que o antecedem. Eu alerto às pessoas a não fazerem magia com o estômago cheio: o processo digestivo tende a diminuir nossa velocidade. O momento de comer é depois que um trabalho foi terminado, e então é muito importante se alimentar; precisamos nos reequilibrar em nossos corpos e restaurar as energias que empregamos ao realizar a magia.

Além do jejum, um outro método fácil de nos transportarmos do mundo físico para o mundo mágico é mudar a forma como respiramos. Existem várias técnicas de respiração que podem ajudar nossa magia. Muitas que conheço têm suas origens no ioga. Tive a sorte de uma das minhas primeiras professoras ser uma mulher que ensinava canto, técnicas de respiração profunda, tonacidade vocálica hindu

Seguindo as conexões: caminhos para o aprendizado

para vibrar os **chacras** e cânticos mongólicos com uma oitava acima do tom.

Um canto sustentado, repetido diversas vezes num período de minutos e até horas, cria dentro daquele que está cantando um estado de encantamento. Ele se torna encantado. Trabalho de respiração, canto e encantamentos são minhas formas favoritas de mudar a consciência e conferir poder aos meus trabalhos mágicos.

A dança com transe prolongado — o tipo que os dervixes rodopiantes sufi fazem, ou danças em festas rave, ou a dança que os jovens faziam em minha época (danças alegres e festivas em parques e salões) — é uma outra maneira de atingir estados alterados de consciência. Muitos Bruxos realizam cultos e devoções oferecendo seus corpos em oração; este é o seu principal método de adoração. Há outros métodos sensoriais para despertar uma consciência alterada, além da dança e da vocalização. Incitar a pele com palmadas, pressões, picadas, abrasivos, cócegas e outros meios de estímulo tátil-sensorial também possuem um efeito de alteração de consciência.

Com dança, música e canto vem o ritmo. Tambores de todos os tipos — cabaça, ossos, maracas, castanholas, chocalhos, sistros, colheres — são ferramentas sagradas de transformação. Nós os utilizamos em nossa magia. Realçamos e reforçamos nossa dança usando os ritmos marcados com os pés e que reverberam em nossas vozes. Sincronizamos nossas vozes e música com o ritmo dos instrumentos percussivos. Tocar tambor é uma arte sagrada realizada pelo sacerdote ou pela sacerdotisa que controla a base estrutural de um ritual. Através de seus tambores eles podem acelerar, desacelerar, deliberar, sincopar e de alguma maneira ajudar a elevar, mudar e dirigir a energia do círculo.

CHACRAS:
Literalmente, "rodas". O termo deriva da crença hindu. Um chacra é um dos sete vórtices de energia localizados no corpo humano, que começa na base da espinha e termina acima da coroa da cabeça. Eles podem estar "abertos" ou ser estimulados por movimentos físicos e técnicas psíquicas/mentais/espirituais, de modo que a energia possa ser liberada e utilizada.

ENTEÓGENO: Significa "deus interior"; a expressão de um deus ou espírito. Um enteógeno é um psicoativo sacramental, uma planta ou substância química ingerida para ocasionar exclusivamente experiências religiosas — por exemplo, o cacto do peiote, usado pela Igreja dos nativos americanos.[3]

Uma outra forma de mudar a consciência e entrar em comunhão com o divino é usar **enteógenos**, que são substâncias orgânicas — geralmente plantas, como o peiote — cuja ingestão gera experiências com outros planos e entidades. Uma substância comum que pode ser um enteógeno é o vinho, que nos traz a experiência extática do deus Dionísio. O vinho não é habitualmente empregado dessa maneira, mas ele e outras bebidas alcoólicas podem induzir a um estado de perda da consciência. Vegetarianos podem comer carne para propósitos sacramentais.

Todas essas técnicas — jejum, trabalho com respiração, canto, dança em transe, estimulação sensorial, ritmo — mudam nosso nível de energia e afetam o que é realizado com a energia. A maioria delas eleva a energia — ou seja, estimula e aviva, nos direcionando a atividades mais rápidas, mais barulhentas, mais nobres e mais intensas. Nós capacitamos nossos trabalhos mágicos com a energia que criamos no círculo. Essa é a forma que usamos a energia que torna sagrado nossos atos. A expressão que geralmente usamos para descrever isso é "Erguer um cone de poder". A energia elevada não pode ser medida por nenhum método objetivo, mas a temperatura dos participantes no cômodo em que estão trabalhando aumentará de forma perceptível.

Uma vez que o círculo tenha sido lançado e as direções, ou quadrantes, tenham sido reverenciados, começamos as invocações e atividades. Uma explicação sobre como isso se procede vai surgir adiante com outras formas de aprendizado.

INTUIÇÃO

Nós experienciamos conhecimentos intuitivos de diferentes formas. Uma delas é tendo visões — somos clarividentes. Outra é expressando emoção — sentimos tristeza,

Seguindo as conexões: caminhos para o aprendizado

alegria ou apreensão, e nós sabemos o quanto. Também experimentamos sensações físicas em nossos corpos — frio, tensão ou formigamento; isto é um tipo de intuição cinestésica. Clariaudiência, ou a faculdade de ouvir, é outro dom intuitivo. Visões, sons, emoções e sensações físicas fazem parte de um organismo vivo, que respira. A intuição faz parte *deste mundo*: é um fenômeno comum.

Podemos confundir intuição com desejo — ver ou sentir aquilo que desejamos, em vez daquilo que é. Nossa visão pode ser colorida por nossos desejos, e até mesmo equivocada. É importante saber discernir o desejo e a fantasia do conhecimento intuitivo verdadeiro.

Pagãos e Bruxos valorizam e respeitam o conhecimento intuitivo. Muitos praticam habilidades intuitivas como a **divinação**. Ler cartas de **tarô**, runas, ossos e outros itens é comum entre Pagãos. Nós também lemos a palma das mãos, vemos auras e apalpamos o crânio, usando mais intuição do que fórmulas. Rune diz: "Quando 'olho' para o meu computador e suas conexões, o que vejo é bem similar ao que vejo quando estou 'olhando' para uma pessoa, uma atividade mágica ou seres astrais."

Como alguém intui pela internet? Alguns dizem que isso é simples. Outros dizem que não conseguem fazê-lo. Eu, por exemplo, não sou muito intuitiva pela internet — é relativamente fácil me enganar. E quando perguntei aos meus co-conspiradores, Cat Chapin-Bishop, um terapeuta profissional que é Bruxo há muito tempo e possui alguma experiência on-line, ele respondeu:

> Não estou tão convencido de que posso (intuir on-line) (...) Acertei muitas vezes — fiz algumas amizades sólidas. E certamente nutri conexões espirituais através da rede (...) Mas errei muitas vezes também, e eu nunca sei totalmente quão

DIVINAÇÃO: A prática de procurar auxílio ou iluminação ou a predição da sorte por meio de técnicas mágicas, como ler cartas de tarô, uma bola de cristal ou as folhas de chá.

TARÔ: Um conjunto de 78 cartas com quatro naipes e imagens simbólicas, usado para divinação. Há muitas versões diferentes, e muitas vêm com um livro de consultas. As cartas do tarô são as precursoras do baralho comum, e são conhecidas por terem aparecido na Europa no início do século XV.

boa é minha leitura para uma pessoa até que me certifique disso por contato pessoal.

A menos que uma pessoa seja mais mediúnica do que eu, não acho que a internet seja um meio adequado para a intuição (...) Sinto minha capacidade diminuir quando estou fora de contato com a linguagem corporal/aura/expressão facial.

Contudo, Abby Willowroot acha que leituras intuitivas de personalidade, caráter, autenticidade e integridade são fáceis de serem alcançadas on-line. Abby tem sido uma presença ativa no movimento da Deusa desde que pessoas leigas começaram a usar computador. Ela vê a vontade mágica como uma energia elétrica que pode facilmente ser medida e avaliada on-line. Ela insiste que "as energias sutis (...) são entregues juntamente com os pixels". Abby explica:

Há alguns anos me tornei ciente de que entusiasmo, solidão, desafio e outras emoções não contidas em palavras eram absolutamente discerníveis. O mesmo parágrafo escrito por meia dúzia de pessoas diferentes parecia ter a habilidade de comunicar ao leitor coisas diferentes. A "energia" do escritor, especialmente quando é uma emoção forte, é enviada com os pixels e se torna uma parte do todo oculta, mas facilmente detectada...

PIXEL: Um ponto minúsculo de luz, a unidade básica de que são feitas as imagens em computador ou em telas de televisão.[4]

Os processos de pensamento e emoção são químicos e elétricos, assim como são o computador e a internet. Em computadores, a química necessária vem por meio das propriedades minerais intrínsecas (silício, prata, ouro) usadas em sua manufatura. A eletricidade é a transmissão de informações via impulsos elétricos, como no cérebro humano. Tanto no cérebro humano quanto no computador, elementos químicos e elétricos são necessários para que a informação seja transmitida.

Seguindo as conexões: caminhos para o aprendizado

A energia é elétrica, e esta mesma força que transmite energia de pessoa a pessoa, mesmo cruzando longas distâncias, parece também ser fato na internet. Essa energia pode ser tão tangível quanto as emoções não expressas por uma voz transmitida através da linha telefônica. Quanto mais carregada de emoção ela for, obviamente, mais fácil será para detectá-la a distância. Alguns podem alegar que linhas telefônicas só transmitem palavras, mas, obviamente, transmitem muito mais — elas transmitem voz. Acredito que, da mesma forma, a internet também transmite um tipo único de "voz". Uma que pode ser percebida, reconhecida e entendida em um nível mais profundo do que o das palavras e imagens. É essa qualidade intangível de comunicação pela internet que tornou amizades, romances e outras conexões on-line "reais", como qualquer outra relação da "vida real".

Em um nível metafísico, estamos todos conscientes de que a energia pode ser sentida e recebida sem hardware. Por que, então, é difícil acreditar que é possível transmitir essa energia quando uma máquina está envolvida? Uma coisa que o computador torna possível, e que eu acredito acentuar a transmissão da energia, é a tendência em criar um foco quase hipnótico no usuário. Quando você está profundamente focado e em atividade com a energia elétrica e em meio a uma transmissão de massas, sua energia é transmitida.

Moose de Ozark Avalon, no Missouri, é um outro Bruxo cujo treinamento foi feito no espaço físico, mas que agora participa de rituais on-line. Esses rituais trazem satisfação a Moose e a todos os que celebram com ele.[5] Sobre intuição, ele escreveu:

Creio que a natureza intangível da internet a torna ideal para "conhecedores" intuírem. Eu intuo on-line exatamente como faço quando não estou conectado. Isso implica reconhecer o ciberespaço como uma outra realidade de consciência que pode ser afetada magicamente.

Isso também nos ajuda a ter uma afinidade com o elemento Ar. No esquema de ritual on-line, os dados que vêm por meio do modem são recebidos pelo círculo mágico. A eletricidade se parece muito com o Ar no meu subconsciente.

Alguns dos meus co-conspiradores alegam que podem fazer uma leitura melhor para os outros quando sua comunicação com as pessoas acontece somente pelo computador. Essa habilidade, ou inabilidade, para ler se aplica aos rituais on-line também. Fui treinada para realizar **rituais** que incentivam a espontaneidade; trabalho em cima de um plano, ou propósito geral, e separo algumas coisas que utilizarei, mas não tenho nenhum roteiro. Para isso acontecer é essencial que eu desenvolva um grau de familiaridade e confiança. Fico intrigada como isso pode ser feito exclusivamente on-line.

Assim, uma vez mais, recorri aos meus co-conspiradores, perguntando como eles conseguiam sentir on-line pessoas que nunca haviam encontrado pessoalmente. Como eles podiam se comunicar intuitivamente com pessoas no ciberespaço sem jamais tê-las visto no plano físico? Sandy, uma Bruxa webmaster de San Joaquin Valley, na Califórnia, escreveu:

> Creio que estamos falando sobre a essência da comunicação. Nós podemos perceber as ações das pessoas e o comportamento físico quando as encontramos pessoalmente. Ao falar com uma pessoa por telefone, você sente algo em sua voz — seus padrões de fala, se ela está sendo sarcástica e assim por diante. No texto, que é onde está a maior parte

RITUAL: Uma ocasião na qual um indivíduo ou um grupo usam práticas tradicionais para enviar energia a um propósito específico, como uma cura, transformação, fortalecimento, proteção ou celebração.
Os elementos básicos de um ritual na tradição Reclaiming são equilibrar e purificar; lançar um círculo; invocar os elementos; invocar uma deidade (ou deidades); trabalho mágico; compartilhar comidas e bebidas; e abrir o círculo.

da comunicação relacionada à internet sobre a qual temos falado, há percepções sutis da personalidade. Por exemplo, o modo delas digitarem. Elas escrevem com fontes padrão ou adicionam floreios como fundos e cores? Possuem um estilo particular de frasear algo, como usar reticências, ou não finalizam as frases? Há muito a dizer a respeito da ortografia e também da gramática — embora isso possa ser enganoso. A habilidade de escrever do meu marido é realmente constrangedora. Sua ortografia e gramática são terríveis, mas ele é um homem brilhante. Ele pode admitir que parece um idiota ou ignorante por causa de sua péssima habilidade para escrever, quando na realidade é muito bom na comunicação e expressão verbal de idéias.

Tenho muitos primeiros contatos com pessoas via e-mail, e eu simplesmente capto impulsos intuitivos de suas mensagens. Posso dizer se é uma criança escrevendo (tenho uma página sobre pingüins que recebe vários acessos de crianças), mas já recebi mensagens muito mal redigidas de pessoas que sei serem muito mais velhas do que o conteúdo de suas mensagens indicaram.

Na vida real também podemos fazer esses tipos de prejulgamentos. Sei que houve vezes em que captei uma vibração estranha ou misteriosa de alguém e me mantive alerta até poder conhecer melhor a pessoa e descobrir que ela tomava antidepressivos ou algo parecido, mas que era uma boa pessoa.

Creio que a essência está em como a pessoa se comunica, seja qual for sua linguagem corporal, verbal ou escrita. Acredito que todos deixamos pistas sutis sobre nossa personalidade nas mensagens. Pessoalmente, não sinto a necessidade de me retratar de outra maneira diferente do que sou. Sinto, algumas vezes, que a internet permite às pessoas a liberdade para elas serem elas mesmas, assim como oferece a liberdade para se mostrarem bem diferentes daquilo que realmente são.

ARTE DOS FEITIÇOS E DAS ORAÇÕES

FEITIÇO: Energia concentrada, dirigida para um resultado específico, usando um conjunto cuidadosamente escolhido de objetos e ingredientes, palavras e encantamentos, gestos e momento certo (como uma fase lunar adequada). O propósito de um feitiço é criar uma mudança na realidade física ou não física. Em muitas tradições, feitiços são regidos por princípios éticos. Um feitiço pode ser criado na forma de um encantamento físico, ou algo pode ser encantado. O ato de criar um feitiço é chamado de "arte dos feitiços" ou "feitiçaria".

BONECA: Uma boneca pequena feita à mão, criada para representar uma pessoa em particular, usada em lançamentos de feitiços. Uma boneca pode conter roupas, cabelos ou um objeto que pertenceu à pessoa que ela representa.

CARREGAR UM FEITIÇO: Infundir energia que é direcionada para um propósito particular. Um objeto carregado guarda energia mágica e a libera para fazer magia.

Bruxos lançam feitiços. Podemos criar **feitiços** para qualquer coisa. Se eles não funcionarem, podemos redefini-los. É importante, no entanto, que nos perguntemos *por que* desejamos fazer um feitiço em particular. O ato de se acreditar verdadeiramente ou não nos feitiços pode influenciar nossa motivação e o bom resultado da magia. Realizar feitiços com a finalidade de interferir no livre-arbítrio das pessoas é insensato — de fato, tal coisa é estritamente proibida em algumas tradições. Acima de tudo, a maioria dos Bruxos (mas não todos) acredita em um princípio conhecido como Lei do Retorno Triplo, que significa que aquilo que uma pessoa manifesta no mundo retorna para ela três vezes mais. Para todos que possam estar tentados a realizar feitiços para propósitos egoístas, manipulação ou para prejudicar alguém, a Lei do Retorno Triplo é um aviso preventivo.

A realização de feitiços geralmente envolve ervas, pedras, objetos naturais, moedas, talismãs, óleos, velas, saquinhos (ou recipientes) ou uma **boneca**. Velas podem estar "vestidas" ou ungidas com óleos que possuem propriedades especiais, e gravadas com palavras ou símbolos. **Carregamos** um feitiço, ou o colocamos em andamento, usando respiração, sons, cânticos, liturgia, dança ou outra forma de elevação de energia.

Quando fazemos um feitiço que desejamos "selar" pela dança, podemos usar um passo simples e um cântico repetitivo para gerar energia. Começando suave e lentamente, de maneira gradativa permitimos que a energia se estabeleça, o volume de nossas vozes se amplie e nossos passos acelerem. Quando tivermos feito isso em um período e uma intensidade suficientes, alcançaremos um estado de encantamento. Mudamos o estado de nossa consciência.

Seguindo as conexões: caminhos para o aprendizado

Os Bruxos podem encontrar a força para tornar seus feitiços efetivos na súplica à uma **deidade**. Podemos envolver várias divindades diferentes em nossas atividades e feitiços dependendo do tipo de trabalho que está sendo feito ou do tipo de feitiço que está sendo lançado. Escolhemos aquele (ou aqueles) mais apropriado para influenciar nossas atividades de forma positiva. Assim como os não-pagãos pedem a Deus, Jesus, Alá, um santo, mestre elevado ou bodhisattva por um favor especial — como uma intervenção que evitará uma situação de risco de vida —, os Pagãos também fazem. O ato de falar com uma divindade é um ato de oração.

As orações podem ser difundidas na internet. Outras religiões já reconhecem isso. De acordo com o jornal *Rocky Mountain News*, de Denver, Colorado, aproximadamente um milhão de pessoas tem orado e se conectado a cada mês num site chamado *Beliefnet*.[6] O *Beliefnet* engloba muitas religiões e tem até duas colunistas pagãs regulares: Starhawk e Margot Adler.

A história que se segue, publicada no *Milwaukee Journal Sentinel*, demonstra que a oração não apenas promove a mudança no mundo ao nosso redor, como também une pessoas de diversas visões de mundo em torno de algo em comum.

DEIDADE: Muitos Bruxos modernos acreditam em um panteão de Deuses e Deusas que estão associados a muitas tradições religiosas ao redor do mundo moderno e antigo. Em geral, os Bruxos chamam as deidades das culturas celta, grega, romana, mas muitos recorrem a deusas e deuses egípcios, africanos, escandinavos, nativos americanos, chineses e indianos. Muitos bruxos são cuidadosos quanto à apropriação de práticas e crenças espirituais de outros povos; mas, partindo do princípio que também reconhecemos que as diferentes culturas afetam umas às outras quando entram em contato, estamos abertos às influências de outras religiões que sejam harmoniosas com a Arte.

O telefone tocou. Eram más notícias. O sobrinho de 10 anos (da senhora Norman) estava correndo na estrada e fora atropelado por um carro.

Então, ela orou.

E pediu a todos que orassem.

Com as palmas das mãos úmidas, os dedos deslizaram pelo teclado do computador na cozinha e digitaram, tecla por tecla: "Por favor, orem... Nathan foi atropelado por um carro... diversas tentativas de reanimá-lo foram em vão."

INVOCAR: Chamar um espírito ou deidade no círculo.

ASPECTAR/ ASPECTAÇÃO: Uma técnica mágica na qual a divindade é convocada, ou puxada, para dentro de um indivíduo. A pessoa, trabalhando com um parceiro de sua total confiança, permite que seu eu se afaste, ou reduz sua personalidade mundana e mortal, a ponto de permitir que o divino entre, fale e atue. Se a aspectação for realmente profunda, a pessoa poderá não se lembrar de nada que tenha dito ou feito enquanto estava naquele estado, o que pode durar algumas horas. Ela estará exausta e faminta logo em seguida, e é crucial que seu parceiro de trabalho atenda às suas necessidades para que ela possa retornar totalmente ao seu estado normal de consciência. Também conhecido como "puxar a Lua para baixo ou atrair a Lua", particularmente entre as tradições da Arte britânica.

Em poucos instantes, diversas pessoas de todo o mundo responderam ao pedido postado no site *Beliefnet.com*.

Então, um dia, lá, juntamente com as mensagens de conforto, veio ainda um outro choque: as orações de uma mulher que se identificava como Pagã e Druida.

— Ela disse que acreditava em Bruxaria — disse Norman, 46 anos, uma cristã. — Eu pensei: "Meu Deus, não entendo isso. Como devo lidar com isso?"

Nas semanas que se seguiram, o jovem Nathan se recuperou, superando as expectativas.

E Norman abandonou os receios a respeito da mulher Pagã.

Ela guardou na memória cada pessoa que "clamou a Deus por ajuda" com ela, independentemente de suas crenças.

— Isso me tornou muito mais aberta — ela disse. — Todas as intenções eram boas. Agora posso perceber isso.[7]

Claramente, a internet está transformando o modo como experienciamos a religião.

INVOCAÇÕES, EVOCAÇÕES

Nós, Bruxos, convidamos Deusas e Deuses aos nossos círculos sagrados. Damos as boas-vindas à sua presença e poder para influenciar o que estamos celebrando. Pedimos a eles que abençoem nossos empreendimentos e projetos e que fortaleçam nossos feitiços. Nós os invocamos chamando-os pelo nome, por meio de súplicas, atos religiosos e orações. O altar que montamos para uma ocasião específica pode conter uma imagem, pintura ou estátua da deidade, ou deidades, que escolhemos invocar. Para agradecer e agradar a eles, podemos colocar suas flores sagradas sobre os altares, queimar uma variedade de incensos são sagrados, cantar ou oferecer-lhes seu alimento favorito. Isso é uma forma de oração.

As palavras **invocar,** *evocar* e **aspectar** são usadas geralmente como sinônimos. Falando estritamente, elas não são sinônimas, mas para o propósito do nosso discurso não precisamos diferenciá-las. Uma explanação mais completa sobre incorporação encontra-se a seguir. (Este fio volta à tona no Capítulo 4.)

TRANSFIGURAÇÃO, ASPECTAÇÃO, MÁSCARAS E PERSONALIDADE ON-LINE

Há diversos fenômenos místicos encontrados nas tradições de Bruxaria que têm uma aparência especial e aplicações semelhantes no ciberespaço e em rituais e trabalhos mágicos on-line. Essas tecnologias sagradas são a incorporação, a transfiguração e o uso de máscaras. Todos estão relacionados e há diversas áreas que se sobrepõem. É minha alegação que esses conhecimentos podem ser comparados, de forma positiva e negativa, aos jogos de RPG e à exploração e ao desenvolvimento de uma personalidade on-line.

Os covens tradicionais são pequenos e intimistas. Eles são guiados por uma **Alta Sacerdotisa** (ASA) e, possivelmente, por um **Alto Sacerdote** (ASO), que são muitas vezes casados ou namorados. Eles podem ou não ser pessoas do mesmo sexo. A ASA e o ASO conduzem seus rituais com o auxílio de coveners de diferentes níveis de treinamento e experiência. Em alguns covens, essas funções rituais se alternam cada **esbat,** sabbat ou estação.

Em covens menos tradicionais, essas funções podem não existir, ou podem aparecer de forma modificada. Por exemplo, meu primeiro coven, Holy Terrors, era um grupo de sacerdócio. Cada membro era supostamente capaz de realizar cada passo da liderança de um ritual, e as funções específicas se alternavam de um encontro do coven para outro.

ALTA SACERDOTISA/ ALTO SACERDOTE: Ela, uma mulher treinada e habilidosa que conduz rituais e é a personificação da deusa. Ele, seu parceiro masculino, que conduz rituais com ela e pode incorporar o Deus. Este é o exemplo-padrão na maioria dos covens antigos e em muitas das novas tradições. Esses termos não são usados na Tradição Reclaiming.

ESBAT: Um ritual da Lua cheia celebrado mensal e regularmente pela maioria dos Bruxos e covens.

DEUSA TRÍPLICE: Donzela, Mãe e Anciã associadas às fases da lua: nova, cheia e minguante, é a tríade mais familiar na tradição Reclaiming. Outras Deusas Tríplices reconhecidas em várias culturas e períodos históricos são Parcas, Cloto, Lachesis e Atropos; as Moiras ou Irmãs Gréias; as Nornes ou Irmãs Wyrd; e Morrigan. A Deusa Brigit, ou Bhride, está associada à forja, chama e fontes.

DEUSA: A Terra é também chamada "Mãe" e "Grande Deusa", pois ela é a fonte da vida. Quando morremos, nossos corpos retornam à Terra. Através dela estamos conectados aos mistérios e à beleza do cosmos, e Bruxos a consideram sagrada, dignamente dedicando suas vidas à sua proteção. As qualidades da Deusa são todas aquelas associadas à Terra — como resistência, fertilidade, abundância, sustentação, compaixão, criatividade (nascimento), destruição (queda) e renascimento. (Veja Deidade.)

(Os padrões das tradições e as estruturas do coven reaparecem no Capítulo 5.) Além disso, não sentíamos que a designação comum de "Alta Sacerdotisa" denotava precisamente o que pensávamos e sentíamos em relação às nossas funções, assim cunhamos o termo "Profundas Sacerdotisas". Cada uma de nós estava aprofundando sua magia, investigando cada vez mais fundo o mundo do espírito, assim como seu self profundo.* E como o Holy Terrors era um coven de mulheres, não tínhamos sacerdote — alto, baixo, profundo ou raso.

Há covens que são ainda menos tradicionais do que o Holy Terrors era, e neles as várias funções rituais, incluindo a aspectação/canalização, podem ser assumidas por qualquer um no coven, independentemente de gênero: um homem pode assumir as responsabilidades de uma ASA; uma mulher pode assumir as responsabilidades de um ASO; ou dois homens podem realizar as funções de ASA e ASO, trabalhando como um casal.

O fenômeno místico mais comum e tradicional na Bruxaria, e que pode ser realizado on-line, é a incorporação. Talvez por causa da importância que muitos Bruxos dão ao arquétipo da Deusa Lua — a **Deusa Tríplice** (Donzela, Mãe e Anciã), facilmente visível nas fases lunares —, o fenômeno da aspectação também é conhecido pelo termo "puxar a Lua para baixo", especialmente entre os Bruxos britânicos. Isso é feito freqüentemente com a sacerdotisa sendo o objeto para onde a "Lua" ou a **Deusa** é puxada. Quando o **Deus** é invocado, ele é atraído para o corpo de

---

*A Bruxaria, particularmente as tradições Reclaiming e Faery, reconhecem três partes distintas do nosso ser: self discursivo, self jovem e self profundo. Eles representam diferentes partes de nossa personalidade e alma. Conhecer profundamente as três subdivisões do self é primordial para o aprofundamento mágico e espiritual. (*N. do T.*)

Seguindo as conexões: caminhos para o aprendizado

um sacerdote e o processo é chamado de "puxar o Sol para baixo", ou "atrair o Sol".

A Deusa Tríplice, algo a mais

Muitos Bruxos norte-americanos, talvez a maioria deles, honram a Deusa em seu aspecto triplo de Donzela, Mãe e Anciã. Isso é ainda mais verdadeiro para os Diânicos e outras tradições ginocêntricas. Sacralizar os estágios da vida da mulher serve para nos dar poder e nos permitir enxergar o divino em cada um de nós. Além disso, esses três aspectos da Deusa podem aparecer em qualquer cor, modelo ou forma.

A maioria das Deusas Donzelas, como Diana e Perséfone, é retratada com aparência magra e esguia. Muitas Deusas Mães, no entanto, são representadas por figuras fartas, denotando conforto, proteção, nutrição, prosperidade — suficientes para nutrir todos nós. Elas têm seios volumosos, ventre e coxas generosos. Esse tipo físico não é valorizado na iconografia popular norte-americana. Exemplos de Deusas Mães são Deméter na mitologia grega e a Tara Branca, Mãe da Compaixão, no Tibete. Talvez a Deusa Mãe mais conhecida no Ocidente seja Maria, Mãe de Deus.

O aspecto menos apreciado da Deusa Tríplice é a Anciã, ou Bruxa. Em nossa cultura fixada na jovialidade, a beleza que veio de uma vida longa preenchida pelas ricas experiências, uma vida que produz linhas na face e na pele e que responde ao efeito da gravidade, não é valorizada. Mulheres velhas são dispensadas e, até mesmo, ridicularizadas. Tratar as mulheres de idade dessa forma é ignorar a riqueza do conhecimento e sabedoria que mulheres — e homens — adquiriram por terem testemunhado a passagem de muitas estações.

DEUS: Tudo o que nasce, cresce e morre; a vida das plantas e dos animais. Algumas vezes, o Sol é considerado o Deus porque todo ano ele cresce brilhante no verão, declina, morre e renasce. As qualidades do Deus são as das plantas, como crescimento, vitalidade, maturidade, elevação e queda; e também são as dos animais, como estado selvagem, liberdade, vulnerabilidade, inocência e êxtase na Natureza. (Veja Deidade.)

Houve Deusas Tríplices, como as Matronas, em toda parte da história. Há também uma Tríplice Brigit na Irlanda: Brigit da Forja, Brigit da Chama da Inspiração e Brigit das Águas que Curam. (Esses são apenas os atributos principais de Brigit. Ela também inventou o cântico fúnebre, cujo lamento é usado para afastar a morte; apitos que reproduzem o som dos ventos; o alimento das abelhas; o hidromel, entre outras coisas.) Da mitologia nórdica, conhecemos as três Irmãs Wyrd, que se sentam na base da Ygdrassil, a Árvore do Mundo. E, então, há aquelas entidades que estão acima dos humanos, como as Parcas, ou Moiras — Cloto, aquela que tece a teia da vida; Lachesis, aquela que mede; e Atropos, cuja responsabilidade é cortar o fio no fim da vida —, que muitas vezes são consideradas deidades, assim como as três Irmãs Gréias, que compartilhavam um único olho.

Uma Deusa que pode ser uma única pessoa ou três é a Morrigan da Irlanda, a Grande Rainha, ou Rainha Fantasma. Ela é a Lavadeira do Vau, aquela que lava as roupas de todos os que estão para morrer na batalha; ela pode aparecer na forma de um corvo ou de uma gralha, que grita sobre o campo de batalha e se alimenta dos mortos; ou pode se revelar como uma bela jovem donzela. Assim como Macha, um dos aspectos de Morrigan é que ela é casada, mãe de gêmeos, tem pés ligeiros e pode assumir a forma de uma égua cinza. Foi Macha quem amaldiçoou os guerreiros de Ulster, ao declarar que na hora de maior necessidade seus guerreiros seriam afetados pelo pânico, como as mulheres na hora do parto.

Ver a Deusa em todas as mulheres enriquece nossas vidas. Penso que a percepção da Deusa como Donzela, Mãe e Anciã ocorreu depois da publicação de *A deusa branca*, em 1948, por Robert Graves. Mas não importa o quão antiga ou recente esta construção é, pois ela possui o incrível poder de afetar nossas vidas. O fato de o tríplice conceito

Seguindo as conexões: caminhos para o aprendizado

da Deusa ser mais recente do que outros conceitos sobre a mesma não o torna menos poderoso.

Além dos três estágios descritos aqui, alguns Bruxos estão agora explorando a noção da Saga.* A Saga é a mulher que passou da idade da maternidade e dos anos de criação, mas ainda está ativamente engajada em sua comunidade. Ela é uma mulher vital, não uma mulher em repouso como a Anciã.

Uma variação menos comum desse fenômeno místico envolve um aspectador e seu auxiliar, em vez de uma sacerdotisa e um sacerdote. (Você pode ouvir o auxiliar ser descrito como "questionador", mas não gosto deste termo.)

Agora vou descrever o que acontece na forma de aspectação mais comumente usada. (Por favor, não use este texto como um manual para aprender a aspectar; trata-se apenas de uma descrição.) Uma mulher atuando como ASA trabalha na companhia de um ASO. A ASA será a aspectadora e o ASO irá ajudá-la a se preparar para assumir a função de Deusa. A ASA precisa ter confiança total em seu ASO e em seu coven para que essa técnica tenha o êxito esperado.

Fazendo uso de várias técnicas sagradas e conhecimentos — como jejum, purificação ritual, aromas, roupas, jóias, implementos rituais, cântico, sons e outras formas de invocação — a ASA se prepara, e se permite ser preparada por outros, para o trabalho que se aproxima. As técnicas podem variar de um grupo para outro, ou mesmo entre os indivíduos. Quando a sacerdotisa se torna perita em alcançar o estado de consciência necessário para aspectar a Deusa, ela sabe quais técnicas dão melhor resultado, assim como o ASO que trabalha em parceria com ela. É essencial, no entanto, para que a aspectação seja efetiva, que ela abandone o seu

---

*O termo está relacionado à palavra "*sage*" em inglês, que quer dizer "sábia". (*N. do T.*)

eu, ou reduza sua personalidade humana mundana e mortal, a ponto de permitir que o divino entre, fale e atue.

Quando este ponto é alcançado, a deidade é invocada, ou puxada para baixo. Se a aspectação for realmente profunda, é provável que a sacerdotisa não se lembre de nada do que aconteceu. Ela não lembrará do que disse ou fez. Esse estado pode durar algumas horas, e ela estará exausta e faminta quando acabar. É importante que o parceiro atenda às necessidades da incorporadora quando ela recobrar a consciência. Ela pode achar que está bem, mas precisa da atenção e do auxílio de alguém em quem confie e saiba que pode ajudá-la completamente em seu retorno. Não deve ser permitido que ela dirija ou vá embora sozinha até que seu parceiro esteja completamente certo de que ela está em seu estado normal de consciência.

É claro que a incorporação pode ser uma fraude. Isso pode ser usado em benefício da própria pessoa de uma forma que não tolere oposição: "A Deusa disse isso." Isso pode ser feito para o engrandecimento pessoal, para chamar a atenção. Mas quando uma aspectação é autêntica, ela é inconfundível — misteriosa, surpreendente e bela. Há várias coisas que me dizem se uma aspectação é autêntica. Os gestos da pessoa, o porte, a linguagem corporal, a voz, a forma de falar, o dialeto ou entonação não são aqueles demonstrados na vida cotidiana. E quando olho para os olhos da pessoa, outra pessoa olha de volta para mim.

Nunca experimentei a aspectação on-line, mas meu coconspirador Ceffyl já: "Certa vez a deidade decidiu vir e falar com outra pessoa. Eu pude senti-la impelindo e tentando falar com alguém. Não sabia quem era até conectar, abrir o ICQ e não conseguir tirar os olhos do nome dela. Já passei pela mesma situação, mas foi a primeira vez que isso aconteceu on-line."

Seguindo as conexões: caminhos para o aprendizado

Uma técnica relacionada à aspectação é a transfiguração, ou mudança de forma. Isso é exatamente aquilo que parece: uma pessoa muda de sua forma humana normal para outra. A forma mais comum de mudança é provavelmente da humana para a animal. A mudança também pode ser da humana para uma fera mítica — como um dragão, grifo ou unicórnio. Ou a pessoa pode assumir a aparência da deidade que está falando; quando a aspectação é completa, o aspectador pode aparecer para outros na forma da deidade invocada.

Passei pela experiência da transfiguração quando era criança, enquanto corria pela floresta com a cabeça realmente erguida, os cabelos ao vento como uma égua, coxas agitadas, pés estreitos e ancas delicadas me levando sobre a grama. Não sei se alguém me viu como eu me via e me sentia.

Quando estava servindo de sacerdotisa fúnebre para o meu amigo Raven, durante as intensas horas finais de sua morte, eu e ele nos tornamos grandes pássaros negros brilhantes que voavam juntos. Alguns que estavam de vigília ao redor da cama de Raven perceberam mudanças visíveis, mas não sei se o que eles viram foram precisamente dois pássaros negros. A literalidade da mudança de forma e sua visibilidade aos outros não são relevantes nessa discussão.

Um outro meio eficaz de mudança de consciência e identidade é o uso de máscaras. As máscaras têm sido usadas para propósitos sagrados por muitos povos, em várias épocas e lugares do mundo. Entre esses povos estão os Bruxos, uma dessas épocas é agora e um desses lugares é aqui. Um pesquisador pode encontrar recursos abundantes sobre o uso das máscaras — em livrarias, sites, sociedades de faces falsas e mascarados, estudos de folclore internacional, escolas de teatro e fantochadas.

O uso de máscara simplesmente obscurece — troca ou substitui — uma visão em benefício de outra. O rosto que você mostra ao mundo é aquele que você escolheu, talvez até criou. Ele pode ser uma máscara de fantasia, um retrato, uma deidade ou uma criatura. Ele não é seu rosto comum. Não é sua identidade do dia-a-dia. Ele é a *persona* que você deliberadamente constrói, como faz quando escolhe uma roupa, maquiagem ou jóia.

E onde essas técnicas interagem com a cultura do computador? Uma das formas é por meio dos nomes e nomeação. A primeira coisa que fazemos quando assinamos uma conta de e-mail é selecionar um nome de tela. Esta será nossa *persona* inicial para diferentes tipos de comunicação online. Muitas pessoas adotam diversos nomes, usando-os para separar suas identidades profissionais de sua *persona* mágica, divertida, sexual ou consumidora.

Nomear é um ato poderoso. Nós podemos nos dirigir e ter algum controle sobre aquilo que nomeamos. Ao nomearmos algo, estamos dando a ele uma definição. Nomear é útil quando nos confrontamos com os demônios, sejam eles reais ou imaginários, porque quando os nomeamos, ou descobrimos os seus nomes, ganhamos algum poder sobre eles. Nomear também nos ajuda a moldar nossas vidas, a imbuir nossas vidas com as qualidades que buscamos ao adotarmos o nome. Por exemplo, Julie Rabbit não se comporta como Julie Wolf.

Até pouco tempo atrás os Bruxos guardavam sua identidade em segredo. Nossa religião antiga/futurista era incompreendida. Muitas vezes, não compreendíamos um ao outro, principalmente porque não nos conhecíamos. As pessoas usavam nomes mágicos em seus trabalhos mágicos de modo que os membros de um coven em particular muitas vezes não conheciam os nomes mundanos de seus companheiros.

Seguindo as conexões: caminhos para o aprendizado

Isso era uma precaução de segurança; preservava os Bruxos de revelarem — inadvertidamente, ou sob tortura — as identidades de seus correligionários, protegendo-os assim da perseguição.

Bruxos podem escolher, ou receber, nomes no início de sua caminhada mágica, ou fazer isso depois de estender seus estudos e práticas. Podemos fazer isso mais de uma vez, mudando nossos nomes ao cruzar novos portais em nossas vidas. Usar o nome de uma Deusa, cujos atributos, qualidades e características desejamos cultivar em nossas próprias vidas é um passo comum na busca pela totalidade entre as Bruxas feministas. Outros podem adotar o nome de uma deidade por um número infinito de razões pessoais. Se estivermos prestes a passar por uma iniciação, elevação ou outro rito de passagem, poderemos adicionar um nome ou substituir um nome existente em homenagem ao evento. Será possível até fazer juramentos sob aqueles nomes.

Nossa identidade se inicia juntamente com o nosso nome. On-line, podemos nos nomear do que quisermos, e fazemos uso desse recurso diversas vezes — um nome para cada conta de e-mail. Podemos assumir o nome de uma deidade ou deidades, um animal de poder (urso, gazela), um pássaro ou peixe totem (falcão, salmão), uma planta ou árvore (carvalho, lírio, musgo), uma qualidade ou estado emocional (serena), um fenômeno meteorológico (chuva, trovão, nuvem, raio do sol, zéfiro, siroco). Podemos adotar o nome de um ancestral, figura histórica, uma época (outono, abril, terça-feira). Ou qualquer combinação que escolhermos.

Uma outra forma de as técnicas sagradas cruzarem com a cultura do computador é por intermédio de nossos corpos. Do mesmo modo que não estamos restritos aos nossos nomes, não estamos limitados aos nossos corpos. Nós podemos nos mover facilmente por todo o espectro de gênero

RV: Realidade virtual. É a simulação de um ambiente real ou imaginário que pode ser experienciado visualmente em três dimensões — de largura, altura e profundidade — e, além disso, pode proporcionar uma experiência interativa visualmente, em tempo real, com som e possíveis respostas táteis ou de outro tipo. A forma mais simples da realidade virtual é uma imagem que pode ser explorada de maneira interativa com um computador comum geralmente manipulado por teclas ou mouse, para que assim o conteúdo e a imagem possam se mover em alguma direção ou aumentar e diminuir. A maioria dessas imagens requer a instalação de um *plug-in* para seu *browser*. Conforme a imagem fica maior e o controle interativo se torna mais complexo, a percepção da "realidade" aumenta. Esforços mais sofisticados envolvem abordagens como telas de exibição amplas, ambientes reais aumentados com computadores manuseáveis e artifícios de *joystick* que permitem que você sinta as imagens exibidas. A realidade virtual pode ser dividida em:

e identidade sexual quando estamos on-line. Podemos ser mulher, homem, andrógino, velho, jovem, finos, roliços, fortes, delicados, amáveis, rudes, sombrios, baixos, altos. As partes do corpo, a cor da pele, o tipo de cabelo, a cor dos olhos e o biotipo podem ser adotados em uma identidade virtual. Pela internet, somos livres para mudar nosso gênero ou raça e fazer outras "mudanças corporais", como acontece nos rituais que não são virtuais. E, assim, temos muito a aprender com os que "caminham no limite" entre nós — aqueles que são gays, bissexuais ou transgêneros, Sacerdotisas e Sacerdotes em particular. Podemos até transcender as espécies, nos tornando uma cabra, coruja, borboleta ou um junípero.

A internet permite também que qualquer um com equipamento e conexão participe por inteiro, independentemente de suas limitações físicas. Um dos grandes benefícios da comunicação on-line é o efeito nivelador em relação àqueles que possuem capacidades físicas diferentes. A internet permite que essas pessoas participem da mesma forma que aqueles fisicamente capacitados.

Assim, é fácil ver como a escolha de um nome de tela e a criação de uma ou muitas identidades on-line são formas de se usar máscaras — a máscara sendo o novo nome e comportamento. Atrás de um monitor podemos habitar o corpo que quisermos, podemos interagir on-line como qualquer pessoa que desejemos imitar, representar ou, no caso da incorporação, invocar.

Como disse anteriormente, não sou habituada a intuir on-line. Acho difícil dizer quando certa pessoa está brincando ou sendo mal-educada. Devido às limitações da linguagem escrita, a comunicação on-line não pode transmitir tom de voz e outras inflexões que diferenciam e dão forma ao significado. Minha amiga Abby, no entanto, consegue identificar as pessoas através de seus e-mails:

Seguindo as conexões: caminhos para o aprendizado

Por experiência própria, há um número de indivíduos que posso instantaneamente "reconhecer" por sua energia. Até se eles estão escrevendo para mim com um outro nome de tela, geralmente identifico-os antes que eles se identifiquem. Não é o uso da língua, a forma de teclar ou algo facilmente identificável. Reconheço-os por sua "presença", da mesma forma que você reconhece uma pessoa conhecida se ela andar atrás de você. Muitas vezes, antes de se virar, você já percebeu a presença dela. Com o uso freqüente da internet — de maneira profissional e pessoal — nossa habilidade em ser sensitivo para o uso no trabalho e pessoal, nossa habilidade para ser sensitivo à "voz" não escrita se torna uma importante parte da comunicação on-line.

• simulação de ambientes reais, como o interior de uma construção ou uma nave espacial, muitas vezes com o propósito de treinamento ou educação;

• desenvolvimento de um ambiente imaginário, normalmente para um jogo ou aventura educacional.[8]

Perguntei aos meus co-conspiradores o que eles pensavam sobre as conexões entre as tecnologias sagradas da aspectação, transfiguração e uso de máscaras e o fenômeno da personalidade on-line. Adam se manifestou sobre o tema:

Sim, existem muitas (...) É uma das áreas que mais desperta minha curiosidade, especialmente a RV (realidade virtual). O primeiro lugar em que eu vi algum tipo de conexão entre a espiritualidade e a internet foi nos MOO (...) Uma das coisas mais interessantes foi a noção de adotar *personas* on-line, "mudando" sua forma ou usando uma nova máscara, se você preferir. É curioso ver a mudança das pessoas à medida que elas adotam uma nova identidade no MOO e, então, levam esse processo para um cenário espiritual. Realmente não analisei esta noção fora da RV, embora esta seja a área de maior interesse para mim.

Meu envolvimento com MOO aconteceu por causa da transfiguração on-line. Quando estava trabalhando na minha tese filosófica, uma amiga de pós-graduação me mostrou um estudo em que ela argumentava que os MOO anunciavam

MOO: O acrônimo em inglês quer dizer "objeto direcionado para dimensão de usuários múltiplos". O MOO é um tipo especial de MUD (Dimensão de Usuários Múltiplos). O MUD é direcionado aos "usuários múltiplos dungeon" (ou para pessoas que desejam sair da idéia "dungeon", "dimensão multi-utilitária"). "Dungeon" são jogos interativos em que a tarefa é superar barreiras e outros adversários, assumindo um papel determinado (muitas vezes, o de um herói).

um novo mundo para o feminismo, uma vez que eles liberavam a mulher do estereótipo on-line baseado em gênero. Infelizmente, a argumentação dela era que "as mulheres serão tratadas igualmente on-line porque poderão mudar de gênero", algo que eu sempre achei que levava por água abaixo todo o ponto de vista sobre igualdade. Ainda assim, o texto despertou meu interesse em MOO.

Legba é Pagã há muitos anos e é uma dedicada usuária de MOOs. Ela costuma usar corpos emprestados. Legba afirma: "A falsa dicotomia é pensar que os corpos do ciberespaço e da VR (vida real) estão realmente separados. Que o 'astral' está em algum lugar além, mais refinado ou melhor." Ela continua descrevendo suas experiências com transfiguração no ciberespaço: "A troca e a brincadeira com o gênero pode ser intensivamente mágica. É uma maneira muito fácil de mudança de forma. Uma das características dos xamãs em muitas culturas é aquela em que eles estão entre gêneros ou possuem duplo gênero. Mas, além disso, a troca de sexo ou o gênero na internet podem ter um efeito intenso e perturbador na psique, o que nos possibilita o estado de êxtase em que a magia Pagã é realizada."[9]

O anonimato na comunicação pela internet permite que as pessoas se sintam seguras para se revelarem. Não ver uma pessoa, talvez um estranho, do outro lado da sala, mas em vez disso pelo monitor na cozinha de uma casa que pode criar uma falsa sensação de intimidade. Essa aproximação é aconselhável? É muito mais difícil dizer se uma aspectação é genuína quando uma pessoa está em um teclado em algum lugar do planeta tentando deliberadamente enganar os outros. Aparência, odor, temperamento, cor, respiração, voz e toque — tudo o que é ausente na conexão on-line — são ganchos vitais para a intuição. Iremos pegar esse fio nos capítulos seguintes.

Capítulo 3

TECENDO OS FIOS: REDES DE COMUNICAÇÃO

Dias e noites antes da internet

Lá se foram os dias em que éramos poucos e fragmentados. Durante muitas gerações, nós, Bruxos, mantivemos nossas crenças guardadas conosco. Por causa das leis antibruxaria em vigor na Inglaterra até 1951 e da hostilidade difundida da cultura ocidental contra qualquer religião minoritária — especialmente uma que não reverenciasse um Deus masculino acima de tudo —, vivíamos em constante perigo. Qualquer pessoa conhecida por ser praticante de Bruxaria, magia, um explorador das artes divinatórias, um adorador de uma deidade que não fosse Javé, Jesus ou Alá (particularmente em países ocidentais) tomava cuidado para não se revelar aos vizinhos e colegas de trabalho. Discrição era a ordem do dia — e da noite. Bruxos se reuniam em pequenos grupos chamados covens. Os coveners muitas vezes se chamavam apenas por seus nomes "mágicos". O sigilo nos manteve fragmentados, desacreditados e sem poder.

Mas a maioria dos Bruxos mais antigos deve concordar que, apesar da história conturbada, nossa Arte tem uma herança rica e variada. Bebemos de muitas fontes; neste mundo multicultural de hoje, misturamos tecnologias sagradas, esquemas, deidades e liturgias de muitas épocas e lugares. Alguns de nós escolheram desenvolver as práticas de uma etnia ou panteão específico. Os mais populares são o celta, o nórdico, o helênico e o egípcio. Muitos também olham para a Deusa das Américas, Nossa Senhora de Guadalupe Hidalgo, antigamente chamada de Tonatzin, particularmente as Bruxas de ancestralidade mexicana.

Sou dedicada à deusa hindu Kali Ma, com quem, em minha *persona* Macha, tenho uma leve semelhança. No folclore irlandês, os vencedores geralmente pegavam para si a cabeça de seus inimigos. Para eles, essas cabeças, chamadas de "frutos da colheita de Macha", eram símbolos de certas qualidades que admiravam em seus inimigos, qualidades que então o vencedor acreditava herdar. Kali é freqüentemente representada com um colar de caveiras ou cabeças, uma saia feita com vários braços, muitas vezes considerados a representação do eu rendido; seus adornos também são lembranças vivas da instabilidade da vida humana.

Minha antiga irmã de coven, Cerridwen Fallingstar, costumava dizer que ela praticava a "tradição do fuxico" da Bruxaria: ela escolhia aquilo que funcionava para ela. Alguns podem chamar isso de apropriação cultural, mas prefiro pensar que seja algo como uma reciclagem cósmica. Cerridwen também costuma dizer: "Estou praticando minha religião da mesma forma que meus ancestrais faziam. Estou construindo isso à medida que caminho." A Arte abraça fuxicos como os de Cerridwen e daqueles que encontram grande satisfação em se concentrar em uma cultura ou panteão particular. Algumas dessas pessoas são reconstrutoras, enquanto outras clamam por uma linhagem ininterrupta. O que importa é que elas encontraram formas únicas de fazer a Arte funcionar para ela.

Além das abordagens individuais, existem certos aspectos fundamentais da Arte que não variam. A Bruxaria é uma religião baseada na natureza, cujos praticantes cultuam a Deusa, a força imanente da vida em cada um de nós e que conecta todas as coisas, manifesta nas imagens do divino no feminino e no masculino, em especial no feminino. Para os Bruxos, a Terra está viva e toda vida é sagrada e interligada.

Certas Tradições (semelhantes a denominações) de Bruxaria existem na Europa, na América do Norte e na Austrália desde o início do século XX; algumas clamam linhagens que remontam a centenas de anos ou mais. (Veja o Capítulo 5, onde os fios das Tradições reaparecem.) Um renascimento do interesse na Arte aconteceu no fim da década de 1960 e no início da de 1970, com a junção de várias redes: um novo foco na magia cerimonial ocidental; uma exploração dos modos de percepção intuitivos e não lineares; a procura pelo significado e pelo espírito na cultura contemporânea materialista; o respeito renovado pelas tradições populares; a honra por nossa experiência direta com a natureza e nossos corpos; o interesse pela sobrevivência da Terra e nossa qualidade de vida no planeta; a percepção da opressão e a ira das mulheres e a profunda necessidade de honrar as experiências da vida com rituais.

À medida que esse renascimento ocorria, o mesmo acontecia com o interesse nas artes mágicas dentro do contexto da Segunda Onda Feminista, um movimento caracterizado pela elevação da consciência, seu arraigamento e anseio pelo poder feminino. O desejo por uma imagem feminina do divino também emergiu dentro das Igrejas mais convencionais, sinagogas e templos, mas as Bruxas feministas adiantaram as fronteiras e levaram o culto à Deusa a dar vários passos além de tudo o que havia sido manifestado na maioria das tradições de fé estabelecidas.

Atualmente, está se desenvolvendo uma consciência maior sobre a ecologia e as questões de conservação. Nós começamos a prestar mais atenção no modo como a humanidade interfere no fluxo livre das forças naturais. Nós represamos rios poderosos e inundamos cânions e vales em busca de poder e irrigação; destruímos vastas porções de terra com a exploração de minérios e pedreiras, além de destruir a saúde dos mineradores; permitimos a proliferação de motores de combustão interna, aumentando assim a extração do petróleo, o refinamento e a emissão tóxica; permitimos a derrubada indiscriminada de árvores antigas e majestosas, causando inundações, deslizamentos de terra e a destruição de habitats selvagens; acompanhamos as negociações na agricultura, a monocultura e a proliferação de gêneros alimentícios processados; causamos a superpopulação e a expansão urbana; nos sujeitamos a uma variedade de enfermidades e estímulos causadores de estresse. Muitas pessoas que ficaram profundamente afetadas por esse desenvolvimento reencontraram seu caminho na filosofia Pagã.

Princípios da crença Wiccaniana

Em 1974, um grupo de Bruxos norte-americanos que se reuniu em Minneapolis adotou o seguinte conjunto de princípios. A adesão a esses princípios não é obrigatória a ninguém, mas eles refletem o pensamento de muitos Bruxos Pagãos modernos nos Estados Unidos e em outros lugares.

Tecendo os fios: redes de comunicação

O Conselho dos Bruxos Norte-americanos julga necessário que se defina a Bruxaria moderna de acordo com as experiências e necessidades norte-americanas.

Não somos limitados por tradições de outras épocas e outras culturas, e não devemos lealdade a qualquer pessoa ou poder maior do que à divindade que se manifesta através de nosso ser.

Como Bruxos norte-americanos, nós aceitamos e respeitamos todos os ensinamentos e tradições, e buscamos aprender com todos eles e contribuir para o aprendizado de todos que estiverem dispostos a aprender.

É nesse espírito de boas-vindas e cooperação que adotamos estes poucos princípios da crença Wiccaniana. Ao buscarmos a inclusão, não tentamos nos abrir à destruição de nosso grupo por parte daqueles em viagens pelo poder que sirva a si mesmo, ou a filosofias e práticas contraditórias a esses princípios. Ao tentarmos excluir aqueles cujos caminhos são contrários aos nossos, não queremos impedir a participação dos que estão sinceramente interessados em nossos conhecimentos e crenças.

Nós, portanto, pedimos apenas àqueles que buscam uma identificação conosco que aceitem esses poucos princípios básicos:

1. *Praticamos ritos para nos sintonizarmos ao ritmo natural das forças vitais, marcadas pelas fases da Lua e pelos quartos sazonais.*
2. *Reconhecemos que nossa inteligência nos dá uma responsabilidade única em relação ao nosso meio ambiente. Buscamos viver em harmonia com a Natureza, em um equilíbrio ecológico que ofereça realização de vida e consciência dentro de um conceito evolutivo.*
3. *Acreditamos em um poder muito maior do que aquele aparente à pessoa comum. Por ser tão maior que o comum, esse poder às vezes é chamado de "sobrenatural", mas nós o vemos como algo que é naturalmente latente em todos.*

4. *Compreendemos o Poder Criativo do Universo como algo que se manifesta através da polaridade — como masculino e feminino — e cremos que esse mesmo poder criativo vive dentro de todos nós, e funciona através da interação entre masculino e feminino. Não valorizamos um acima do outro.*

5. *Valorizamos o sexo como prazer, como o símbolo e incorporação da vida, e como a fonte de interação usada em práticas mágicas e adorações religiosas.*

6. *Reconhecemos ambos os mundos, um exterior e um interior, ou mundo psicológico — às vezes conhecido como Mundo dos Espíritos, Inconsciente Coletivo, Planos Interiores etc. —, e percebemos na interação dessas duas dimensões a base para fenômenos paranormais e exercícios mágicos. Não negligenciamos nenhuma das dimensões, nós as vemos como necessárias à nossa realização.*

7. *Não reconhecemos nenhuma hierarquia autoritária, mas honramos aqueles que ensinam, respeitamos os que partilham seu maior conhecimento e sabedoria e admiramos os que corajosamente se entregaram através da liderança.*

8. *Vemos a religião, a magia e a sabedoria na vida como se estivessem unidas no modo como a pessoa vê o mundo e vive nele — uma filosofia de vida e visão de mundo que identificamos como Bruxaria, o caminho wiccaniano.*

9. *Chamar uma pessoa de "Bruxo" não a torna um — nem a hereditariedade, a coleção de títulos, hierarquias e iniciações. Um Bruxo busca controlar as forças interiores que tornam a vida possível, para que assim possa viver sabiamente e bem, sem prejudicar os outros e em harmonia com a Natureza.*

10. *Acreditamos na afirmação e realização da vida em uma continuidade da evolução e do desenvolvimento da consciência, o que dá significado ao Universo que conhecemos e ao nosso papel pessoal nele.*

Tecendo os fios: redes de comunicação

11. *Nossa única animosidade em relação ao cristianismo, ou a qualquer outra religião ou filosofia de vida, dá-se pelo fato de que suas instituições se julgam ser "o único caminho" e buscam negar a liberdade aos outros e oprimir diferentes modos de práticas e crenças religiosas.*

12. *Como Bruxos norte-americanos, não nos sentimos ameaçados por debates a respeito da história da Arte, as origens de vários termos, a legitimidade de vários aspectos de tradições diferentes. Estamos preocupados com nosso presente e nosso futuro.*

13. *Não aceitamos o conceito de "mal absoluto", nem adoramos qualquer entidade conhecida como "Satã" ou "o Demônio", conforme fora definido pela tradição cristã. Não buscamos poder pelo sofrimento dos outros, nem aceitamos que o benefício próprio só possa ser alcançado pela negação de outros.*

14. *Acreditamos que devemos buscar na Natureza aquilo que pode contribuir para a nossa saúde e bem-estar.*

A Bruxaria, seja ela em sua maneira mais formal, do tipo cerimonial, ou a variedade espiritual, sempre foi passada de uma pessoa para outra. Um indivíduo podia procurar um aprendizado personalizado com um praticante solitário, e este podia concordar em ensiná-lo. Contudo, na maioria das vezes, aprendíamos a Arte dentro do contexto de um coven. Os prováveis novos membros eram cuidadosamente examinados e talvez então convidados para uma reunião; e assim os covens se expandiram. Os candidatos a novos membros e um ou mais membros do coven se encontravam em um café ou parque para uma conversa casual antes que a decisão sobre fazer um convite para o círculo fosse tomada. Por fim, o candidato era convidado para um ritual, geralmente um ritual de sabbat festivo.

Gradativamente, aprendíamos a prática do grupo — os procedimentos, os instrumentos, as cores, a liturgia e assim por diante. Conforme progredíamos em nosso aprendizado, nós, como candidatos, contávamos com o grupo inteiro para checar nossas experiências, mas geralmente tínhamos um mentor, um responsável pelo nosso treinamento. Estávamos em um ambiente seguro onde éramos livres para aprofundar nossa magia, conhecimento e entendimento da Arte. Esse processo nos permitia uma integração compassada da espiritualidade da Bruxaria em nossas vidas.

Essa foi a forma como aprendi a Arte — gradativamente, em um ambiente grupal restrito. Minha co-conspiradora Grey Cat, uma avó Bruxa que mora no Tennessee, descreve esse fenômeno como "crescimento celular".

> Os padrões clássicos de crescimento de um novo movimento religioso (o que não se aplica à Wicca inicial) começa como uma estrutura celular que se move geograficamente a partir de seu grupo/líder original. Essa estrutura se move de cidade em cidade com uma limitação de distância variável, dependendo das formas de transporte e das definições locais de "longe demais". Todos os grupos serão semelhantes, devido à proximidade física e emocional ao grupo/indivíduo de origem. O efeito da internet em grupos desse tipo é sentido primeiramente na habilidade cada vez maior dos estudantes em localizar o grupo.

Cat é Alta Sacerdotisa de um coven hierárquico na Nova Inglaterra,[1] iniciou-se na Arte quando ainda nos mantínhamos escondidos. Ela fala sobre a situação de seu coven e como ele se relaciona com a internet:

> Dos sete membros atuais do coven Stepchild, somente quatro entraram em contato com o coven inicialmente pela

Tecendo os fios: redes de comunicação

internet (ou pelo Echonet, sistema anterior de boletim). Sem a comunicação eletrônica, nosso coven seria composto por mim, meu marido e o amigo de um amigo. Todas as inclusões recentes ao grupo foram iniciadas por um contato pela internet (...) Estamos longe de ser um grupo aberto — fechados, unidos por juramentos de segredo e escolhidos cuidadosamente para participar do círculo. Não é possível se unir a nós sem já ser um amigo próximo e confiável — mas, quando isso acontece, muitas dessas amizades se iniciam on-line.

DO ARMÁRIO DE VASSOURAS AOS FESTIVAIS RURAIS

Antes de 1980, a população Pagã nos Estados Unidos geralmente se escondia. Mantínhamos nossas crenças e práticas espirituais ocultas, porque não era seguro revelá-las. A cultura era predominantemente judaico-cristã e intolerante às diferenças. Na melhor das hipóteses, os Bruxos pareciam exóticos aos olhos dos adeptos da cultura dominante. Na pior, e infelizmente era o que mais acontecia, os Bruxos eram vistos como pecadores e adoradores do demônio. Como mencionei anteriormente, estávamos sujeitos a escárnio, discriminação e ostracismo social. Alguns tiveram as casas destruídas e até incendiadas. Pessoas que eram conhecidas por praticar a Arte se arriscavam a perder seus trabalhos ou seus lares. Os juízes, o sistema judicial e os serviços sociais favoreciam os pais não-Bruxos nas disputas pela custódia dos filhos de uniões mistas — Pagãos e não-pagãos.

Mas, aos poucos, à medida que a revolução social da década de 1960 transformou os Estados Unidos, o povo da Arte começou a encontrar um ao outro. Durante a década de 1970, era organizada a reunião ocasional de Bruxos e Pagãos; nesses encontros, os participantes conheciam melhor uns aos outros, faziam magia juntos, compartilhavam habilidades, estabeleciam confiança e solidariedade e resolviam apoiar e defender uns aos outros. Esses eventos iniciais, realizados em ambientes rurais ou hotéis, reuniam ocultistas de todos os tipos, não só apenas Bruxos neopagãos.

No nordeste dos Estados Unidos, diversas pessoas começaram a se organizar de várias formas a partir da década de 1970. O grupo New England Covens of Traditionalist Witches — NECTW (Covens de Bruxos Tradicionalistas da Nova Inglaterra) foi fundado em 1972 por uma Bruxa hereditária de New Haven, Connecticut. A tradição familiar dela, que se tornou pública em 1960, era combinada ao ocultismo popular e adquiriu sua forma atual, que ainda existe.[2]

As pessoas de Holy Earth tentaram criar uma comunidade pagã em Massachusetts no início da década de 1970. A Federação Pagã de Massachusetts foi fundada em 1976. Uma das federações mais antigas começou com um grupo de Bruxos do norte e do sul da Califórnia que se organizaram em um grupo chamado Covenant of the Goddess — CoG (Convenção da Deusa), que foi incorporado à Secretaria do Estado da Califórnia em 1975.[3] Atualmente, o grupo abrange cerca de 15 conselhos locais; ele possui 61 covens membros e 95 membros **solitários**.

SOLITÁRIO: Um Bruxo que pratica sozinho, não em um coven.

Os Keepers of the Ancient Mysteries — KAM (Guardiões dos Mistérios Antigos) eram muito ativos na região central de Atlantic City durante a metade da década de 1960. O Midwest Pagan Council (Conselho Pagão do Meio-Oeste) foi fundado por volta dessa época, e o primeiro encontro panpagão foi realizado em 1977. O primeiro Gathering of the Tribes (Encontro das Tribos), na Geórgia, aconteceu em 1978. Dois outros festivais pagãos bastante conhecidos continuam vivos até hoje — são eles o Heartland (Terra do Coração), em Kansas, e o Spiral, na Geórgia.

Tecendo os fios: redes de comunicação

A comunidade EarthSpirit (Espírito da Terra), de Massachusetts, produziu seu primeiro Rito da Primavera em 1979, e isso resultou na produção do Twilight Covening (Conveção do Crepúsculo) em outubro, bem como a Festa das Luzes — um encontro realizado em local fechado. Os festivais da EarthSpirit não apenas sobreviveram, como o Rito da Primavera, especificamente, cresceu a ponto de se tornar um dos festivais mais respeitados dos Estados Unidos.

A Church and School of Wicca (Igreja e Escola de Wicca), formada por Gavin e Yvonne Frost, também começou a realizar conferências em hotéis no meio da década de 1970. Hoje, conferências Pagãs são montadas em diversas cidades e em ambas as costas.

Outro encontro anual estabelecido é o Pagan Spirit Gathering — PSG (Reunião do Espírito Pagão), realizado no solstício de verão durante uma semana inteira. Produzido pelo Circle (fundado em 1974), no Meio-Oeste, e agora em seu 21º ano, o PSG tornou-se uma peregrinação anual para muitos Bruxos e Pagãos.

Quando comecei a procurar por pessoas de mente parecida, antes que estivesse verdadeiramente convencida de que era uma Bruxa, encontrei um grupo de treino pequeno e relativamente discreto anunciado em uma universidade local. Meus professores eram um homem e uma mulher que pertenceram a um coven e a uma grande tradição (ou grupo de covens relacionados). Essa tradição da Arte em particular foi chamada de NROOGD — New Reformed Orthodox Order of Golden Dawn (Nova Ordem Ortodoxa Reformada da Golden Dawn). Eu nunca conheci um membro que usasse o nome completo.[4] NROOGD é uma tradição sincrética autocriada, ou reconstruída, cujos membros inventaram esse nome extravagante por causa do bom humor. Eles não estão relacionados pelo treinamento, nem traçam sua linhagem a partir da Ordem da Golden Dawn, um grupo que cresceu na Inglaterra na primeira metade do século XX. Esses Bruxos, apesar de terem sido criativos autodidatas quando se tratava de magia, foram cuidadosos ao manter sigilo sobre quem eram, o que faziam e onde se encontravam.

Enquanto aprendia a Arte, soube que o que reunia pagãos e Bruxos eram os festivais, a maioria realizada em áreas rurais remotas. Era a década de 1980, e em certas partes do país, onde havia um número suficiente de pagãos, os festivais pagãos de um tipo ou outro ocorriam quase todos os fins de semana de maio a outubro. Alguns de nós criaram um estilo de vida ao seguir de um festival para outro, fim de semana após fim de semana, durante todo o verão. Tínhamos bons equipamentos de acampamento e cozinha, trailers, veículos apropriados e tendas elaboradas adornadas com estandartes coloridos ou bandeiras contendo o emblema de nossas tradições ou covens. Nós fundávamos vilas festivas temporárias, o que nos inspirava um sentimento de pertencer a uma tribo.

Esses festivais proliferaram por todo o interior do sul e do meio-Oeste; houve poucos no nordeste, no sudoeste e na Costa Oeste. A Califórnia, o maior estado, mas cuja população era na época formada principalmente por recém-chegados, teve apenas uma meia dúzia de encontros pagãos.

Talvez seja porque a Califórnia, e a Costa Oeste em geral, é tão diversificada e multicultural que ela tem sido muito mais tolerante em relação ao excêntrico e ao incomum. A Costa Leste dos Estados Unidos é bastante povoada por imigrantes europeus, enquanto a do Pacífico possui uma grande população asiática e hispânica. A herança da Arte vem principalmente da Europa Ocidental, embora ela tenha se tornado cada vez mais eclética, buscando inspiração e técnicas de povos nativos americanos, do Oriente e de qualquer

Tecendo os fios: redes de comunicação

lugar que a inspiração viesse. Ainda assim, eu me lembro de ter participado de um festival Pagão de final de semana em 1981, num parque público de Oakland, Califórnia. Ele foi organizado, com um orçamento muito restrito, pelo falecido bardo e xamã visionário Gwydion Penderwen e seu amigo Stephan Abbott, juntamente com vários amigos e ajudantes. Todos acamparam ao ar livre nas colinas litorâneas quentes, secas e douradas.

Obviamente, há muito mais festivais pagãos para listar aqui. Felizmente, nos últimos tempos, vários sociólogos e outros estudiosos nos acharam interessantes. Eles começaram a coletar dados, analisar e, o mais importante, imergir em nossa cultura de festivais. Embora uma visão acadêmica sobre nós possa não refletir com precisão o modo como nos enxergamos, os estudiosos muitas vezes se apaixonam pelos seus objetos de estudo. Não é incomum para aqueles que se empenham em nos estudar acabarem se juntando a nós — em uma atmosfera exclusiva de um festival Pagão rural, em nossos círculos sagrados e no caminho Pagão. Alguns estudiosos contemporâneos do paganismo eram na verdade pagãos de algum tipo antes de embarcarem em um estudo formal desse fenômeno. (Recomendo a todos os que estejam interessados em mais referências sobre a cultura Pagã de festivais que leiam o estudo de Sarah M. Pike intitulado *Earthly Bodies, Magical Selves: Contemporary Pagans and the Search for Community*.)

Embora um grande número de grupos e festivais Pagãos não exista mais, muitos continuaram a prosperar. E todos aqueles que não sobreviveram terminaram por causa dos que o sucederam. Hoje há muitas, muitas manifestações semelhantes ao Paganismo, e elas são muito mais visíveis do que as anteriores.

Como a cultura de festivais foi afetada pela internet? Fritz Jung, do site *The Witches' Voice* (*TWV* ou *Witchvox*) faz a seguinte observação:

Os festivais são apenas uma fração minúscula dos eventos de nossa comunidade. O *Witchvox* destacou mais de 12 mil eventos só nos últimos quatro anos. Eles acontecem constantemente e incluem ritos de lua cheia/círculos de sabbat, festas pagãs noturnas, workshops, círculos públicos e privados, reuniões políticas, festas grandes e pequenas e muitos outros tipos de eventos. Nós vimos uma curva de crescimento em eventos locais semelhante à que vimos na comunidade da internet. Os Pagãos estão se reunindo de forma incrível hoje em dia.

As listas de eventos no *TWV* estão crescendo absurdamente, e as páginas que destacam/celebram eventos foram vistas por cerca de 1,1 milhão de pessoas nos últimos cinco anos.

Os festivais estão surgindo em todos os lugares, e muitos deles são grandes. Nós acabamos de participar de um "primeiro festival" em nossa área que atraiu aproximadamente 300 pessoas, e isso, sem sombra de dúvida, irá dobrar quando acontecer de novo. Sabe por quê? Porque ele foi muito bem feito, e porque havia a necessidade dele. Nós também vimos isso acontecer com outras festas ao redor do mundo.

O que também tenho observado é que os festivais crescem com o boca a boca entre amigos, e o comparecimento não parece ser em nada afetado (com raras exceções) por quem é (...) o(s) palestrante(s) convidado(s). Nós temos uma festa local cada vez maior que acontece há mais de uma década (duas vezes ao ano) — e nos últimos anos tivemos uma presença grande de "celebridades". Milhares de dólares foram investidos nas realizações desses eventos. Da última vez, eles cortaram vários nomes famosos; a partici-

Tecendo os fios: redes de comunicação

pação mais uma vez cresceu. O que observo é que são as pessoas, ou a comunidade, que em sua maioria fazem essas festas. Sim, alguns participam para partilhar da magia, da sabedoria e dos talentos dos palestrantes convidados, mas a tendência atual de eliminar os "grandes nomes pagãos" (na minha opinião) tem sido totalmente superestimada. Os GNP que esperam "tratamento especial" são tolerados por um tempo, mas não são convidados a retornar. Os GNP que se misturam com os participantes comuns são valorizados e tornam-se presença certa.

Há inúmeros desconhecidos que fazem um trabalho maravilhoso em workshops e rituais. De fato, há pessoas que fazem apenas isso há alguns anos e que se tornaram verdadeiras referências para todos nós.

Realmente, tudo se resume não a quem você é... mas ao que você realmente faz. Como todos sabemos, há, e sempre houve, uma abundância de títulos sem essência, mentiras e grandes reivindicações de privilégios especiais.

De acordo com as observações de Fritz, a mescla geral das pessoas que participam de festivais tem sido consistente. A proporção entre os que promovem e os participantes é a mesma.

Tem sido um privilégio ter festivais entre os quais escolher. Agora ficou mais fácil para as pessoas participarem de festivais perto de onde vivem, e os organizadores estão mais confiantes de que podem reunir um bom número de pessoas. Fritz, que mora na Flórida, explica: "Felizmente, os dias de viajar horas/dias para participar de *qualquer* festival estão acabando. Muitos Pagãos que encontramos em Starwood (um festival muito conhecido em Nova York) ao longo dos anos vieram da Flórida. Agora eles praticamente não têm mais motivo para fazer essa viagem. Eles agora têm festivais maravilhosos bem aqui."

Os festivais Pagãos antigos e já estabelecidos podem não ter mantido uma rápida taxa de crescimento por causa do advento dos festivais locais, mas isso não é necessariamente ruim. Acima de tudo, o efeito da internet nos festivais e na cultura dos festivais foi positivo. Como Fritz nos relembra: "Cinqüenta pessoas fazendo magia, acampando e dançando ao redor do fogo será sempre mais íntimo do que mil; a opção de simplesmente interagir com um grupo menor sempre vai existir, e muitos ainda a preferem."

ZINES

Na mesma época em que nós, Bruxos, estávamos saindo do armário de vassouras, começamos a produzir publicações pagãs de circulação pequena e restrita. Elas eram datilografadas, algumas vezes escritos à mão com títulos caligrafados, rodados em máquinas duplicadoras pré-fotocopiadoras; algumas eram fotocopiadas, coladas à mão e enviadas para os assinantes em envelopes brancos sem inscrições. Muitas dessas publicações duraram algum tempo, e depois desapareceram. Algumas encerraram suas atividades após alcançarem seu objetivo; outras acabaram quando os interesses ou as prioridades de seus criadores mudaram.

Entre as publicações Pagãs mais notáveis — as que estiveram até pouco tempo ainda em circulação — estão a *Harvest*, da Nova Inglaterra, e o *Green Egg*, publicado pela Church of All Worlds. O Fórum Green Egg tornou-se lendário pelos debates apaixonados, articulados e, algumas vezes, acalorados que promoveu sobre todos os aspectos pagãos. O *Green Egg* interrompeu sua publicação por poucos anos, prosperou nas décadas de 1980 e 1990 e parou de publicar novamente. Esperamos que retorne rapidamente e que o Fórum GE continue a provocar.

Tecendo os fios: redes de comunicação

As revistas feministas de mudanças culturais — como a *Chrysalis*, de Los Angeles, e a *Lady-Unique-Inclination-of-the-Night*, de Austin, Texas — também compuseram o mosaico pagão nos seus primeiros dias. E então, em seguida, veio a internet.

CONSTRUINDO O TEAR: PRIMEIRAS COMUNICAÇÕES ELETRÔNICAS

Solicitei histórias de alguns Bruxos cujas vidas se desenvolveram na Arte por meio dos antigos, íntimos e até secretos covens. Grey Cat é um deles:

Eu me inscrevi em um dos primeiros serviços de informação, Compuserve (conhecido pelos membros como CIS e CI$), em 1988 ou 1989, possivelmente. O acordo era que a taxa semanal básica (por volta de 10 dólares, pelo que me recordo) permitia a você se conectar a novas informações, correio e outras atividades — provavelmente, a mais importante delas era o Fórum de Prática.

O Fórum de Prática existia para ajudar os novos membros do CIS a aprender a usar os fóruns: ler mensagens, postar mensagens, responder mensagens e assim por diante. Cada mensagem devia ter um cabeçalho ou linha de assunto. Para muito de nós, o Fórum de Prática era a primeira experiência com a "magia" de estar conectado. Para mim, enviar uma mensagem a alguém na Europa ou na Austrália e receber uma mensagem de volta imediatamente parecia algo totalmente incrível. Talvez pelo fato de eu lembrar da primeira transmissão de rádio transatlântica (Big Ben em Londres tocando à meia-noite), a comunicação direta ao redor do mundo ainda parecia inacreditável.

Uma vez fora dessas áreas "livres" da CIS, você pagava uma quantia por minuto pelo tempo de conexão e a maioria das pessoas usava um aplicativo que permitia a elas conectar, pegar correspondência e baixar os títulos de qualquer nova mensagem no fórum ao qual pertenciam. Depois de um minuto ou mais de conexão, esses aplicativos se desconectavam e você podia ler pelo seu correio e ver quais "seqüências" de mensagens — mensagens com o mesmo assunto — você queria ler. O aplicativo podia então ser conectado novamente e enviava a sua mensagem (a princípio apenas para outras pessoas no CIS e, com algumas falhas, para todos em um dos outros serviços de informação). Depois ele podia baixar todas as seqüências de mensagens que você selecionava. Dessa forma, você podia manter seu tempo de conexão dentro de um orçamento razoável.

Naquela época, havia duas áreas de fóruns de interesse para Wiccanianos/neopagãos: o Fórum Nova Era e o Fórum Religião. Ambos tinham subfóruns wiccanianos. Neles você podia "falar" com wiccanianos por todos os Estados Unidos (e, até certo ponto, pelo mundo — mas naquela época a disponibilidade e o alto custo acabavam por impedir muitas atividades relacionadas ao resto do mundo). Embora ainda pareça que a principal atividade era defender nossas crenças contra a infindável série de cristãos que tentavam salvar nossas almas ou informar-nos sobre nosso destino final, particularmente, nós também discutíamos bastante sobre as diferenças em nossas tradições e práticas. Compartilhávamos nossos materiais e algumas amizades foram feitas e sobrevivem até hoje.

Assim como as mensagens de grupos, o CIS oferecia o que era chamado de "salas de conferência", que eram, de um ponto de vista do usuário, como salas de bate-papo encontradas hoje em toda parte. O Fórum Nova Era se encontrava toda noite de domingo em uma dessas salas — simbolizada por uma barra amistosa com uma banheira em uma das extremidades — só para se socializar por uma hora. Apesar disso ser um passatempo caro, dez ou quinze

Tecendo os fios: redes de comunicação

de nós conseguíamos nos organizar e estar presentes com regularidade. Ao menos naquela época nós não éramos incomodados por visitantes casuais usando linguagens desagradáveis ou tentando dar em cima de qualquer nome percebido como feminino. (Eu era a Avó Coruja nesses fóruns.)

O software servia também para moderar bate-papos com alguém controlando quem podia falar e quando, e estes eram usados em palestras, entrevistas e rituais. Amber Wolfe, autora de *In the Shadow of the Shaman* e vários outros livros, me recebeu e concedeu uma entrevista on-line, que foi bem vista, apesar de o anúncio ter sido feito apenas poucos dias antes... No início da década de 1990, uma rede residencial surgiu usando aplicativos denominados "boletins de grupo". Havia vários desses aplicativos, muitos eram usados por empresas para comunicação interna ou para fontes de informação on-line. Eram programas comerciais e razoavelmente caros.

No entanto, um programa excelente chamado WWIII (WW-3) foi disponibilizado sem nenhum custo, ou um bem baixo, para indivíduos que desejavam baixá-lo em seus computadores pessoais através de sua conexão telefônica. Todos os que rodavam um WWIII BBS (sigla em inglês para sistema de quadro de avisos) podiam fazer parte de uma rede desses BBSs e participar de fóruns pelo mundo todo. Eu *operei um sistema* (operar o sistema era o que o dono/operador BBS fazia) BBS wiccaniano por mais de um ano e, por meio dos vários fóruns, me comuniquei com wiccanianos e neopagãos pelos Estados Unidos e tomei parte de muitas discussões interessantes. Não havia caça aos Bruxos no sistema, pois o *operador* podia, e conseguia, manter visitantes desagradáveis fora dos fóruns.

Os BBSs tinham a desvantagem de não permitir qualquer interação entre os participantes (a exceção era que você podia conversar com o operador do grupo se ele/ela

BULLETIN BOARD SYSTEM (BBS): Um computador que pode ser acessado por um modem discado com o propósito de compartilhar ou trocar mensagens ou outros arquivos. Alguns BBSs são destinados a interesses específicos; outros oferecem serviços mais gerais. A Listagem BBS oficial diz que existem 40 mil BBSs espalhados pelo mundo todo.

O Bulletin Board System surgiu e geralmente é operado independente da internet. No entanto, muitos BBSs possuem sites. E muitos provedores possuem sistemas de boletins por meio dos quais os novos usuários podem baixar os softwares necessários para se conectarem.

Os BBSs têm sua própria cultura e jargão. Um operador de sistema é a pessoa que cuida do site (muitos BBSs trabalham em computadores pessoais que simplesmente adquiriram o software necessário para armazenar arquivos e usuários). Muitos usuários de BBS batem papo on-line.[5]

quisesse). As mensagens levavam, essencialmente, um dia ou meio dia para serem trocadas, o que dava a vantagem de se poder controlar as extravagâncias. O controle dos operadores também tendia a manter as trocas civilizadas. Por fim, os quadros WW-3 foram capazes de oferecer e-mail pela internet e também pela própria rede. Acho que o melhor benefício do BBS foi que ele nos permitiu conhecer pessoas em nossa própria região de uma forma que nenhum sistema baseado em modem tinha feito antes ou desde então. De fato, ainda existem pouquíssimos BBSs operando apenas por essa razão, mesmo que esse trabalho também possa ser tão bem feito com uma lista de e-mail. Muitos grupos se reuniam de vez em quando apenas para aumentar esse crescimento da comunidade. E eu fui a um jantar de operadores e me diverti muito, embora eu fosse significativamente mais velha do que os outros operadores. (SilverBird era meu nome no BBS.)

E então, por último, fui para a internet — que contém tudo o que foi encontrado na Compuserve, pelos BBSs e muito mais.

Grey Cat descobriu, pela lista do servidor que havia me organizado para discutir as idéias apresentadas neste livro, que entre seus companheiros on-line do passado estava outra de minhas co-conspiradoras, Jehana Silverwing.[6] Então, seguimos o fio. Quando perguntei aos meus co-conspiradores se eles tinham feito alguma amizade duradoura pela internet, Jehana respondeu:

Fiquei on-line pela primeira vez na Compuserve no fim da década de 1980, e durante uma época conheci muitas dessas pessoas; e outras amizades vieram em conseqüência, evoluíram e até estimularam meu próprio direcionamento espiritual a se estender a outros caminhos que eu poderia

Tecendo os fios: redes de comunicação

ter escolhido. Agora estou envolvida com o pessoal do Summerlands (reconstrutores do caminho celta); e inicialmente conheci Carol Maltby nessa lista, on-line (...) Eu dirigi, duas vezes seguidas, até o Tennessee para encontrar com a turma do Summerlands. Eles ofereceram aulas on-line (participei de duas), e fizemos atividades espirituais/religiosas, além da boa e velha conversa jogada fora, pessoalmente, no melhor estilo do sul.

Então Jehana teceu o fio até Carol Maltby,[7] outra de minhas co-conspiradoras. E, como Carol explicou, a ciberconexão gradativamente foi adquirindo importância para ela:

Sou uma Bruxa cibernética desde 1993, quando Jehana Silverwing sugeriu que, agora que eu tinha uma conta da Compuserve, eu poderia parar e visitar a seção pagã da Compuserve. A internet é agora um sistema nervoso externo para mim, e ela tem sido minha principal fonte de crescimento na Arte — complementando o que eu aprendi em meu coven, Wild Vine (um coven eclético, selvagem e wiccaniano/quaker/outra-coisa-qualquer, que provavelmente tem mais repercussão com os valores e práticas das tradições Reclaiming e Proteus).

Embora eu seja totalmente incompetente como uma "nerd" (tendo a pior e mais desajeitada noção de HTML), ainda consigo usar a tecnologia de baixo nível suficientemente para me sentir à vontade para me chamar de "tecnopagã". Simplesmente porque como sacerdotisa eu faço muitas coisas que dependem do computador. Algumas vezes, estar um passo à frente dos outros pode ser o suficiente para fazê-los acreditar que você domina muito mais o assunto do que eles, mas ainda não estou pronta para ser cultuada como Madame le Technomage.

As sacerdotisas como Grey Cat, Jehana e Carol estavam entre aquelas que ajudaram a montar os teares em que hoje tecemos nossa rede.

AMARRANDO A URDIDURA: A CRIAÇÃO DE SITES, SALAS DE BATE-PAPO E LISTAS DE DISCUSSÃO

Muitos dos grupos e alianças sobreviventes que se formaram nas culturas do festival e zine das décadas de 1970 e 1980 estavam ansiosos para estabelecerem uma presença online. Um número surpreendente de Pagãos ganha a vida com programação de computadores, *web design* e outras profissões relacionadas ao computador. Tecemos sites e listas de servidores a partir de nossas mentes e teclados como a aranha tece sua teia.

Carol Maltby fala sobre o modo como ela se adaptou, como mãe, companheira e sacerdotisa da Bruxaria, à nova tecnologia:

Nunca usei salas de bate-papo on-line para outra coisa que não fossem rituais, mas acho que os quadros de avisos são um excelente método de interação humana, especialmente para mim, como mãe de crianças pequenas, já que nem sempre estou disponível para sair ou para ficar no telefone muito tempo. Eu coordeno quatro quadros de aviso privativos no momento e tenho três sites em vários estágios de desorganização. Embora nenhum desses sites seja ostensivamente sobre a Arte, eu incuto neles meus valores como sacerdotisa de uma forma que possa ser mais sutil do que a pregação que fazemos quando falamos sobre nós mesmos. Eu me apresento como Bruxa em alguns BBSs em que existem poucas Bruxas conhecidas, ou nenhuma, porque este é o cenário em que mais precisam de nós. Não é a mesma situação de estar no conforto de sua casa com Bruxas, mas

Tecendo os fios: redes de comunicação

quando você chega a um determinado ponto você sabe, como sacerdotisa, que precisa ir onde pode ser mais útil.

Grupos como Covenant of the Goddess (CoG), Circle Farm, EarthSpirit Community, Wiccan Pagan Press Alliance, Wicca Anti Defamation League e Church of all Worlds também criaram sites. Eles, a princípio, eram muito rudimentares — produzidos com o talento e o trabalho de voluntários —, mas se tornaram teias amplas, apresentando **Conexões de rede**, prêmios e *links* para outros sites.

O *THE WITCHES' VOICE*

Talvez o site mais influente em todo o mundo pagão seja o *The Witches' Voice*, também chamado de *TWV* ou *Witchvox*.[8] O *The Witches' Voice* possui um conjunto de padrões de neutralidade e inclusão. Ele foi construído para celebrar o trabalho, independentemente de quem o esteja fazendo. Em vez de promover o culto à celebridade, o *TWV* se esforça para dar voz a todos os Bruxos que estão contribuindo para a nossa cultura e a comunidade, não importa sua posição pública ou seu nome.

O *TWV* foi fundado em 1996 por Wren Walker e Fritz Jung, em Massachusetts. Os dois reuniram páginas na internet para a Witchs League for Public Awareness (WLPA, sigla em inglês para Liga das Bruxas para o Esclarecimento Público), de Laurie Cabot. O objetivo era "promover a tolerância" e retificar "muitos dos conceitos equivocados relacionados ao movimento moderno da Bruxaria/Wicca/Paganismo. Wren e Fritz deixaram a WLPA, mudaram para a Flórida e começaram a criar a primeira versão do *TWV*. Fritz nos explica: "Nós conseguimos o domínio de nome *WitchVox.com* e lançamos o *The Witches' Voice* no ciberespaço

CONEXÕES DE REDE: Uma maneira de interligar sites relacionados, assim uma pessoa pode visitar cada um deles e, por fim, retornar ao site inicial. A pessoa pode escolher acessar a conexão de rede de trás para a frente, pulando certos sites, visitar outros aleatoriamente ou ver uma lista com todos os sites relacionados. Uma conexão dessas é mantida por um site equipado com aplicação de interface de portal comum que pode selecionar sites aleatoriamente e ignorar sites que tenham saído do ar ou não podem ser acessados temporariamente.

em 2 de fevereiro de 1997 — com 66 páginas e uma nova tecnologia para os *links* e as seções de contatos."

O *The Witches' Voice*, uma organização sem fins lucrativos, foi criado por três razões especiais. Primeiro, seus criadores desejavam abordar aquilo que viam como uma necessidade de "materiais educacionais claros e bem desenvolvidos tanto para Pagãos quanto para não-Pagãos". Segundo, o *TWV* foi planejado para servir como um antídoto para a discriminação contra Pagãos; ele poderia auxiliar indivíduos e grupos que trabalham para eliminar a discriminação fornecendo informações e materiais necessários. Terceiro, o *TWV* foi concebido como uma ferramenta de rede. Fritz afirma: "Criamos e desenvolvemos as páginas do estado/país para que os Pagãos, os grupos Pagãos e as lojas Pagãs pudessem listar seus endereços de e-mail, eventos e workshops. Eles são listados não apenas por país e estado, mas agora também por município e cidade. Nós atualizamos regularmente essas 127 páginas de estado/país e as mais de 5 mil listagens existentes diárias, sem falta, durante o último ano. Nós realmente encorajamos os pagãos a se tornarem ativos em um nível local, mas percebemos que vocês têm de encontrar um ou outro primeiro (...) A verdadeira disputa por reconhecimento e respeito acontece no nível local."

No fim do primeiro ano, o *Witchvox* oferecia 385 páginas, que foram vistas em computadores pessoais por todo o mundo. Nesse tempo, o site recebeu 1.275.237 acessos. Ele listava diversos milhares de Bruxos, Wiccanianos e Pagãos em páginas de estado/país, 285 círculos e eventos, 250 lojas metafísicas e de Bruxaria (muitas submetidas pelos clientes), 976 sites Pagãos (com informações completas de contato) e um mapa do site.

Além disso, o *TWV* provia a comunidade Pagã com um outro recurso vital: ensaios informativos; uma seção de pá-

Tecendo os fios: redes de comunicação

ginas em branco informando sobre os direitos legais dos Bruxos e 26 páginas contendo comentários sobre conflitos internos da Arte e resoluções de conflitos, com sugestões de como se comunicar melhor e unir a nossa maravilhosa comunidade.

Agradeço aos seus proprietários e à assessoria de sete voluntários dedicados que administram o *Witchvox* para oferecer tudo isso à comunidade sem custos. Verdadeiramente, o *TWV* é algo de que nós Bruxos devemos nos orgulhar.

O código de ética do The Witches' Voice

Reconhecemos que a comunidade global é composta de muitas culturas diversas, cada uma com o seu próprio conjunto de crenças inerentes. Uma vez que os associados ao The Witches' Voice *procuram honrar o indivíduo como uma encarnação do Divino e a interação saudável de membros da grande sociedade na qual todos têm um lugar, adotamos este jogo de diretrizes como comportamento ético.*

O The Witches' Voice *é uma organização voltada às pessoas dedicadas a nutrir um profundo entendimento e cooperação entre ambos os membros da comunidade Pagã e a sociedade como um todo. Fornecemos materiais educacionais sobre as crenças básicas da religião da Bruxaria/Wicca para desfazer a imagem estereotipada perpetuada pelos meios de comunicação e séculos de propaganda negativa. Sustentamos a liberdade religiosa civil garantida a todos os cidadãos na Constituição e resistiremos ativamente aos que procuram suprimir ou restringir esses direitos.*

O The Witches' Voice *é dedicado a:*

• Verdade e boa vontade: *Um indivíduo tem o direito de viver de acordo com suas crenças pessoais. Encorajamos todos a decidirem o grau de sua participação no auxílio à organização. Dessa forma, esperamos que as pessoas tenham uma paixão verdadeira em seus esforços. A verdade é importante para que uma organização seja capaz de ter uma relação clara e opere a partir de um conjunto rígido de valores. Tal organização motiva seus membros a pensar e agir como líderes. Os líderes "fazem o que falam", e todos são estimados por suas contribuições. Quando a organização torna-se bem-sucedida, todos sabem que ajudaram para que aquilo acontecesse.*

- Liberdade civil: *A liberdade civil inclui respeitar e a proteger os direitos individuais. Enquanto o exercício desses direitos são ditados pela lei do lugar, em uma "sociedade aberta" isso é altamente dependente daquilo que as pessoas determinam como valioso à sua forma de vida. O multiculturalismo introduziu uma oportunidade de aprender novos meios de lidar com crenças diferentes das nossas. Os conflitos surgem quando os objetivos das partes divergentes não incluem só a validação de sua posição mas a neutralização ou eliminação da posição do oponente. Nós buscamos ativamente meios de preservar os valores culturais únicos de qualquer grupo ou tradição, promovendo ao mesmo tempo a interação saudável dentro de uma estrutura de organização inclusiva.*

- Liberdade religiosa: *Reconhecemos que crença espiritual é uma escolha muito particular que cada pessoa é levada a fazer baseada naquilo que existe em seu coração. O espírito é a essência verdadeira de quem uma pessoa é e o que ela irá se tornar. Nenhuma agência externa tem o direito de privar uma pessoa do exercício livre de sua prática religiosa ou crença sincera assegurada sem uma razão real e constrangedora. "Constrangida" nesse país passou a significar que a sociedade como um todo precisa estar em perigo real, devido aos resultados da prática religiosa, para o governo interferir. Qualquer coisa menor que essa "razão*

Tecendo os fios: redes de comunicação

constrangedora" seria uma infração desse direito à liberdade religiosa. Apoiamos a liberdade religiosa para todos e resistiremos ativamente a qualquer infração ao direito do livre exercício da crença espiritual pessoal.

- Liberdade de expressão: *A Constituição dos Estados Unidos garante uma imprensa livre que permite a todos fazer declarações públicas sobre seus pontos de vista. Embora nem sempre temos de concordar com tais declarações e nos reservamos o direito de protestar ou replicar artigos que achamos ofensivos e enganosos, nós apoiamos o conceito de liberdade de expressão e resistiremos a todas as tentativas de censurar opiniões. O* The Witches' Voice *não removerá qualquer postagem nem artigos impressos que seguirem as diretrizes de submissão. Os artigos incluirão o endereço de correio eletrônico dos autores ou outra forma de contato, e todos os comentários devem ser dirigidos ao autor. As postagens respondidas aos fóruns só serão retiradas se a linguagem for obscena ou atingirem uma pessoa em particular ou grupo de tal forma a causar danos emocionais.*

- A integridade: *O* The Witches' Voice *sempre fornecerá informações que a confidencialidade ou as circunstâncias permitirem sobre qualquer ação ou decisão que tomarmos de modo que nossos membros ficarão inteiramente informados. Estimamos sua confiança e nunca pediremos que apóiem algo que seja contra sua percepção pessoal de integridade. O* The Witches' Voice *também espera que seus membros respeitem a integridade da organização e apóiem esse conceito com palavras e ações.*

- Responsabilidade pessoal: *Apesar de nem todos os Bruxos, Wiccanianos e Pagãos aderirem à "Lei Tríplice" como um princípio oficial de sua crença, a maioria acredita que devemos agir de uma maneira responsável em nossas convivências um com o outro. Nenhum de nós pode professar ser perfeito todo o tempo, e equívocos certamente podem ocorrer, e ocorrem.*

- *O trabalho em equipe exige o uso adequado de comunicação, negociação e a capacidade de reconhecer e de resolver conflitos que venham a ocorrer.*
- *Na comunicação de verdade, cada pessoa está interessada não em argumento, mas em buscar a compreensão do ponto de vista dos outros. Todas as idéias recebem a mesma atenção. O mérito real de qualquer sugestão pode emergir baseado em seu valor à organização e não somente na apresentação apaixonada de seu proponente.*
- *A negociação é aplicada para mudar coisas que não funcionam. O oferecimento de uma alternativa bem avaliada para determinada situação é um elemento-chave no processo. Uma vez mais, o bem maior de toda a equipe ou organização é o ideal.*
- *Às vezes, diferenças de opinião podem se tornar bastante acirradas e a situação se transforma em um conflito pessoal. Reconheça que a outra pessoa se sente em relação às crenças dela tão fortemente quanto você em relação às suas. Concentrar-se no objetivo maior e se posicionar de acordo com ele pode ser o necessário para manter as coisas funcionando. Um período de "descanso" pode ser um tempo para meditar sobre uma nova abordagem ou solução.*
- *Aceitar a sua parcela de responsabilidade em qualquer situação é um sinal de maturidade. Dizer que você estava equivocado não é o mesmo que declarar que você é uma má pessoa, é simplesmente reconhecer que você é humano.*

Os caminhos para a verdade são, de fato, muitos. Nós no The Witches' Voice acreditamos que essa listagem é ampla o suficiente para incluir todos e ao mesmo tempo permitir a liberdade para indivíduos ou grupos praticarem seus códigos morais.

Tecendo os fios: redes de comunicação

"Aqueles que caminham no Amor e na Verdade irão crescer em Honra e Força."

Que assim seja.

— *Jeannette K. Waldie e Wren Walker (1997)*

DRAKNET

Quando comecei a pensar em escrever este livro, passei a perguntar casualmente aos meus amigos Bruxos se eles achavam que a internet havia influenciado a Arte, e vice-versa. A resposta foi um ressonante "Sim!". Muitos me perguntaram se eu conhecia um hospedeiro chamado DrakNet, que pertencia à Lhiannon.[9] Eles me disseram para pesquisar sobre ele. Naquela época, eu não tinha certeza do que era um provedor de internet, embora já tivesse um pequeno site funcionando. Meu **provedor de serviços de internet** tinha algo chamado servidor, onde os dados que formavam meu site eram armazenados; aquilo, na realidade, era meu hospedeiro, o lugar fora do meu computador onde viviam meus dados.

No processo de escrever este livro, criei uma lista de discussão. Uma amiga do Texas, Rivercat, me falou de uma outra texana, chamada Jen, que sabia tudo sobre o mundo Pagão na internet — e ela ainda era divertida. Rivercat insistiu que eu não desse outro passo sem antes solicitar a ajuda de Jen. Então, munida com a "carta de recomendação" de Rivercat, contatei essa mulher ocupada.

Jen e eu juntamos nossos fios, o meu vinha da Califórnia e o dela de Austin. Seguimos outros fios, formamos laços cibernéticos. Então a DrakNet veio novamente à tona — soube que ele hospedava o *Witchvox* na Flórida, bem como os sites de muitos de meus amigos Bruxos. Eu estava escre-

PROVEDOR DE SERVIÇOS DE INTERNET (PSI): Uma empresa que provê acesso à internet e vários outros serviços, como construção de sites e hospedagem virtual. Um PSI possui equipamento e acesso a linhas de comunicação necessárias para se ter um POP (ponto de presença; um ponto de acesso à internet) para a área geográfica servida... Os PSIs também incluem servidores regionais [e] centenas de provedores locais. Além disso, os usuários da internet podem ter acesso por meio de Provedores de Serviço On-line (PSO), como o America On-line e Compuserve. Um PSI, às vezes, é chamado de Provedor de Acesso à Internet. Ele é usado, em alguns casos, como abreviação para *provedor de serviço independente* para distinguir um provedor de serviço que é uma empresa independente, separada de uma companhia telefônica.[10]

DOMÍNIO VIRTUAL: Um hospedeiro virtual é algumas vezes chamado de "provedor de espaço" na internet. Normalmente, hospedeiros virtuais fornecem, a alguém que queira um site com assistência para registro de nome de domínio, diversos nomes de domínio que delineiem para o nome de domínio registrado um local de armazenamento de arquivos e uma configuração de diretório para os arquivos do site (HTML e arquivos de imagens gráficas), endereços de e-mails e, opcionalmente, serviços de criação de sites. O usuário do hospedeiro virtual (o dono do site) precisa apenas ter um programa (FTP) de protocolo de transferência de arquivos para enviá-los ao hospedeiro virtual.[11]

VALORES DO DRAKNET:
• *Tolerância*: O DrakNet crê que a tolerância em relação à comunidade pagã pode ser mais bem alcançada por meio da (demonstração) de tolerância dentro da comunidade pagã e da tolerância da comunidade externa. Por essa razão, o DrakNet buscará demonstrar tolerância nas relações com a comunidade pagã assim como com as não-pagãs que possam vir a fazer negócios conosco.

vendo este livro na época, e um dia soube que o meu provedor de internet anterior e de confiança — e hospedeiro do meu site — havia sido comprado por uma empresa maior. Depois disso, a qualidade do serviço caiu. Quando o PSI foi vendido outra vez, o serviço se deteriorou a ponto de o hospedeiro do meu site sair do ar por mais de uma semana. Nenhuma explicação foi dada; simplesmente fui informada de que colocá-lo de volta no ar era uma prioridade. Eu ligava a cada oito horas mais ou menos para ver o que estava acontecendo, mas por fim minha frustração me fez mudar para o DrakNet.

O DrakNet é um grande exemplo da mudança da influência de uma cultura em transformação na era da internet. O bom povo pagão da DrakNet trabalha arduamente para assegurar que suas práticas comerciais evidenciem seus valores. Eles estão orgulhosos de ser um tipo diferente de empresa hospedeira de internet, um **domínio virtual** onde os clientes podem armazenar seus dados com confiança.

A empresa busca "fazer uma contribuição positiva e significativa para as atividades da comunidade e agir de maneira responsável social e ecologicamente". É encorajador encontrar correligionários que agem de uma forma tão ética e construtiva. O DrakNet é um exemplo a ser seguido. Os proprietários do DrakNet afirmam que o "DrakNet vê o poder da internet como algo enorme a longo prazo no esquema do desenvolvimento da comunidade pagã, como voz e poder político". Eles estão comprometidos a servir sua comunidade, apesar da "natureza comercial" do Draknet, oferecendo serviços gratuitos a "organizações e causas sem fins lucrativos e pagãos em necessidade (...) O DrakNet mantém o objetivo fixo de despender ao menos 33% de seus serviços a essa finalidade durante todo o tempo".

ZINES ON-LINE

Como os computadores se tornaram onipresentes e a cibercultura evoluiu, os zines on-line entraram na moda. Isso não é exclusivo da cultura pagã, obviamente, mas eles têm formado uma parte importante em nossa unidade cada vez maior como movimento. Alguns são publicados on-line somente, e outros são produzidos em papel impresso na forma de revista. A maior parte dos deste último tipo lança edições de seu material on-line e convida seus leitores a assinarem a versão impressa, onde eles poderão encontrar uma grande variedade de artigos. O zine que vem da minha própria comunidade, *Reclaiming Quarterly*,[13] faz isso, assim como o *PanGaia*, *SageWoman* e *Blessed Bee* (uma revista pagã para crianças); esses quatro são originalmente publicações impressas que usam a internet para ampliar sua visibilidade e aumentar a circulação.

Dois outros zines on-line dignos de serem mencionados aqui são *Mystic Journeys Pagan Ezine*, o jornal do Magickal Cauldron,[14] produzido em Atlanta, Geórgia; e *Pomegranate: A New Journal of Neopagan Thought*, que vem do noroeste do Pacífico.[15] O *Pomegranate* é um jornal sério, cujos colaboradores são basicamente acadêmicos. *Mystic Journeys* é mais geral, recheado de ficção, poesia, receitas, entrevistas e revisões de livros e filmes. *Mystic Journeys* é um dos mais antigos e estabelecidos zines on-line — ele foi lançado em 1996. É um de centenas de zines on-line com grande quantidade de temas e ênfases.

Então, há o recurso chamado *Wiccan/Pagan Times* (*TWPT*), um zine on-line que promove a "comunidade pagã através da Arte, literatura e música".[16] O *TWPT* — que publica entrevistas de autores, ensaios, revisões de livros e música, listas de leitura, roteiros de ritual e notícias — foi fundado

- *Caridade*: O DrakNet acredita que qualquer empresa que sirva a uma comunidade religiosa precisa ter o conceito de caridade e filantropia como uma de suas pedras fundamentais. O DrakNet vai lutar para servir a comunidade em caridade e filantropia, financeira e tecnicamente tanto quanto puder, sem deliberadamente manipular ou explorar tais atos para se promover.

- *Honestidade*: O DrakNet vai se esforçar para manter a honestidade em todas as suas relações com clientes, bem como com a mídia. Qualquer cliente de qualquer empresa merece uma resposta franca às questões ou uma apresentação franca dos fatos durante qualquer troca de energia, seja essa energia representada por dinheiro ou não.

- *Integridade*: O DrakNet sustenta que irá se esforçar para se manter nesses princípios fixados, bem como nos códigos de ética e moralidade de nossos próprios caminhos pagãos individuais.[12]

por Boudica e Imajicka, um casal que queria criar um lugar onde Pagãos pudessem compartilhar idéias, expressar opiniões livremente e disseminar informações "em uma atmosfera de cooperação e com espírito positivo". O *TWPT* não apoiará nenhum caminho espiritual específico, mas em vez disso fornecerá aos seus leitores as ferramentas necessárias para "aprender mais sobre as infindáveis variações de temas que existem na comunidade Wiccaniana/Pagã de hoje". O objetivo da zine é atuar como uma fonte de links para a informação Pagã, onde quer que ela se encontre na internet. Seus fundadores acreditam que:

> Isto, ao contrário, irá criar um Wiccaniano/Pagão educado para a variedade de caminhos que existem e os problemas que se apresentam para cada um deles em nossa sociedade moderna.
>
> Justamente por isso, sentimos que é nosso direito expressar os sentimentos e as opiniões que temos sobre aquilo que gostamos ou desgostamos nos acontecimentos atuais da comunidade Wiccaniana/Pagã. Faremos isso de uma maneira positiva e construtiva, assim estaremos promovendo crescimento e o aprendizado dentro de nossas respectivas comunidades.[17]

Quando iniciaram o *TWPT*, em 1999, Boudica e Imajicka viviam na Pensilvânia; eles hoje residem em Ohio. Seu projeto, como muitos sites pagãos, é um trabalho de amor. Ambos têm seus empregos e o dinheiro para hospedeiro na internet, compra de software e postagens sai do bolso deles. Embora o *TWPT* seja, tecnicamente, uma entidade com fins lucrativos, o único pagamento que eles recebem são pequenas comissões de seus links para a Amazon.com. Imajicka explica porque escolheram operar dessa maneira:

Tecendo os fios: redes de comunicação

Se o que fazemos toca outras pessoas (...) então somos gratos, mas jamais enviaremos pedidos de dinheiro (...) Vamos continuar com o site até não podermos mais levá-lo adiante, ou até que ele não seja mais necessário. O tráfego no site é uma boa indicação de quando você toca um ponto importante ou descobre uma necessidade dentro da comunidade que precisa ser suprida. Nosso tráfego tem mostrado um crescimento lento e firme nos dois anos que se passaram, e ele não apresentou nenhum sinal de redução até agora.

Imajicka continua e reflete sobre o formato do zine:

Cada geração estará muito mais familiarizada que a anterior com a busca por informações na internet, assim, em vez de despendermos tempo e dinheiro tentando publicar uma versão impressa do *TWPT*, aprendemos as vantagens e desvantagens da criação de uma página na internet e nos esforçamos para tornar o conhecimento disponível através dela para o país e o resto do mundo. Por não ter visto entrevistas com autores com alguma regularidade em outro lugar na rede, eu também quis apresentar aos leitores de livros pagãos os autores que os criaram — surgindo, assim, o Canto dos Autores. Nós desenvolvemos uma relação tão boa com os autores que entrevistamos que eles continuam associados ao *TWPT* e contribuem com artigos para o site.

Quando pedi a Imajicka para descrever a inspiração por trás da *Wiccan/Pagan Times*, ele me disse que ele e Boudica foram motivados pelo "desejo de passar nossos conhecimentos a todos que poderiam estar apenas começando e não saberiam a quem recorrer. Também gostamos de achar que fornecemos informações que se estendem além do básico sobre Wicca/Bruxaria, que toquem a todos que estão no caminho há mais tempo". Dessa forma, o zine tem mantido seu atrativo para "um grupo fiel de leitores que não precisa deixar o que tinha há alguns anos à disposição em busca de coisas novas em outros sites".

Quase todos os sites Pagãos (incluindo o meu) trazem ao menos uma bibliografia de trabalhos que os donos dos site acham importante, ou que tiveram grande influência em suas práticas e compreensão. Mas, de todos os zines Pagãos on-line que encontrei, o *TWPT* é o que dá a maior ênfase aos livros e autores. Imajicka explica:

> Creio que, em muitos casos, todos aqueles que são novos no caminho terão sua primeira exposição à Arte por meio de um livro ou alguma outra forma de material escrito. Isso coloca a literatura no topo da minha lista de coisas para expor aos nossos leitores. Novos livros, novas idéias, novos autores que eles talvez não conheçam, antigos autores que eles devem conhecer se desejarem saber de onde a Wicca/Bruxaria veio e para onde podemos ir nos próximos anos. Creio que ler sobre como muitos dos autores encontraram sua via neste caminho irá demonstrar que as escolhas são infinitas, e que nenhum caminho é absolutamente correto.

As entrevistas do Canto dos Autores do *TWPT* são extensas. Entrevistador e entrevistado travam uma conversa longa e abrangente, e ela é gravada na íntegra. Por essa razão, as entrevistas são relativamente complexas e cheias de nuances; elas permitem ao leitor captar a personalidade que reside atrás do título de um livro sem a mediação de um jornalista. Ao selecionar os temas das entrevistas, o *TWPT* considera para a matéria o título de um livro e a influência de um autor na comunidade, em seu estágio atual e forma-

Tecendo os fios: redes de comunicação

tivo. Mas o zine também se propõe a entrevistar autores que ainda não foram apresentados à comunidade, e autores que apresentam perspectivas alternativas sobre um tema proposto.

Perguntei a Imajicka se o *TWPT* sentia necessidade de se manifestar a favor de um partido político, e ele me respondeu que apesar de muitos outros sites pagãos terem se expressado politicamente, o *TWPT* se mantinha à parte disso. Eles não têm nenhum interesse em dobrar seus esforços. Ele e Boudica também evitam desentendimentos em seu site, preferindo estabelecer as disputas via e-mail. Perguntei ainda se havia algum site, projetos ou pessoas que o *TWPT* se sentisse tentado a se opor publicamente, e Imajicka respondeu:

> Não recomendaríamos sites que são criados sem nenhuma preocupação, que não são atualizados regularmente, aqueles que promovem qualquer tipo de abordagem depreciativa a outras religiões e caminhos e, por último, aqueles que plagiam o trabalho de outros autores. Não os denunciaríamos publicamente em nosso site; simplesmente, não os listaríamos em nenhuma de nossas páginas nem os recomendaríamos se pedissem nossa opinião sobre eles. Já vimos o suficiente dos bastidores, e há muitas coisas que você não gostaria de ver discutidas em um fórum aberto onde qualquer pessoa pode ler. Ao ler essas opiniões, essa pessoa então vai tirar conclusões sobre toda a comunidade baseada em opiniões que raramente representam a maioria da comunidade.

O que Imajicka observa no meio pagão on-line é verdade também em relação ao resto do mundo on-line: opiniões variam amplamente e são sempre expressas de uma forma destrutiva. E isso é mais predominante na cibercomunicação do que na discussão cara a cara. A diplomacia do *TWPT* a esse respeito, assim como a do *Witchvox* e do DrakNet, é um forte indicador da crescente maturidade do movimento pagão. O *TWPT* é apenas mais um entre as centenas de sites desenvolvidos por indivíduos, covens, tradições e outros grupos para criar uma rede de comunicação e moldar a cultura pagã, no ciberespaço e no mundo real.

RADIODIFUSÃO ON-LINE

Porém, um outro fenômeno a brotar da internet é a radiodifusão on-line. Entre as muitas pessoas que me ajudaram a escrever este livro e alcançar um melhor entendimento da internet estão dois amigos Bruxos locutores de rádio on-line: Sandy Johnson e Mark Kelly.

Sandy, da Fellowship of the Earth (Irmandade da Terra), em Modesto, Califórnia, apresenta uma das mais novas transmissões de Bruxaria, *The Talking Stick*.[18] Sandy explica que a transmissão on-line não depende de ondas hertzianas, como as rádios AM e FM. Ela requer muito menos equipamento — tudo o que um radialista precisa é de um computador, uma conexão com a internet e algum software simples. Some criatividade ao conteúdo e qualquer um pode criar sua própria estação on-line, dando aos ouvintes uma boa alternativa às rádios comerciais dominadas pelas grandes corporações.

Mark, criador e apresentador da Earth Radio International (ERI), transmite notícias de Bruxaria, palestras e informações de um computador em Seattle.[19] Sua missão é "reconhecer e celebrar a maturidade das comunidades Wiccanianas e Pagãs no mundo de hoje, para proporcionar um lugar não apenas para informar o que está acontecendo, mas também para estabelecer a direção para a Wicca e outras religiões Pagãs no futuro". Ele compartilha seus pensamentos sobre rádio on-line e comunicações pela rede:

Tecendo os fios: redes de comunicação

A estação on-line traz a voz humana para a internet, um mundo criado por textos e imagens. As sutis variações de convicção, o som de um sorriso — nada disso é possível com meras palavras na tela do computador. Ouvir um outro ser humano fortalece o impacto da mensagem. Este é o poder real das estações on-line: a voz humana.

A internet é algumas vezes chamada de "a imprensa do povo". O poder da imprensa, uma influência que não é pequena numa sociedade democrática, está rapidamente disponível para qualquer um que tiver acesso a um computador e conexão com a internet. Se as páginas na rede são a imprensa do povo, as estações de rádio on-line são a voz desse povo. Com um microfone de 15 dólares e um software gratuito, qualquer pessoa com boca e um pouco de imaginação pode ao menos se equiparar a Edward R. Murrow, Walter Cronkite ou "Dra." Laura.

Até agora, como Mark aponta, a radiodifusão on-line está limitada pelo fato de só poder ser recebida em um outro computador. Isso não possibilita a mobilidade da radiodifusão regular. Como Mark explica, você pode ouvir uma estação de rádio tradicional "em seu carro ou em qualquer lugar com rádios portáteis e fones de ouvido". Mas, enquanto as rádios tradicionais estão confinadas a uma transmissão dentro de uma dada área geográfica, a única restrição quanto à radiodifusão on-line é a **banda larga**. "Banda larga é crucial para a radiodifusão on-line — quanto maior a capacidade, mais dados você pode acessar e com mais rapidez. Alguém que tenha uma conexão de alta velocidade pode transmitir com uma qualidade maior e mais rápido do que, digamos, aquele que está limitado a uma conexão discada. Há diversos serviços disponíveis, gratuitos e pagos, que permitem aos usuários acessar suas estações sem seus servidores e banda larga."

BANDA LARGA: A quantidade de dados que pode ser transferida em um limite fixo de tempo. Para os aparelhos digitais, a banda larga é geralmente expressa em bits por segundo (BPS), ou bytes por segundo. Para aparelhos analógicos, a banda larga é expressa em ciclos por segundo, ou hertz (HZ).[20]

Claramente, as transmissões dos rádios tradicionais e on-line têm suas vantagens e desvantagens, mas Sandy prefere interagir com a comunidade Pagã além de sua localidade imediata, uma escolha que ela considera positiva.

Ser capaz de ouvir uma estação que combine com seus interesses apenas soma uma outra dimensão à experiência on-line. Uma pessoa na Dinamarca que gosta de um certo estilo de música e programação pode sintonizar no mesmo programa que alguém em Akron, Ohio, também está ouvindo. Isso leva à (se o show ou programa é ao vivo) interação entre pessoas de diferentes locais do mundo que foram reunidas por interesses semelhantes que as fez sintonizar na estação on-line. Esse é um outro modo de oferecer entretenimento ou educação no qual você pode participar enquanto passeia pela internet. Você pode ouvir estações on-line e fazer pesquisas, verificar e-mail ou outros serviços relacionados à internet e ouvir uma programação única e diversa ao redor do mundo. É uma outra forma de unir as pessoas, compartilhar informações e celebrar a diversidade através de um estímulo dos ouvidos.

Mark concorda. "Pela primeira vez na história, Wiccanianos e Pagãos podem ser auxiliados pela mídia e radiodifusão, e assim ter acesso a um público mundial." Mas ele também acrescenta que, "do ponto de vista da mídia corporativa", os Wiccanianos e os Pagãos são "um público ruim":

Estamos espalhados por todo o mundo, há poucos de nós se compararmos com as outras pessoas, e temos interesses especiais que não são compartilhados com os grandes seguimentos do mercado. Da perspectiva da base, é impossível alcançar todos com um programa de "garantia de entrega no prazo", somos muito fragmentados, e não existe uma quantidade de nós que seja suficiente para nos tornar atraentes para anunciantes com muito dinheiro.

A rádio da internet — com sua natureza "exigente", produção e custos de armazenamento relativamente pequenos — e sua capacidade de alcançar comunidades ainda menores pelo mundo se ajusta de forma excelente com a comunidade Pagã e Wiccaniana. Programas como *Earth Radio International* geralmente procuram apenas repor custos de produção e armazenagem, para então poder atender objetivamente o público Pagão e proporcionar às pequenas companhias Pagãs uma alta audiência a preços que elas possam pagar. A rádio da Internet é um exemplo excelente da independência do mundo Pagão.

MÚSICA PAGÃ ON-LINE

Quando se trata de música, a internet também exerceu um impacto significativo na cultura dos Bruxos e Pagãos em geral. Há todos os tipos de músicos, cantores, compositores que buscam inspiração em suas vidas Pagãs. Muitos recriam formas musicais antigas e tradicionais de todo os lugares do mundo, dos ragas da Índia ao penetrante ritmo irlandês. Uma empresa na internet chamada Serpentine Music comercializa exclusivamente música Pagã de todos os gêneros musicais: das raízes populares às madrigais, da música gótica ao trance.[21] Mark Kelly observa que, "se há uma forma de música, haverá alguém, em algum lugar, tocando-a com um estilo Pagão".

Mark também destaca que "a rádio na internet trouxe oportunidades sem precedentes para os ouvintes Pagãos e, o mais importante, novas oportunidades de marketing para os músicos Pagãos". Os músicos criam seus próprios sites, estabelecem links com o *Witchvox* e outros recursos, se apresentam em festivais e convenções e produzem seus próprios

CDs. A música Pagã está florescendo e, portanto, Mark nos conta que não é difícil disponibilizá-la na internet:

Provavelmente, o site de música mais visitado da internet é o MP3.COM, um site que permite aos aspirantes a locutores de rádio reunir suas músicas independentes favoritas em "estações" que transmitem aos ouvintes conectados. Todos os tipos de música são representados e agrupados pelo construtor da "estação de rádio".

Uma das estações Pagãs mais ouvidas da MP3.COM é a Above a Star.[22] Tony T., dono e programador do site, dá uma demonstração do melhor da música pagã disponível hoje em dia.

Muitos radiodifusores estão disponibilizando músicas pagãs em outro site gratuito, o Live365.com.[23] O WGDS, "Goddess Internet Radio", é um outro ponto de divulgação da música pagã.[24]

Muito do que torna a internet o mercado perfeito para as idéias Pagãs se aplica ao seu papel na proliferação e no sucesso comercial da música Pagã. Impossibilitados de assinarem contratos com gravadoras, muitos artistas pagãos estão se voltando para a produção e promoção de si mesmos. Esses empresários escrevem e gravam sua música, disponibilizam-na pela internet e se associam a planos de marketing corporativos que permitem aos usuários adquirir CDs feitos de acordo com a demanda.

ORGANIZAÇÕES DE ESTUDANTES PAGÃOS

Alguns anos atrás, encontrei um druida hereditário em uma lista de discussão. Ele era membro da Associação de Alunos Pagãos na Universidade Cornell, em Ithaca, Nova York. Na época, eu estava planejando viajar para o nordeste, realizar workshops, e meu amigo de lista de discussão me convidou para fazer uma apresentação em sua associação.

Tecendo os fios: redes de comunicação 135

Logo depois, encontrei alguns membros da Associação de Alunos Pagãos da Ohio State University em um festival em Ohio. A associação deles publica um zine quadrimestral chamado *Paths Less Traveled*, editado por SilverPeace, disponível on-line e em cópia impressa. SilverPeace me entrevistou em uma edição, e uma das perguntas que me fizeram foi se eu tinha pertencido alguma vez a um grupo de alunos Pagãos. A pergunta me deixou surpresa. Ela também me agradou, porque, como expliquei, quando estava na faculdade, esses grupos não existiam. Naquela época, os Pagãos raramente se referiam a si dessa forma. Não havia Bruxos à solta. A mim parecia que todo mundo era cristão ou judeu, à exceção de alguns alunos estrangeiros — budistas, muçulmanos ou hindus. Mesmo que existissem algumas organizações estudantis de religiões convencionais, a espiritualidade geralmente não recebia muita atenção.

Então, no início da década de 1990, a Alta Sacerdotisa da Arte, Judy Harrow, da cidade de Nova York, recebeu a visita de alguns alunos da Universidade do Estado de Nova York em New Paltz, e eles perguntaram se ela poderia atuar como uma conselheira religiosa para um grupo que eles queriam fundar. Os estudantes idealizaram a função de Judy como a de um sacerdote católico na Newman Society, ou a de um rabino em Hillel. O projeto do grupo da SUNY em New Paltz nunca saiu do papel, mas em anos recentes o Covenant of the Goddess vem desenvolvendo um programa de associados que auxilia alunos Bruxos.[25]

Hoje, irmandades em centenas de universidades e campus de faculdades reúnem Pagãos. Eles promovem encontros, palestras, workshops, grupos de discussão e até sabbats e rituais lunares. Alguns grupos são pan-pagãos e outros se concentram em um caminho particular — como Bruxaria, magia cerimonial ou druidismo. Para encontrar uma lista dessas irmandades, vá ao *Witchvox*. É emocionante ver tantos jovens curiosos explorando caminhos pagãos num ambiente patrocinado por suas universidades. Esse fenômeno é para mim, uma espécie de Bruxa da velha guarda, algo notável.

O PROJETO DEUSA 2000
(G2K – GODDESS 2000 PROJECT)

Durante um ritual de lua cheia no princípio de dezembro de 1998, Abby Willowroot teve uma visão. Ela viu pessoas em todo o mundo criando grandes estátuas, pinturas, labirintos e todos os tipos de imagem da Deusa; ela também os viu celebrando suas criações juntos. Abby transformou essa idéia no Projeto Deusa 2000.[26]

Abby, uma artista que trabalha no meio da mídia, também criou o Spiral Goddess Grove, um templo virtual da Deusa, em 1997.[27] Os internautas que visitaram o santuário — e o número de visitantes cresceu rapidamente — assinaram o livro de visitas e inspiraram Abby a expandi-lo. O santuário tornou-se um lugar popular para meditação, paz e aprendizados para o povo da Deusa de todos os níveis de experiência.

Abby começou a desenvolver um site para o Projeto Deusa 2000. Movida pelo seu próprio entusiasmo e pelo entusiasmo gerado pelo Spiral Goddess Grove e seus visitantes, ela divulgou *press releases*, conseguiu patrocinadores, idealizou camisetas, canecas, adesivos de carros, criou a demonstração de cartões-postais artísticos da Deusa e programou uma celebração de solstício de inverno do Projeto Deusa 2000. O projeto foi descrito como "um evento comunitário que procura incluir todos os que celebram o espírito da Terra, a Deusa, pagãos, diânicos, wiccanianos, asatru, yorubá, heathen, espiritualidade indígena e outros povos relacionados"; as pessoas vão se unir "para celebrar o retorno da Deusa, se concentrando nas crenças compartilhadas, não nas diferenças". Abby afirma que foi a internet que tornou "esse maravilhoso tributo à Deusa" possível. Ela diz que "a magia da conexão eletrônica permitiu que eu me comunicasse facilmente com o povo da Deusa instantaneamente, e isso tornou possível a coordenação desse tipo de evento internacional de pessoas comuns".

Os co-patrocinadores do Projeto Deusa 2000 são *The Witches' Voice*, Circle Sanctuary (Santuário do Círculo) e o Covenant of the Goddess (Convenção da Deusa). Siga o fio até o Capítulo 7, que se refere aos rituais on-line, para saber como o ritual de solstício de inverno foi criado por tantos colaboradores, após projetado por Abby e por mim, e realizado por todo o mundo. O Projeto Deusa 2000 continua, e agora tem participantes em cada estado norte-americano e em 56 países.

TRABALHO INTER-RELIGIOSO

Em meio a tantos outros trabalhos enriquecedores que resultaram da internet, o trabalho inter-religioso — local, nacional e internacionalmente — emergiu como uma força social importante. Durante a Feira Mundial de Chicago, de 1893, aconteceu um evento chamado Parlamento das Religiões do Mundo. Líderes religiosos de todo o mundo participaram. Um desses participantes era Vivekananda, fundador da Sociedade Vedanta, uma comunidade religiosa localizada na Índia. A presença de Vivekananda em Chicago abriu um canal para o Oriente, introduzindo pensamentos orientais nas religiões ocidentais.

Um século depois, em 1993, um segundo parlamento foi realizado em Chicago. Como condiz com a nossa época, o

Parlamento das Religiões do Mundo de 1993 foi ainda mais diverso do que a versão de 1893. Representantes de todas as religiões do mundo virtualmente conhecidas, exceto aquelas praticadas por algumas (mas não todas) tribos isoladas, estiveram presentes. Entre os participantes estiveram representantes de pelo menos cinco organizações pagãs: Covenant of the Goddess, Circle Sanctuary, EarthSpirit Community (Comunidade Espírito da Terra) e a Fellowship of Isis (Irmandade de Ísis). Isso marcou uma grande mudança na cultura da Bruxaria. A partir daquele momento, saímos das sombras para caminhar sob a luz do Sol e trabalhar amigavelmente com outras tradições de fé. Fomos bem recebidos. Não fomos incomodados. Nós, Bruxos, nos tornamos amigos de outros participantes. Aprendemos sobre cada uma das outras religiões sem desdém ou descrença, mas em amizade, com mentes e corações abertos.

Um total de 7.500 pessoas participaram do parlamento. Um grupo de 250 palestrantes promoveu séries de encontros fechados. Eles foram traduzidos pela "Assembléia do Parlamento", e entre os palestrantes estavam o Dalai Lama e o Papa (representado por um cardeal atuando como *núncio papal*). A CoG, Circle e EarthSpirit estavam representadas por Deborah Ann Light, uma anciã em todos os três grupos. A assembléia discutiu e aprovou um documento chamado "Rumo à Ética Global: Uma Declaração Inicial", que declarou que todas as tradições de fé do mundo compartilham de certas normas de comportamento ético.[28]

O parlamento de 1993 foi um sucesso sem precedentes para os pagãos. Daquele ponto em diante, o neopaganismo passou a ser reconhecido como parte da cena religiosa norte-americana. Mudamos de um grupo marginal para uma religião minoritária.

Tecendo os fios: redes de comunicação

A assembléia continuou a se encontrar depois de 1993, preparando-se para o próximo parlamento. Em 1998, os pagãos Don Frew, do CoG, e Selena Fox, do Circle Sanctuary, foram convidados para fazer parte dele; o número de membros da assembléia subiu para 350.

O parlamento seguinte foi feito em Cape Town, África do Sul, em 1999, e celebrou o fim do Apartheid.[29] Bruxos e pagãos representando o CoG, Circle, EarthSpirit Community e outras organizações participaram novamente. Muito do planejamento e discussão aconteceu via e-mails, listas de discussão e sites.

A assembléia de 1999 discutiu e aprovou um documento intitulado "Um chamado para nossas Instituições Diretivas", que demonstrou sugestões práticas para implementar a ética global.[30] A comunicação em rede no parlamento de 1999 resultou na criação de centenas de "dádivas do trabalho" ao redor do mundo — projetos baseados em recursos inter-religiosos voltados aos males sociais e ambientais.

O entusiasmo gerado pelo parlamento de 1993 também levou à criação de uma nova organização inter-religiosas cuja missão é facilitar a cooperação inter-religiosa futura: a United Religious Initiative (URI, ou Iniciativa das Religiões Unidas).[31] Fundada pelo bispo William Swing, da diocese episcopal de São Francisco, a URI passou a existir oficialmente quando seu estatuto foi assinado em junho de 2000. A organização já tem mais de 150 grupos, ou "círculos de cooperação", ao redor do mundo. Os pagãos são uma presença ativa na URI e PWR, assim como em outro grupos regionais inter-religiosos. Cada um desses grupos tem uma forte presença na internet e prospera usando essa tecnologia.

Utilizando fios pessoais luminescentes, Carol Maltby vivenciou a inter-religiosidade desde seus primeiros dias online. Ela tem mais experiência em diálogos inter-religiosos do que a maioria dos Pagãos. Ela é "conhecida" como Bruxa usando seu nome de verdade em todos os lugares — no mundo virtual e real. "Nunca tive nenhum aborrecimento por causa disso, mesmo sendo uma das duas pessoas com esse nome no país, o que me faz ser facilmente localizável — especialmente porque sou freqüentemente específica quanto à região onde resido em minhas mensagens. A única exceção a essa política se dá on-line com alguns fundamentalistas da pesada que são bem armados, onde sou conhecida por um nome mais discreto (...) por razões de segurança."

Carol sente que o trabalho inter-religioso é um dos aspectos mais importantes da ação on-line. Ela tem ao menos dois sacerdotes cristãos como amigos e mentores. Essas pessoas se tornaram tão importantes em sua vida que ela os equipara aos seus mentores pagãos: "Embora bebamos de diferentes fontes, há uma reserva profunda de sabedoria de onde todos bebemos que nos nutre, bem como à nossa comunidade."

Carol conheceu esses sacerdotes anos atrás, pelo Fórum de Religiões da Compuserve.

> Um havia entrado na seção pagã por curiosidade e o outro eu conheci na seção de budismo, um interesse que ambos compartilhamos (...) Um lidera uma congregação tradicional no Meio-Oeste; o outro foi casado com uma Bruxa e trocou o estilo de vida ateísta e político em São Francisco por uma visão experimental do Jesus que apareceu para ele (abandonou o ateísmo e mantém sua visão política radical). Eu amo esses homens como meus irmãos. Eu já encontrei os dois, mas cada vez que isso acontecia um de nós acabava dirigindo por quatro horas para estar "na vizinhança do outro".

Tecendo os fios: redes de comunicação

Com esses dois amigos, Carol sente um nível de confiança e honestidade igual ao que ela sente com seus companheiros pagãos mais confiáveis, e ela se sente feliz de poder incluí-los em seu círculo particular de trabalho. Entre os cristãos que Carol encontra na internet, ela sente uma disposição de "não apenas tolerar, mas abraçar nossas diferenças":

Eles compreendem que religião é uma questão de foro íntimo, e que o que funciona para uma pessoa pode não ser correto para outra. Eles também têm ciência de que, de certa forma, as estruturas e esquemas de sua vida religiosa podem não servir às suas comunidades espirituais sempre da mesma forma, uma concepção da comunidade pagã também é explorada à medida que nos tornamos mais aceitáveis pelas correntes vigentes. Juntos, exploramos o que funciona em nossa comunidade espiritual e o que pode precisar de aperfeiçoamento.

Essa abertura Carol atribui a "uma boa vontade, de ambos os lados, para explorar o uso de vocabulários mais inclusivos para descrever nossa experiência". É sobre esse fundamento que a inter-religiosidade bem-sucedida deve ser construída. Como Carol explica: "Por saber que a Deusa é apenas um aspecto do inominável Ser Criador, quando estou em um meio misto e falando sobre espiritualidade eu digo com freqüência o termo *Divino*, como uma forma muito mais inclusiva de indicar Deus/Deusa. Sim, nuances de vocabulário importam quando estamos fazendo um trabalho educacional e explicando termos, mas não podemos permitir que eles nos separem das pessoas com as quais estamos tentando nos comunicar."

Como Carol, eu defendo sair do armário de vassouras on-line "de uma forma que não torne o fato tão importante".

Desconhecer quem somos e aquilo que fazemos é o que leva as pessoas a nos temerem, assim, quando eles descobrem que somos seus colegas de trabalhos ou um vizinho, que habitamos o mesmo mundo deles, podemos ir contra a ignorância e afastar o medo. Carol fala mais sobre isso:

> Talvez sejamos os únicos Bruxos que a maioria das pessoas vai encontrar por toda a vida, mas centenas de pessoas que estão "à espreita" on-line podem silenciosamente formar uma opinião sobre Bruxos baseadas em como nos expressamos on-line (...) Algumas vezes, não há esperança de diálogo, e achamos que o melhor que podemos esperar são dois monólogos corrosivos. Alguns podem enxergar isso como um substituto para o rúgbi ou o combate de gladiadores no Coliseu, mas acho isso uma perda de tempo e energia. Quando isso acontecer em público, simplesmente lembre-se de que há pessoas ao redor que estão observando e formando suas opiniões sobre os Pagãos com base nesse encontro, e tente manter o bom humor e graça em vez de demonstrar raiva e frustração.
>
> Já saí de alguns desses (encontros com cristãos) chocada com o ódio e a intolerância que encontrei, mas também os achei úteis porque passei a conhecer algumas das partes da Bíblia que não conhecia.
>
> Sites on-line têm sido fontes terríveis de crítica textual da sabedoria bíblica direcionadas a não-cristãos, e eles oferecem um fascinante vislumbre das inconsistências da Bíblia. Algumas delas podem ser úteis para réplicas quando lidamos com cristãos conservadores que não vivem e não deixam viver, tal como os sites daqueles cristãos que acham que cristãos não deveriam celebrar a Páscoa ou o Natal. Creio que se há cristãos dos quais temos de nos defender, a internet oferece recursos valiosos para entendermos melhor seu mundo e usar as próprias crenças deles para influenciar sua conduta.

Tecendo os fios: redes de comunicação

Se alguns sites cristãos, muçulmanos ou outros sites religiosos fomentam a intolerância e a aversão — ou ao menos a incompreensão —, o mesmo acontece com alguns sites e artigos Pagãos. Eles exibem um fanatismo que é raro entre pagãos e refletem pouco do próprio movimento Pagão de maneira geral. Ainda que possamos compreender os motivos que levam a essas atitudes, elas são inaceitáveis. Carol afirma que é interesse de cada Pagão promover um diálogo construtivo: "Cada associação positiva que diz respeito aos pagãos como indivíduos significa uma expansão da idéia que pode beneficiar e proteger todos nós, que não somos o 'outro', um desconhecido a ser temido."

Spellweaver, uma Bruxa de Massachusetts, viu uma oportunidade de fazer um bom trabalho inter-religioso quando ela estava no WidowNet, um grupo de bate-papo/boletim informativo para viúvas e viúvos.

Quando ficou aparente a alguns membros da lista que eu não era cristã, eles ficaram curiosos sobre minha crença. Isso me colocou numa posição de explicar a Wicca/Paganismo. O que gerou várias discussões interessantes sobre as diferenças entre nossa fé e, claro, como elas se relacionam às nossas crenças de vida após a morte — reencarnação *versus* paraíso, e assim por diante —, e também como nossas diferentes crenças nos traziam conforto.

Em geral, foi interessante e instrutivo para todos os participantes. Creio que muitas pessoas saíram da conversa com uma compreensão mais ampla sobre o Paganismo, bem como sobre sua própria fé. Mesmo quando você pensa que sabe no que acredita, há algo sobre o ato de escrever — ter tempo de formular o que aquelas crenças representam, captar a essência delas e saber expressá-la de modo claro em poucas sentenças ou parágrafos — que ajuda a sedimentar essas crenças dentro da mente e do coração.

Carol profere o seguinte resumo incisivo em relação à questão de inter-religiosidade: "A polinização cruzada pode fortalecer não só a nós, mas também a todos os que compartilham das mesmas idéias."

As experiências de Carol e Spellweaver demonstram um pouco sobre como os fios que ligam Pagãos e não-pagãos podem ser tecidos. Minha co-conspiradora Lhiannon, proprietária do DrakNet, apresenta ainda uma outra forma. Ela aprendeu profundas lições de tolerância religiosa ao se corresponder com um astro de rock cristão, um homem com o qual ela compartilha aquilo que descreve como "a amizade mais bizarra da face da Terra (...) o cristão conservador e a fã Bruxa". Ao desenvolver uma paixão intensa por ele, Lhiannon visitou seu site e ela verificou o quadro de avisos. Em suas postagens, a estrela do rock, um mórmon, expressou opiniões políticas das quais Lhiannon discordou. Um debate se instaurou, diz Lhiannon, e "se arrastou por páginas e dias, culminando finalmente numa profunda discussão de que havia uma realidade universal de certo e errado que transcendia as religiões. Nós dois argumentamos como políticos experientes, arremessando farpas e leves insultos um ao outro — aquilo foi muito divertido".

A conversa dos dois passou para o e-mail privado e continuou por meses. Quando o astro do rock descobriu que Lhiannon era proprietária de uma empresa de hospedagem na rede e tinha toda a tecnologia necessária a uma empresa para ela se estabelecer na internet, ele pediu seu conselho profissional sobre o que ele poderia melhorar em seu site. Poucas semanas depois, o astro decidiu que queria fazer uma salsa de bate-papo para fãs. Lhiannon disponibilizou uma sala de bate-papo e a moderou para ele, permitindo que ele pudesse interagir com seus fãs. Lhiannon conta: "Depois de um bate-papo, estávamos ainda na AOL (mensagem instantâ-

Tecendo os fios: redes de comunicação

nea) juntos, e começamos a conversar um com o outro. Durante aproximadamente três horas falamos sobre religião, política e moralidade. Ele me perguntou sobre Wicca e falou sobre como desejava mudar o rock."

Lhiannon diz que esse diálogo no bate-papo on-line noturno "foi uma das conexões mais interessantes que eu já fiz na internet". Mas, então, ela começou a ficar desconfiada. A cordialidade do homem deixou-a confusa, e ela se perguntava por que um astro do rock, cristão e conservador, estaria conversando com alguém como ela. Ela suspeitou que ele estivesse tentando convertê-la. Infelizmente, a reação de Lhiannon não é incomum entre os Pagãos.

Mais ou menos na mesma época, o astro de rock suspendeu temporariamente as conversas para se dedicar à gravação de um álbum. Lhiannon foi deixada em companhia de seus próprios preconceitos. Na ausência dele, ela tentou afastá-lo de sua mente e se distanciar dela. Ela passou a vê-lo menos como pessoa e mais como rótulo. Assim, na época em que o astro voltou a contatá-la, Lhiannon se tornou reservada e até mesmo hostil. Pouco tempo depois, após um desentendimento ridículo, ela explodiu e pediu que ele não a contatasse mais. Em seguida, ela refletiu sobre a atitude que havia tomado e passou a apreciar a amizade genuína que havia entre eles. Ela agora pondera: "Será que somos tão treinados para esperar discriminação que nos convencemos dela? É possível que a provoquemos? Será que confundimos a ignorância sobre nossas crenças com desaprovação, as discordâncias com nossos Deuses com rejeição ao nosso caminho?"

Lhiannon descreveu essa experiência em um fórum on-line chamado Themestream: "Tantas pessoas me pediram para contatá-lo e pedir desculpas que eu acabei fazendo isso.

Ele me ligou de volta e desculpou minha indelicadeza, então voltamos a nos falar novamente."[32]

Inúmeras vezes ouvimos o som dos fios se unindo, a voz dos pagãos na internet. Fritz, do *Witchvox*, nos lembra:

O aumento da comunicação tem sido algo maravilhoso para esta comunidade. Com o advento da internet, o poder pertencente a poucos foi devolvido ao povo da comunidade. Tenho observado que isso não é (parece) bom para alguns da velha guarda. Em contrapartida, muitos da velha guarda estão vibrando com as mensagens instantâneas, os escritos inspirados e a poderosa rede de comunicação do ciberespaço. Uma coisa é certa: você não pode negar a mudança — ela é constante.

Capítulo 4

Avivando os filamentos: divindade e "teísmos"

O fio da divindade tornou-se visível em muitos pontos da trama que é este livro, começando no Capítulo 1, no qual falamos sobre o povo da internet. Pagãos acreditam em vários "teísmos". Somos panteístas, panenteístas, politeístas, henoteístas, monistas e, até mesmo — embora raramente —, monoteístas. Como se isso não fosse confuso o suficiente, muitos de nós falam de "tealogia", uma forma feminina de teologia.

A maioria de nós vivencia o divino como imanente, em vez de transcendente, contudo também podemos experimentar o divino em formas que transcendem e de maneiras que transformem. Vemos a divindade *dentro* do mundo e *como* o mundo; o mundo não está separado do sagrado. Em seu excelente livro, *Pagans and Christians: The Personal Spiritual Experience*, Gus diZerega nota que "o mundo nunca está completamente separado do sagrado, e então ele possui valores intrínsecos que somos obrigados a respeitar e que são um pouco independentes de nossas próprias preferências". Ele, em outro momento, explica: "Quando vemos a espiritualidade Pagã como um todo, encontramos uma extensa ênfase nessa questão. Algumas pessoas enfatizam a dimensão Divina transcendente (...) Outras preferem enfatizar mais as dimensões espirituais imanentes (...) Mas ao menos todas as tradições pagãs reconhecem a existência de ambas as dimensões."[1]

Os panteístas vêem o divino em tudo, acreditam que Deus é onipresente. Eles concebem o universo físico como divino em sua totalidade. Uma de suas visões é a imanência. Os panenteístas, no entanto, concebem o divino das duas formas, como transcendente e imanente. Vou-me descrever como panenteísta. Percebo a Deusa preenchendo e imbuindo todas as coisas, incluindo meu próprio ser. Eu a vejo no vasto horizonte, em rios cintilantes, nos gansos que migram e em passeios pela calçada na cidade; ela existe para mim nas latas de lixo, no correr das ratazanas e nos rubis vermelhos brilhantes. Ela está lá na aurora boreal, em bosques de sequóias e na bolsa de uma mulher. Eu a ouço no barulho de uma estrada e nos ruídos do mar, no grito estridente da presa do falcão e no arrulhar do pombo. Seu aroma surge de um amontoado de esterco e do jardim de rosas, do pântano e do lótus. Eu a respiro a cada inspiração, e caminho no tempo ao seu passo.

Se panenteísta é um termo apropriado para descrever minha crença e experiência, politeísta também é. Meu nome vem de Macha da Irlanda. Meus escritos são guiados por Brigit, meu computador é guardado por Ganesha, meu carro é Nuit Urania, eu participo regularmente do Kali Pujas na lua nova. Hermes me auxilia em minhas conexões na internet. Sekhmet tem falado comigo através da chuva, do vento, do trovão e dos raios. Sou como muitos Bruxos nisso, atendo ao chamado de muitas divindades.

A maior parte do tempo, percebi as divindades como separadas de mim mesma, entidades para eu me aproximar com reverência e tratar com honra e dignidade — à exceção

Avivando os filamentos: divindade e "teísmos"

daquelas que não têm nada a ver com dignidade. Mas, algumas vezes, surgiram circunstâncias em que o divino se manifestou através de mim. Desde o início, o divino, quando se manifestou no meu corpo, foi feminino; mas não sinto que não poderia ter sido masculino. Minha experiência da divindade imanente dentro do meu corpo é meramente limitada ao feminino. Nós, Pagãos, com uma identidade de gênero mais convencional, podemos aprender muita coisa de aspectação e transfiguração com nossa comunidade gay, lésbica, bissexual e transgênera alternativa. Quando experimento a mudança de consciência que me transforma em alguma divindade manifestada no meu corpo, me sinto extática, no sentido de que eu saio de meu estado normal. A Macha mortal retrocede em mim e permite que o divino se manifeste. Nessas circunstâncias, minha experiência com o divino é transcendente. Transcendo meu eu humano e me abro para a divindade.

Vamos olhar para mais um dos "teísmos" enquanto estamos nesta parte da rede da Mulher Aranha: o henoteísmo. O henoteísmo trabalha com um conjunto particular de divindades, enquanto não nega a existência de outras. Posso alegremente trabalhar com um único grupo de divindades ou com um notável panteão étnico — em outras palavras, caminhar pela estrada do henoteísmo —, quando estou com pessoas dessa forma. Tenho dois amigos que, como a Sacerdotisa de Hécate e o Sacerdote de Hermes, construíram um templo onde realizam rituais de lua negra para as duas divindades. Essa é sua prática religiosa regular. Eu chamaria isso de um exemplo de henoteísmo.

Gus diZerega nos diz que, ao vermos o mundo como uma dimensão da divindade em vez de algo separado dela, naturalmente buscamos por outras fontes além de textos para legitimar nosso conhecimento e percepção espiritual.[2]

Alguns Pagãos e Bruxos não "acreditam" em nenhuma divindade, mas ainda assim acreditam ser benéfico falar com elas e para elas, e trabalhar com as mesmas no contexto de um ritual em grupo. Refletindo sobre nossas atitudes acerca das divindades, Erik Davis observa que "Muitos Pagãos abraçam essas entidades com uma combinação de convicção e frivolidade, superstição, psicologia e materialismo excessivo".[3] São nossas práticas compartilhadas, apesar de nossas crenças individuais, que mantêm nossa(s) comunidade(s) unida(s).

Desejo explicar como o politeísmo, em particular, se entrelaça tão bem com a internet, e como certas divindades têm influenciado a cultura do computador. Os politeístas acreditam em muitas divindades. Uma divindade diferente pode presidir ou influenciar uma dada atividade ou local. Afrodite, por exemplo, está associada ao amor sexual. Seus atributos não se relacionam ao lar, como Héstia, Deusa do Lar. Na mesma linha de pensamento, Áries, um Deus da Guerra, seria significativo para um soldado, mas o soldado também poderia honrar Vulcano, o ferreiro divino que constrói armas e instrumentos de batalha, e/ou Asclépio, o curador. No entanto, não estamos restritos aos Deuses da antiga Grécia quando pesquisamos divindades na internet.

DEIDADES NA INTERNET

Este livro foi guiado pelo espírito da Mulher Aranha. Algumas aranhas construíram suas casas no canto superior da sala na qual trabalho, eu não as perturbei, pois desejava que a Mulher Aranha permanecesse comigo enquanto eu viajava por sua teia. Como o título deste livro sugere, a Mulher Aranha se interessa por aquilo que tecemos no ciberespaço. Ela é uma das Deusas que eu, como politeísta e panenteísta,

Avivando os filamentos: divindade e "teísmos"

invoquei para influenciar o desenvolvimento no meu trabalho de escrever. Ela surgiu inicialmente entre um povo muito antes de meus ancestrais, em um tempo e espaço distantes da minha experiência e da daqueles que vieram antes de mim. Mesmo assim, ela se tornou parte de minha cultura, porque vivo no continente, talvez na região, onde ela surgiu, e porque incluo a Mulher Aranha como uma das muitas divindades em quem eu posso buscar bênçãos e inspiração, e com quem eu posso aprender sobre mim mesma e sobre a vida.

Um Pagão disse que ele vê o Deus hindu Indra na internet porque essa divindade "é portadora de uma rede que se espalha em todas as direções e ao infinito. Uma magnífica jóia está alojada em cada ponto da rede, e cada uma dessas jóias reflete a infinidade das outras".[4] Outros Pagãos associam a minóica Ariadne à internet e à rede. Ariadne deu a Teseu uma linha para seguir quando ele entrou no labirinto cretense para que não se perdesse.

Dediquei o software de texto com o qual eu escrevo a Brigit, mãe da inspiração e aquela que zela pelas atividades intelectuais. Brigit tem se envolvido profundamente na criação deste livro. Ela tem acompanhado seu nascimento como a parteira que é. Ela o tem ajustado em Sua fornalha divina, e tem dado a ele saúde e vibração com suas águas refrescantes. Ela aparece e reaparece como uma linha dourada em meio a essa tecedura. Uma vela, acesa com o fogo sagrado de Brigit em Kildare, Irlanda, queima enquanto eu trabalho. Durante um tempo, uma linda máscara de Brigit ficou pendurada na parede da minha escrivaninha.

Escolhi Brigit por tudo o que ela significa para mim. Outro autor Pagão pode ser inspirado por outra divindade, ou divindades, e empregar suas ferramentas de acordo com sua escolha. O meu computador é uma de minhas ferramen-

NAVEGADOR: Um programa aplicativo que fornece uma forma de ver e interagir com todas as informações na internet... Tecnicamente, um navegador é um programa de clientes que utiliza o Protocolo de Transferência de Hipertexto para fazer solicitações em servidores da rede através da internet em nome do usuário do navegador... O primeiro navegador usado mundialmente foi o Netscape. A Microsoft veio depois com o Microsoft Internet Explorer. Hoje, esses dois navegadores são altamente competitivos, e (são) os únicos que a maioria dos usuários da internet conhece.[5]

JUDEOBRUXA(O): Um(a) bruxo(a) de descendência judaica que algumas vezes incorpora mitos e divindades hebraicas em sua prática pessoal da Arte.

tas mágicas. Assim como os meus programas. Eles são ferramentas mágicas como os athames, bastões, cálices ou pentáculos. Além do programa de texto, utilizei um programa de e-mail, dois **navegadores** e listas de discussão na criação deste livro.

Meu disco rígido recebe o nome de Ganesha, o senhor hindu dos obstáculos. Uma pequena figura de bronze com cabeça de elefante com sua presa quebrada, o Senhor Ganesha, repousa na prateleira acima da minha escrivaninha. Posso olhar para cima e falar com Ele se achar que estou encontrando algum obstáculo. Eu posso acariciar sua barriga de bronze como forma de agradecimento. A presença Dele me tranqüiliza. Ele mantém meu espírito elevado e limpa o caminho. Que Ele possa remover todos os obstáculos dentro e fora do meu instrumento de trabalho.

As divindades afetam a tecnologia. Melissa é uma tecnopagã e uma **Judeobruxa** que é dedicada à Deusa kemética (egípcia) Ma'at, Deusa da Verdade e da Ordem. Melissa deu a Ma'at um lugar de honra em seu website,[6] em sua vida profissional (ela trabalha na indústria do computador) e em sua vida pessoal. O site dela contém seus textos sobre Ma'at e seus encontros com a Deusa.

Um outro tecnopagão, o mago Sam Webster, é um sacerdote dedicado a Hermes. Hermes, ou Mercúrio em sua forma latina, governa a comunicação, astúcia, pensamento rápido, viagens e furto — todos aspectos da internet. Erik Davis observa que por milhares de anos "alquimistas, cabalistas e cristãos esotéricos desenvolveram um rico arsenal de ferramentas mentais, espaços de dados visuais e mapas virtuais. Não é por acaso que essas artes 'herméticas' são nomeadas assim por causa de Hermes".[7] Hermes é quase presentemente palpável no mecanismo das viagens rápidas, incluindo as viagens espaciais, e nos trabalhos com compu-

Avivando os filamentos: divindade e "teísmos"   153

tadores. Embora ele tenha emergido na mente humana em tempos antigos — Hermes Trismegisto ("triplamente grande") no Mediterrâneo; como guardião das *Tábuas de Esmeralda*, um compêndio de conhecimento arcano —, ainda está muito presente hoje em dia. A máxima hermética que afirma que "O que está em cima é igual ao que está embaixo" descreve o Cosmos como "Uma rede vasta e ressonante de correspondência simbólica viva entre os seres humanos, a Terra e o céu". Um dia, enquanto pesquisava para este livro, me deparei com um site de um tatuador. Lá, em letras pequenas na base de cada página, eu observei as palavras "Obrigado, Hermes".

Erik Davis vê que "o impulso religioso africano dá ao mundo do computador muito mais do que qualquer coisa no Ocidente". Os símbolos mágicos e complexos chamados *veves*, Davis pontua — aquilo que é desenhado em branco sobre o chão ou solo em rituais de Vodu, ou pintado em cores vibrantes e algumas vezes bordados ou enfeitados com lantejoulas —, parecem circuitos impressos. Ele também indica Legba, um dos *loas* da África Ocidental, como governante das "mensagens, portais e embustes, e como o Senhor das encruzilhadas".[8]

Perguntei a Adam se ele associava divindades específicas à internet. Ele nomeou Atena, e então acrescentou: "E, claro, Éris." Adam explicou que "sempre viu Atena como o tipo de Deusa que poderia estar realmente dentro da tecnologia — mudando de forma à vontade, cavando informações e assim por diante. Especialmente a Atena de *A Odisséia*. A esperteza de Atena (...) foi o meu primeiro pensamento quando conectei Divindades com a internet".

Grey Cat, do Tennessee, e Adam do outro lado do globo, na Austrália, concordam: "É isso, eu acho, que me levou a associar Minerva à internet. Ela sempre pareceu ser docilmente astuta, e podia permanecer invisível quando os Deuses estrondosos dos raios estavam por perto. Assim como para os Deuses, Hermes/Mercúrio é uma conexão que não dá para escapar."

Adam, o mago do caos, continua: "E Éris é evidente, eu acho. A internet é, para mim, um caos. Ela possui todas as visões competitivas ao mesmo tempo, em uma estrutura que muda a cada segundo que passa. Talvez seja a coisa mais orgânica e caótica que já criamos, para não dizer algo que semeia muita discórdia. A internet é uma Maçã Dourada."

Assim como muitos pagãos, peço a uma ou mais divindades quando sinto necessidade. Tenho minhas favoritas, e elas me têm. Algumas, como Sekhmet, insistem para que eu preste atenção nelas. Algumas me levaram ao seu culto de forma gentil e sutil.

A noção das divindades na internet pode parecer estranha ao leitor contemporâneo, mas não é nada novo. Em várias épocas e lugares, tradições espirituais identificaram Deuses e outras divindades como tendo especiais influências sobre determinadas atividades. Por exemplo, Héstia regia o lar, Tara Branca é a Mãe da Compaixão, e acredita-se que São Cristóvão proteja os motoristas de táxi.

Enquanto escrevia este livro, descobri que os bispos católicos espanhóis têm defendido junto ao Papa que São Isidoro, um bispo de Sevilha do século VII, é o melhor candidato para ser o santo padroeiro da internet, pois ele produziu um dos primeiros bancos de dados na forma de uma enciclopédia de 20 volumes chamada *The Etymologies*. De fato, o próprio site do Vaticano, montado em 1996, é produzido por três computadores que estão aparentemente sobre a guarda de arcanjos: eles são chamados Rafael, Miguel e Gabriel.

ÉRIS: Deusa grega que era a "personificação da insensatez, ignorância moral, obsessão e injúria". Seu instrumento, "o Pomo da Discórdia", foi a causa da Guerra de Tróia.[9]

Avivando os filamentos: divindade e "teísmos"

TEMPLOS, SANTUÁRIOS PESSOAIS E ALTARES

Pagãos e Bruxos foram inspirados a criarem sites dedicados a divindades pessoais e panteões. E alguns criaram, on-line, pequenos altares, dedicatórias e até mesmo templos dentro desses sites. Enquanto meu site não tem um altar pessoal, evidências de minha devoção para com certas divindades, assim como a minha consideração por certas espécies de plantas ou pássaros, estão por toda a parte. Na minha **barra de navegação**, por exemplo, há o endereço de um bosque de sequóias, as espetaculares e poderosas árvores nativas da região onde vivo. Santuários on-line estão ligados a outros sites nas áreas de folclore, mitologia, antropologia e literatura, entre outras.

Um dos mais belos e abrangentes sites que já encontrei é um templo cananita-fenício, chamado Qadash-Kinahnu.[11] Esse site contém 85 seções, algumas delas sobre história, mitologia e rituais cananitas e fenícios, incluindo também um grande subdiretório de "politeologia, que é a teologia neopagã". Qadash-Kinahnu também contém seções intituladas "The Purple Book of Ancient Near Eastern Magic" e "The Priestess's Quarters". Não é necessariamente um site de Bruxaria, embora a mulher que o tenha criado considere-se Bruxa e Pagã, mas agrada a muitos Bruxos e outros pagãos, que utilizam o site e seus links para diversão e pesquisa. A criadora do site, Lilinah Biti-Anat, é dedicada à Deusa cananita Anat. Seu site reflete uma abordagem única, e muito bela, das artes, conhecimentos, estudo, prática e reflexões pessoais.

Abby Willowroot, cujo fio apareceu diversas vezes neste livro, é uma presença pagã on-line recente. Seu site, *Spiral Goddess Grove*, é repleto de altares para diferentes Deusas, diferentes aspectos da Deusa, um círculo de cura, uma lareira

> BARRA DE NAVEGAÇÃO: Uma área na página da internet ou aplicativo que dá controle para acessar o conteúdo. A barra de navegação geralmente contém botões (pequenos gráficos ou palavras que, quando clicados, levam o usuário a outra parte do site) que permitem a você avançar, rolar ou procurar algo.[10]

e até mesmo uma clareira do Green Man (Green Man Grove).[12] Nesse site, você poderá visitar altares sazonais, históricos e ancestrais. Algumas páginas ensinam a fazer painéis sagrados e máscaras da Deusa. Há altares com jóias da Deusa, a Mãe do Oceano, árvores e clareiras, noite e dia, estágios da vida e diversas páginas para crianças. O que me toca mais é o Grove of Remembrance, uma página de monumento aos **Amados Mortos**. Visitantes podem se dirigir a esse altar para se reconectarem com a dor pela perda de um ente querido. Eles também podem postar suas próprias lembranças.

O Grove of Remembrance não é o único site em que Bruxos e Pagãos podem se lembrar de seus entes queridos online. Mais uma vez, ouvimos a canção do *Witchvox*, que oferece um lugar para postar memórias e fotos de nossos Amados Mortos.

Quando meu querido amigo John Patrick McClimans morreu, seus antigos colegas da Church of All Worlds criaram um monumento on-line para ele. A Sacerdotisa do NROOGD e do Reclaiming, Judy Foster, foi lembrada não apenas nos altares de Samhain no ano em que morreu, mas também é celebrada numa bela página criada por Melissa.[13] E outros grupos pagãos presentes na rede criam páginas de homenagens a seus Amados Mortos.

Os usuários da internet podem encontrar muitos altares e santuários on-line, mas é improvável que encontrem algo tão abrangente como o Spiral Goddess Grove. Em seu site, Abby fornece até mesmo uma página em que você pode criar seu próprio altar on-line. Escolha entre qualquer tipo de velas, imagens da Deusa, fadas, cristais e instrumentos rituais como pentáculos, incensários, bolas de cristal, cálices, vassouras, bastões e **caldeirões**. Quando estiver satisfeito com o altar que construiu, você poderá salvá-lo em seu desktop.

AMADOS MORTOS: Pessoas que amamos quando estavam vivas e que já fizeram a passagem.

CALDEIRÃO: Um pote, freqüentemente feito de ferro, que contém três ou quatro pés, uma alça, uma tampa, e é usado de várias formas para trabalhos mágicos e rituais. Em essência, uma panela de cozinhar também é um instrumento de transformação. Objetos podem ser passados através do fogo do caldeirão para serem purificados; pessoas podem pular sobre o caldeirão para serem purificadas ou curadas. Um caldeirão também pode ser usado sobre o fogo para preparar bebidas de ervas ou sopas especiais para serem ingeridas como parte de um ritual. Cheio de água, um caldeirão pode ser usado para previsões.

O TEMPLO DE SEKHMET

Numa área remota no deserto ao norte de Las Vegas, Nevada, próximo a um local de testes nucleares, na antiga terra dos shoshone ocidentais, há um templo sagrado para a Deusa egípcia Sekhmet. Em 1992, Genevieve Vaughan e suas filhas construíram esse templo pequeno e apropriado para o ambiente em homenagem à Deusa egípcia com Cabeça de Leão, a deusa do nascimento, fertilidade e fúria. Com um grupo de ajuda formado pela Sacerdotisa Anciã Patricia Pearlman, cuja vida é dedicada a Sekhmet, o templo oferece "um calmo espaço de refúgio para oponentes dos testes nucleares de qualquer espécie". A terra em que o templo foi construído, de oito hectares, voltou a ser de seus antigos proprietários — os shoshones ocidentais.[14]

Eu soube desse templo por e-mails de amigos e visitei seu site. No verão de 1998, o Grande Conselho Anual do Covenant of the Goddess estava marcado para acontecer perto de Las Vegas, e como primeira-secretária nacional naquele ano, eu conduziria as reuniões. Uma vez que o templo de Sekhmet estava tão próximo, ocorreu-me que uma peregrinação poderia acontecer. A seguir eu conto a história dessa peregrinação.

Na segunda-feira, dia 31 de agosto de 1998, no segundo quarto da lunação de outono, quatro Bruxas e eu visitamos o templo de Sekhmet em Cactus Springs, Nevada. Minhas amigas compartilhavam uma linhagem, e todas nós compartilhávamos o culto à Deusa e a Bruxaria em si. Isso aumentou consideravelmente nossa compatibilidade e vontade, e até mesmo a avidez de compartilhar nosso trabalho.

Dirigimos por um longo caminho no meio do incrível e desolado deserto. Nenhuma de nós tinha experiência alguma nesse tipo de ambiente, mas fomos aconselhadas a levar comida, água, filtro solar e um chapéu, já que não havia nenhum lugar para conseguir alguma coisa para comer e nenhuma fonte de água a quilômetros de distância; além disso, o Sol do deserto é na maioria do tempo intensamente quente, impiedoso e implacável. Quanto mais nos distanciávamos de Las Vegas, menos sinais de vida víamos. A última estrutura que notamos foi uma instalação militar abandonada a alguns quilômetros do templo.

Um pouco depois, vislumbramos uma estrutura circular de cores pálidas elevando-se fora da estrada. Ela possuía aberturas circulares arqueadas dando face para os quadrantes e um domo aberto de barras de metal curvadas.

Guiamos nossos dois carros para o estacionamento (que estava equipado com um banheiro individual portátil), saímos, alongamos as pernas e lentamente nos aproximamos do caminho que levava ao templo. Aquele caminho, assim como as três outras extensões para cada um dos portais do templo, era cercado de rochas. Uma placa que dizia "Área de Silêncio" estava afixada no início do caminho. Esculturas de tamanho pequeno a médio, figuras de divindades como Ganesha, o Senhor dos Obstáculos, pedras cuidadosamente afixadas, fósseis e outras formações de pedras permaneciam nos quadrantes entre os caminhos. Entramos no templo pelo portal a oeste, à nossa esquerda estava uma estátua grande e preta de Sekhmet, no tamanho de uma pessoa, com belos entalhes pendurados e uma face felina astuta.

Uma das pessoas que estava conosco, Marilee — uma aromaterapeuta mágica que fazia incensos e era uma herbalista com muitos anos de experiência em diversas artes e outros métodos mágicos — começou dispondo as ferramentas rituais que levara no chão em frente a Sekhmet. Ela colocou jóias — as dela e de outras pessoas que haviam pedido para que ela as consagrasse no templo — ao redor de

Avivando os filamentos: divindade e "teísmos"

Sekhmet, acendeu o incenso e, então, passou em todas nós um pouco de óleo de lótus no ponto conhecido como terceiro olho.

Havia uma meia dúzia de pequenas plantas em vasos dentro do templo. E elas pareciam muito secas e fracas. Começando pelo lado esquerdo de Sekhmet, e caminhando em Deosil (sentido do Sol, sentido horário), coloquei uma porção de água mineral da minha garrafa em cada vaso. Olhei ao redor do templo e vi pequenas conchas e alcovas, além de pequenas mesas de altar sobre as quais estavam figuras de outras Deusas e algumas tchotchkes: a Hécate tripla; uma deusa cretense de seios fartos, com braços estendidos e entrelaçados por cobras; uma deusa da Anatólia gorda e sonhadora; Diana, a caçadora; e minha própria deusa pessoal, Kali Ma.

Retornando a Sekhmet, coloquei o escaravelho que vinha usando há 30 anos em seu colo. Cada uma de nós, alternadamente, proferiu o que podia para a Senhora Sekhmet. Ajoelhei-me diante dela e coloquei a cabeça e as mãos no chão em sua homenagem. Pedi sua bênção em meu trabalho. Tivemos o tempo necessário para fazer nosso trabalho individual, mas ninguém se estendeu por muito tempo.

Durante todo o tempo, o incenso de Marilee queimou. Em 1964, uma antiga tumba egípcia datada de aproximadamente 2400 AEC foi aberta. Entre os artefatos encontrados lá dentro havia uma grande jarra de incenso. Marilee é uma pessoa conhecida no mundo dos produtores de incenso, o que acabou fazendo com que ela conseguisse adquirir uma pequena quantidade desse incenso tão especial que tinha aproximadamente 4.500 anos de idade. Ela o guardava somente para ocasiões especiais. Desde a sua descoberta, o incenso egípcio foi analisado e o seu conteúdo foi publicado. Marilee levou com ela para Nevada tanto incenso original quanto um que ela havia feito usando a receita. No templo no deserto, ela queimou um pouco de cada aos pés de Sekhmet.

Enquanto nos revezávamos diante de Sekhmet, passávamos nossas jóias pela fumaça do incenso, proferindo palavras que nos vinham à mente. Meu anel moveu-se do colo de Sekhmet pela fumaça de incenso e retornou à minha mão direita.

Enquanto tudo isso acontecia, a luz do céu mudara, e continuava a mudar. Quando chegamos, o céu estava levemente coberto. O deserto esticava-se até onde a vista alcançava, cheio de uma flora tenaz, eficiente e de crescimento lento, cercado por montanhas em todas as direções. Não havia sinais de árvore, rio ou córrego em lugar algum, e nenhuma outra construção à vista. Apenas o barulho ocasional de algum caminhão na estrada que cruzava a uma curta distância do santuário perturbava o silêncio restaurador, revigorante — e muito bem-vindo — do deserto. Quando olhávamos ao redor, nossa percepção de distância mudava. As montanhas, algumas vezes, pareciam mais perto do que eram no momento anterior. Algumas vezes, partes das montanhas, ou até mesmo lados inteiros delas, eram iluminados pela forte luz do Sol, e em outras vezes suas cores mudavam com o movimento das nuvens entre o Sol e as montanhas.

Enquanto nós cinco prosseguíamos com nosso ritual espontâneo, elaborado à medida que o realizávamos, cantávamos juntas. Em um dado momento, cantamos: "O rio está correndo de volta para o mar", o que achei muito estranho em uma paisagem tão dura e árida.

Um pouco antes, eu havia percebido relâmpagos atingindo o chão a muitos quilômetros a sudoeste.

Nós atingimos um momento de silêncio, de contemplação. Sentei-me meditando numa almofada no chão de pedra

Avivando os filamentos: divindade e "teísmos"

do templo enquanto a luz do Sol penetrava pelas barras curvadas do domo. Logo, gotas de água do tamanho de moedas começaram a pingar em minhas pernas, cabeça e pés. Eram gotas de chuva quentes e amigáveis, não apresentavam nenhuma ameaça ou frio. Senti como se a Deusa estivesse me lavando com suas lágrimas, me limpando de toda energia do cassino, que não era saudável, na qual eu fiquei mergulhada durante os últimos cinco dias. Sorri e dei boas-vindas ao banho calmante. Logo eu fiquei ensopada, minha roupa fina de verão estava colando em minha pele.

Então, da mesma forma que a chuva chegou subitamente até nós, ela se foi. Um vento forte, seco, estimulante e refrescante surgiu. Levantei-me e saí do templo. Na parte da frente em direção ao sul, passei por uma formação de ametista e um dinossauro de brinquedo. O vento soprou meu cabelo e roupa até que eu estivesse completamente seca. Circulei o templo três vezes ou quatro vezes, observando tanto o chão do templo dentro do círculo que descrevi quanto a vasta paisagem que nos cercava.

Logo, raios se aproximaram e o trovão estrondou ao nosso redor. Começou a chover de novo, e os trovões e raios ficaram mais fortes do que antes. Raios bifurcados caíam sobre a Terra a metros de distância do templo. Como nós Bruxas permanecemos dentro do templo, fomos sacudidas pelo alto som de um raio que caiu sobre o tubo de cobre da estrutura aberta do domo. Sekhmet exigiu toda a nossa atenção.

Decidimos que, como não existia nenhum outro abrigo por perto e com o crescente aumento dos intensos raios — que estavam naquele momento caindo por todos os lugares —, deveríamos nos proteger na segurança de nossos carros. Abrigamo-nos dentro dos carros até a chuva parar — o que levou uns 40 minutos. Nesse meio tempo, encontramos

Patricia, Sacerdotisa Anciã e guardiã do templo. "*Nunca chove aqui*", ela afirmou. O volume de chuvas anual naquela região é de menos de 17cm.

O que tudo isso significa? Além de ser uma experiência agregadora, esse encontro fora do comum, e o conseqüente fenômeno meteorológico, sem sombra de dúvida teve um significado profundo e especial para cada uma de nós. Para mim, a chuva purificadora, seguida de um vento refrescante, foi restauradora e saudável. E a experiência também consistia em encontrar Sekhmet. Sei que Ela estava tentando chamar minha atenção balançando o templo com relâmpagos enquanto estávamos lá. Não sei ao certo o que Ela planejou para mim depois, mas não tenho dúvidas de que minha busca será abençoada pela presença Dela.

Sekhmet não é uma Deusa que eu conheça muito bem, nem tenho tido muita conexão com Ela ao longo dos meus anos de prática. Na realidade, não tenho muita afinidade com o panteão egípcio, a não ser com a Rainha Ísis, que, no caso, se estende além do Egito. Contudo, amo felinos, e esta é a forma que Sekhmet assume. Por 18 anos tive uma gata preta chamada Cybele. Dei boas-vindas a Sekhmet em minha vida agora, abri-me à sua influência. Acredito que seria sacrilégio não ficar atenta ou negligenciar as mensagens Dela.

Quando encontrei Sekhmet, tinha chegado a um ponto em minha vida (iniciando meu segundo retorno de Saturno, para começar) onde me senti muito mais livre para me devotar a ser Sacerdotisa da Deusa. Até então, tinha sido sensivelmente uma mãe solteira em um ambiente cultural intolerante. Quando cheguei ao deserto de Nevada, as portas se abriram à minha frente. Só precisei entrar.

É interessante notar que, se eu não navegasse na internet, não teria tido chances de ouvir falar do maravilhoso tem-

Avivando os filamentos: divindade e "teísmos"

plo de Sekhmet. O fato de o templo ter tanto uma existência virtual como física o torna acessível a peregrinações virtuais e terrenas.

ORD BRIGHIDEACH

Brigit é uma Deusa que sempre falou a mim. Ela é querida e muito próxima, é parte de minha herança como uma norte-americana de descendência irlandesa. Sempre me volto a ela quando sinto necessidade. Acendo uma vela para Ela e faço uma breve oração quando inicio um projeto criativo, principalmente quando se trata de algo escrito. Agora posso me unir a outros brigidinos ao redor do mundo em adoração. Somos todos membros da Ord Brighideach, uma fraternidade de pessoas que reverenciam Brigit.

Nós nos reunimos como uma ordem religiosa por intermédio de um site criado por duas mulheres do Oregon. Somos um ciberprojeto. Nós nos encontramos on-line; compartilhamos poesias, textos, pensamentos e experiências on-line. Somos adoradores unidos pelo ato de manter uma pequena chama acesa em nossos altares individuais — em nossas casas, locais de trabalhos e lareiras ao redor do mundo.

O site convida a todos que ouviram o chamado de Brigit a se reunirem em devoção. "Se ela fala a você — como poeta, curandeira, ferreira, contadora de histórias, música, lavradora, parteira, mãe, dona de casa, proprietária de terras, pastora, vidente, mulher de fogo, legisladora, divindade do lar, senhora do Sol ou, simplesmente, como deusa ou santa —, você é bem-vindo a caminhar entre nós."[15]

Soube da ordem há poucos anos, visitei o site e refleti se desejava fazer parte dela antes de tomar qualquer decisão. Minha única reserva estava no fato de eu ter de viajar demais, então estava preocupada em como poderia manter minha vigilância em aeroportos, ônibus, carros, ou seja lá onde eu estivesse. Fiquei sabendo que deveria manter a chama Dela uma vez a cada 20 dias, o tempo que fosse possível, levando a segurança em consideração. O princípio é quanto mais pudermos cuidar da chama, mais energia conseguiremos gerar. Estamos fazendo uma oferenda a este mundo e ao outro, assim como para Brigit — "aquela que dá energia".

A Ord Brighideach é composta de 19 núcleos — o número reflete as 19 sacerdotisas de Brigit, em Kildare —, com 19 pessoas em cada um deles. Cada célula recebe o nome de uma árvore, e a cada dia uma das 19 pessoas cuida da chama; no 20º dia, como antigamente, Brigit cuida do fogo sozinha. Então, continuei ansiando por minha inclusão, voltando ao site de tempos em tempos para ouvir o chamado Dela.

Brigit é uma Deusa de poder e brilho, ternura e compaixão. Embora seja tão brilhante, é fácil se aproximar dela. Para a mulher forte, Ela exemplifica a força justa. A mulher independente vê Brigit como alguém que não precisa de companheiro para exercer sua função. Ela demonstra força, habilidade, diligência e dons artísticos de um modo que não ameaça os homens nem restringe as mulheres. As pessoas ao redor de todo o mundo podem ouvir Sua doce voz. Podemos chamá-la de Brighid, Breda, Bhride, Brigantis, Bridey, Brigit, Brigid, Brigantia, Bride, Brigantu, Brid, Briga, Bridgid, Briginda, Brigdu, Brigittina, Cailleach Bearra, Minerva, Maman Brigitte, e Ela nos responde. (Uso Bridget, Brigid, Brigit, Bridey e Brighde em momentos diferentes.) Ela chama além das fronteiras e reúne diversos povos em seu nome.

Quando este livro estava em sua fase conceitual, finalmente entrei na Ord Brighideach. No momento em que entramos, podemos escolher fazer parte de um núcleo feminino, masculino ou misto. Optei por um totalmente feminino e então tornei-me uma irmã de Laurel, membro do *Cill Labhras*. Peguei o grupo 14. Uma vez a cada 20 dias eu me junto a outras pessoas estimam Brigit para zelar pela sua chama sagrada. A começar no pôr-do-sol, de acordo com a contagem celta de noites e dias, cada um de nós acende uma vela. Minhas irmãs de núcleo são pagãs, cristãs, liberais e conservadoras, convencionais e não-convencionais. O que compartilhamos é nossa dedicação para manter a chama sagrada de Brigit pelo mundo. Um membro de nosso núcleo, Tiffany Lavendar, idealizou o site do Laurel Cell para ajudar a definir a identidade do nosso grupo.[16] Alguns dos outros núcleos também mantêm uma presença na internet e todos estão ligados à ordem principal. O Laurel Cell, como os outros núcleos, estabeleceu uma lista de discussão para auxiliar os membros a compartilharem suas experiências, compreensões, receitas e histórias. Há também uma lista de discussão para toda a ordem; a inscrição nessa lista é opcional.

Uma das primeiras coisas que fiz quando entrei na Ord Brighideach foi imprimir o calendário que encontrei no site da ordem e que indicava as datas da minha chama. Anotei todas as datas no meu calendário. Então, coloquei uma vela grande e branca em forma de pilar numa prateleira, acima do meu local de trabalho. Ter a chama diante de mim enquanto trabalho não apenas me ajuda a manter minha vigília, mas também torna possível que eu receba emprestada sua santidade para o meu trabalho.

As chamas que cuidamos foram acesas no fogo sagrado de Brigit em Kildare (a energia da chama é carregada no pavio, não na chama da vela). Esse fogo estava extinto há quatro séculos quando as irmãs da ordem o reacenderam, em 1993. Antes de me tornar membro da Ord Brighideach, eu tinha uma vela acesa naquela chama, que usava para acender outras velas com propósitos especiais — geralmente curas. Eu reacendo a vela todo ano a partir de sua chama sagrada em um ritual anual de Brigit feito no início de fevereiro. Assim, eu já tinha a chama para começar minha vigilância. O processo é o seguinte: quando uma pessoa entra na ordem, ela envia uma pequena doação aos guardiões da chama — o pessoal de Oregon que criou o site e fundou a ordem. Em troca, o novo membro recebe uma vela que foi acesa na chama de Kildare para começar a preservação de sua chama, uma oração e uma bênção para os guardiões da chama.

Como todos aqueles que se unem à ordem, me pediram para fazer um juramento a Brigit na primeira vez que eu fosse cuidar da Sua chama. O juramento incluía uma declaração de nossa dedicação a Brigit e nosso comprometimento em manter Sua chama fielmente.

Muitas vezes, sinto que o conhecimento daquilo que Brigit tem a me oferecer vem do tempo que eu passo em sua forja. Ela me aquece ao ponto de dissolução, me derrete e me refina. Ela guia a mão do forjador e comanda os golpes que me moldam. Ela fortalece minha alma. Ainda posso vê-la na Terra verdejante depois da escuridão do inverno. Busco ser tocada por Suas flechas de inspiração, e ouço sua canção. Ela faz brotar as águas da cura, Ela mexe o caldeirão da compaixão. Ela conhece o segredo da arte das ervas. Ela transforma o mel em mulso. Ela é o bálsamo da minha alma. Estas são as palavras que disse quando me comprometi pela primeira vez com a Ord Brighideach.

Nós, membros da ordem — todos os 300 —, dedicamonos à nossa Deusa irlandesa e mantemos a chama Dela em 12 países: Austrália, Brasil, Canadá, Finlândia, Grécia, Irlan-

Avivando os filamentos: divindade e "teísmos"

da, Noruega, Nova Zelândia, África do Sul, Espanha, Reino Unido e Estados Unidos. Honramos nossa herança ao mesmo tempo que a levamos para a era da internet. Carregamos a luz da consciência de Brigit pela escuridão e para o futuro.

Capítulo 5

Quem tem a lançadeira?

Noções de autoridade, autenticidade, hierarquia e institucionalização on-line

Assim como os cristãos possuem facções — protestantes, católicos romanos, gregos ortodoxos, russos ortodoxos —, o mesmo acontece com o Paganismo; isso é geralmente tratado como tradições ou denominações. Da mesma forma, há diversos grupos muçulmanos que parecem representar o Islã, mesmo que discordem em diversos aspectos. Em seu livro *Virtually Islamic: Computer Mediated Communication and Cyber Islamic Environments*, Gary Bunt apresenta muitos sites, mesmo dentro de facções islâmicas particulares que reivindicam autoridade e autenticidade. Menciono este exemplo porque geralmente é fácil para os não muçulmanos enxergar o fenômeno do sectarismo *versus* padronização em outra religião — neste caso no islamismo — do que percebê-lo entre nós.

Como vimos no Capítulo 3, tentativas de padronização foram feitas dentro do movimento pagão no passado. Algumas, como o Princípio de Crenças Wiccanianas do Conselho de Bruxos Norte-americanos, têm sido tolerantes e

TRADIÇÃO FAMILIAR: Uma tradição de família; uma tradição da Arte que é preservada dentro de uma família e passada adiante, geração após geração.

LIVRO DAS SOMBRAS: Um compêndio de rituais, feitiços, liturgias, invocações, canções, cânticos, receitas, formas de trabalho, nomes de divindades e atributos, e instruções em certos conhecimentos sagrados, que é guardado por um indivíduo, coven ou tradição.

Quem tem a lançadeira?

inclusivas. Algumas abordagens têm nos ajudado a nos definir como Bruxos norte-americanos. Outras, apenas promoveram nossa divisão em modelos corporativos ou judiciais.

LIVRO DAS SOMBRAS

Enquanto a noção de uma autoridade padronizada na Bruxaria for motivo de debate, poucos vão discutir que existem muitas reivindicações válidas de autenticidade nas tradições individuais. Algumas tradições, os wiccanianos britânicos tradicionais, **tradições familiares** e Bruxos ecléticos, guardam aquilo que na Arte é chamado de **Livro das Sombras**. Ele é um compêndio de elementos sagrados e característicos a uma tradição específica. Uma tradição pode possuir apenas um Livro das Sombras, que é guardado no **covenstead** pela Alta Sacerdotisa ou Alto Sacerdote.

Os Livros das Sombras, algumas vezes chamados pelo termo usado na magia cerimonial ocidental — "Grimório" —, contêm fórmulas para rituais, sabbat, iniciação, elevação e outros ritos de passagem; invocações e poesia; receitas para incensos, óleos e feitiços; instruções escritas sobre tecnologias sagradas específicas, como puxar a lua para baixo; contemplações; cânticos; nomes de divindades específicas de uma tradição e uma descrição de seus atributos; e qualquer coisa que os praticantes daquela tradição julguem ser necessário incluir.

A maioria dos iniciados ou coveners que atingiu um determinado nível de habilidade e experiência recebe um Livro das Sombras; em outra época, talvez fosse solicitado que eles copiassem o livro de próprio punho, mas com o avanço de impressões e da tecnologia das reproduções as pessoas começaram a fotocopiar seus Livros das Sombras em vez de copiá-los manualmente. As pastas de folhas soltas substi-

COVENSTEAD: O lugar onde a maioria dos rituais do coven é realizado. Um covenstead pode estar situado no campo, porém o mais freqüente é uma espécie de sala de ritual na casa de um dos membros do coven, ou, talvez, um círculo marcado com pedras no jardim. Os membros de um coven que conheço usaram uma combinação de ferramentas e métodos — incluindo transe, mapas, pêndulos e trabalhos de reconhecimento — para encontrar um convenstead ao ar livre que fosse apropriado aos trabalhos do coven. Quando eles finalmente encontraram um bom lugar, contataram os responsáveis pelo cuidado e manutenção do parque onde se encontrava o local. Eles explicaram por que desejavam se encontrar lá à luz da lua, asseguraram aos responsáveis que o lugar seria mantido limpo e intocado, e receberam a permissão para se reunirem lá.

tuíram os livros escritos a mão. Uma Bruxa conhecida coletou, e continua a coletar, muitos textos úteis em pastas de arquivos que residem onde ela chama de "Escritório das Sombras". Atualmente, no entanto, muitos covens guardam seus Livros das Sombras em disquete, o que sugere o nome "Disquete das Sombras".

Há publicações on-line, vendidas como Livros das Sombras, que são nada mais que uma coleção de fragmentos de rituais, poesia ou coisas parecidas — materiais que circularam por diversos lugares ou que foram retirados de livros publicados. Elas podem possuir alguns arquivos interessantes, mas não devem ser confundidas com os Livros das Sombras particulares dos covens. Além dos Livros das Sombras tradicionais e de covens, muitos de nós temos livros pessoais cheios não só de invocações, feitiços e receitas, mas também de sonhos, visões pessoais e lembranças de leituras divinatórias.

LINHAGENS

Muitas tradições da Arte, especialmente aquelas estabelecidas antes de 1980, recebem seus ensinamentos de sua linhagem e reivindicam linhagem quando clamam por autenticidade em suas práticas. Por linhagem quero dizer uma linha de descendentes de um indivíduo ou grupo ancestral. A tradição da Arte baseada em linhagem mais conhecida se originou com o servidor civil britânico Gerald Brosseau Gardner. Os textos de Gardner, e todos aqueles de sua antiga covener e Alta Sacerdotisa Doreen Valiente, englobam uma de nossas principais heranças literárias. Os Bruxos que descendem diretamente do coven de Gardner na Inglaterra, e que podem ser encontrados no Reino Unido, América do Norte, Austrália, Nova Zelândia — e até em países que não falam inglês, como o Brasil —, são chamados de gardne-rianos.

A Grã-Bretanha pode ter gerado gardnerianos, alexan-drinos e Bruxos da tradição de 1734, mas há incontáveis tra-dições ecléticas da Arte ao redor do mundo, especialmente nos Estados Unidos. Acrescentando à textura de nossa tape-çaria, alguns de nós fazem reuniões exclusivamente com mulheres, invocando a energia da Deusa em nossos traba-lhos. Somos chamadas de Bruxas Diânicas, no entanto nos-sa linhagem particular pode ter um nome diferente. Diânicas podem ser homossexuais femininas ou não. Existem Bru-xos Diânicos homens e mulheres.

Meu primeiro coven, Holy Terrors, era composto por nove mulheres. Tínhamos uma diferença de idade não muito ampla — entre vinte e poucos até quase 40 anos — e cinco de nós eram mães; havia sete crianças entre nós. Nossa se-xualidade cobria o espectro. Até certo ponto, éramos diânicas, porque geralmente não invocávamos o Deus em nossos cír-culos. Mesmo assim, quando o invocávamos, dávamos as boas-vindas a ele de todo o nosso coração. Algumas vezes, convidávamos nossos maridos, namorados e namoradas para se juntarem a nós. O Deus era sempre invocado nessas ocasiões.

Naquela época, não tínhamos conhecimento de quantas tradições diferentes faziam parte da Arte — eu pelo menos não tinha. Sabia que existiam Bruxas chamadas diânicas porque elas sempre trabalhavam com a Deusa e as mulhe-res. Uma de minhas irmãs de coven, Cerridwen, se aperfei-çoou com Z Budapest no Susan B. Anthony Coven Número 1, em Los Angeles, e a tradição à qual elas pertenciam era de-nominada de diânica. Mas ela também se uniu aos Bruxos da Church of All World (CAW), que é um grupo misto. Eu sabia que havia uma tradição chamada NROOGD (New

Reformed Orthodox Order of the Golden Dawn), porque eu tinha feito um treinamento com eles 10 anos antes. Eu sabia também que Starhawk tinha sido iniciada na tradição Faery, e que havia uma tradição familiar ao sul de onde eu vivia chamada Família Tower. Mas, apesar do meu conhecimento sobre essas variações da Arte, eu continuava a pensar em todos nós simplesmente como Bruxas.

Durante os anos que o Holy Terrors existiu, cada uma de nós passou por um rito de passagem inicial. Eu fui a primeira a vivenciar isso. A parte secreta de minha iniciação foi realizada por meus professores no coven Raving e minha madrinha, que era uma de minhas irmãs de coven e auto-iniciada. As transformações interna e externa começaram na noite em que prestei meu juramento diante de minhas irmãs Bruxas, dos Poderosos da Arte e da Deusa e do Deus, incluindo a percepção — inclusive o conhecimento — dessa relação familiar com os Bruxos de todos os outros locais. Isso também incluía uma apreciação por toda nossa herança compartilhada e pelo elo que vem com o partilhar.

A lançadeira que faz passar esse fio pela urdidura das tradições pagãs — as tradições que eu reconheci embora ainda não reconheçam — pega um novo fio: a linha eclética da tradição Reclaiming. Não havia tradição Reclaiming quando eu estava em Holly Terrors, mas havia um grupo Reclaiming, ao qual eu pertencia. Nós fazíamos rituais de sabbat públicos, dávamos aulas, nos encontrávamos na praia no solstício, organizávamos e apoiávamos manifestações antinucleares, e geralmente estimulávamos nossa cidade. Nós ainda não sabíamos que aquilo que estávamos fazendo era desenvolver uma tradição.

Minhas experiências em Holly Terrors me ajudaram a alcançar uma melhor compreensão das sensibilidades de minha família de Bruxos gays e lésbicas. Na época em que o

Quem tem a lançadeira?

Reclaiming estava tecendo fios que iriam ligar a tradição Feri à Arte diânica e à Bruxaria britânica tradicional, emergia a linha dos Bruxos homossexuais radicais. Os Radical Fairy não são todos Bruxos, embora muitos identifiquem a si dessa forma. Eles estabeleceram zines Faery, compraram propriedades para retiros, formaram grupos urbanos, criaram rituais e perseguiram objetivos políticos e sociais para manter sua identidade homossexual. Uma outra tradição da Arte de homens homossexuais chama a si mesma de maneira orgulhosa e amável de Bruxos gays.

Hoje em dia, os radicais homossexuais são uma presença forte nos Estados Unidos e na internet. Eles são bastante ativos e visíveis. São proprietários e mantenedores de retiros em diversos estados. O Radical Fairy é um movimento espiritual, mas não é exclusivamente pagão. Nem todos os círculos do Radical Fairy são compostos somente por homossexuais masculinos, um fato que ainda é ativamente debatido dentro da comunidade.

Eu, como muitos outros, tive a impressão de que os Radicais Fairy eram pagãos por três razões: primeira, todos os Radicais Fairy que conheço são Bruxos; segunda, vários retiros de Bruxos foram realizados em terras do Radical Faery; e terceira, há freqüentemente uma forte presença de membros do Radical Fairy em festivais pagãos. Durante o tempo em que estive realizando pesquisas para este livro, eu fui "esclarecida". Explicaram para mim que o Radical Fairy era um grupo *espiritual* homossexual que aceitava budistas e praticantes de outras tradições religiosas. Além disso, a homossexualidade é o componente espiritual-chave dos Bruxos gays e do Radicais Fairy. Há Pagãos gays que não definem suas espiritualidade em relação à sua sexualidade.

Uma das primeiras tradições da Arte de homossexuais masculinos foi a Minoan Brotherhood (Fraternidade Minoana), originalmente fundada na cidade de Nova York, em 1970, como um coven de homens gays. Ela continua a prosperar.[1] Os rituais e ferramentas da fraternidade são baseados nas formas da Arte britânica tradicional, adaptadas por seu fundador, o falecido Lord Gwydion (Edmund Michael Buczynski), que foi treinado na tradição gardneriana. Os rituais foram reconfigurados para acomodar diferentes costumes rituais e uma mitologia central diferente, que se inspirou na antiga Creta e em Micenas. A adoração se concentra na Mãe de Todas as Coisas Vivas, em seu filho divino, o Estrelado, e em seu consorte, o Agitador da Terra.

Simultaneamente à formação da Minoan Brotherhood, Lady Rhea e Lady Miw estabeleceram a Minoan Sisterhood (Irmandade Minoana). Então, em 1998, um grupo formado por covens mistos se uniu e se autodenominou Minoan Temple (TMT, ou Templo Minoano).[2] Eles basearam suas práticas nas tradições (rituais, mitos, divindades) da Fraternidade e Irmandade Minoana. A mitologia central do TMT se inspira nas lendas do antigo Rei de Minos, filho da Rainha Europa, e "nas diversas, porém relacionadas, lendas de Ariadne, Dionísio e outros". O templo articula sua abordagem reconstrucionista: "O TMT considera os aspectos do sistema de crenças minóico cuja civilização e seu material continuam sendo descobertos, reconstruídos e avaliados." A prática do TMT também incorpora elementos do xamanismo e práticas celtas, gregas, romanas, egípcias, hindus e dos nativos americanos, "assim como irlandesas, galesas e tradições escocesas da wicca desenvolvidas por Raymond e Rosemary Buckland e Janet e Stewart Farrar".[3]

A Bruxaria é uma religião viva. Por isso, seus praticantes aceitaram tão prontamente a riqueza de novas tecnologias associadas à internet. Os minoanos acreditam que cada pessoa precisa se tornar mais ativamente responsável pelo seu desenvolvimento espiritual. Poucos Bruxos discordam dessa visão. Essas três tradições — a Brotherhood, a Sisterhood e o Templo Minoano — contribuem para a religião vivente; eles claramente demonstram ecletismo e evolução em ação.

Eles fazem isso de formas variadas. Primeiro, a fraternidade foi fundada nos Estados Unidos por um homem com um sobrenome polonês que usava o nome de um mágico galês, adaptou rituais, instrumentos e formas britânicas para um mito reconstrucionista inspirado nos minoanos e uniu tudo isso usando um panteão que era profundamente significativo para praticantes homossexuais. Segundo, duas tradições relacionadas à Arte foram originalmente criadas para funcionar em covens sexualmente segregados. Nos fundamentos da fraternidade e da irmandade o TMT evoluiu em uma família de covens dos mistos dos mais variados. Agora existem três tradições minoanas, cada uma delas servindo às necessidades de sua congregação, e cada uma sendo parte da tradição de fé do passado e do futuro que é a Bruxaria contemporânea.

Não sou uma autoridade na tradição minoana. Tenho amigos que são minoanos, mas nunca realizei rituais com eles. Alguns minoanos podem pensar que eu os interpretei mal aqui. A eles ofereço as explicações baseadas nas conclusões que observei na presença dos minoanos na internet, e fiquei intrigada com a noção de que essa tradição poderia figurar como um ótimo exemplo de alguns dos caminhos da Arte que foram descobertos no último quarto de século, e mais especialmente na última década digital.

Faggot Witchcraft (Bruxaria Homossexual) é outra tradição — embora não seja grande em número — que coloca a homossexualidade no centro de sua teologia e ritual. O Bruxo homossexual Sparky Rabbit reflete sobre os inter-relacionamentos do fenômeno da Bruxaria, dos gays e da internet, e nesse processo ele nos proporciona uma compreensão valiosa.

Bruxos gays e a internet: quebrando o feitiço da invisibilidade

Um dos maiores obstáculos encontrados por mulheres e homens homossexuais é o manto da invisibilidade colocado sobre nós pela cultura dominante do heterossexismo. Algumas vezes conscientemente e outras inconscientemente, mulheres e homens heterossexuais têm padrões de comportamento que ignoram, trivializam ou desconsideram as vidas e realidades de lésbicas, gays, bissexuais e transgêneres. Algumas vezes, os gays fazem a mesma coisa.

Uma das piores experiências que muitos homossexuais compartilham é o sentimento, desde a infância, de que "sou o único do meu tipo no mundo". Basta qualquer um olhar na quantidade de jovens gays suicidas e no grande percentual de abuso de drogas e álcool nas comunidades gays para perceber que esse isolamento emocional tem devastado e afetado muito vidas.

Assim, quando a internet surgiu — bum!! —, os gays estavam espalhados por todos os lugares desde o início. Quando eu estava aprendendo pela primeira vez sobre computadores e internet, no meio da década de 1990, um amigo me disse: "A internet é feita de Pagãos e gays." Não creio que a afirmação estivesse totalmente correta, mas ela era uma expressão precisa do que muitos Pagãos gays que eu conhecia estavam experimentando na rede: havia muito mais de nós lá do que qualquer um podia imaginar.

Bem, imagine que revelação foi *essa*! De uma hora para outra pude entrar em uma sala de bate-papo na http://gay.com e outros sites e conversar com outros gays de, literalmente, todo o mundo! E, é claro, o mesmo foi possível para os Pagãos gays — pudemos nos encontrar muito mais facilmente.

Quem tem a lançadeira?

Assim, acho que a existência da internet foi muito importante para quebrar o feitiço da invisibilidade que muitos homens e mulheres gays tinham sofrido por tanto tempo. Isso não quer dizer que o isolamento físico de alguém seja menos importante; apenas significa que os cerca de quarenta e poucos gays em Wyoming, que acabaram de sair do armário, podem pegar um computador e encontrar uma enorme quantidade de recursos gays e até outros homens para conversar on-line. E isso é uma mudança incrível se analisássemos uma situação assim há alguns anos.

Creio que esta nova visibilidade Pagã gay na internet causou diversos efeitos na Arte. Um deles é o simples fato de que Bruxos podem estar mais atentos à presença gay na internet e em suas vidas espirituais do que antes.

Talvez, o mais importante, à medida que os Pagãos gays conquistam força emocional e confiança a partir dessa nova visibilidade na internet, seja a possibilidade de quebrar outros feitiços culturais com os quais temos sofrido: por exemplo, há um sentimento inconsciente, embora difundido, de que nós, como gays, somos de fato inferiores aos heterossexuais, e que precisamos induzir e informar os heterossexuais para que não nos temam ou nos punam.

Por experiência própria, quebrar esse feitiço pode causar um dilema real para os pagãos heterossexuais na internet. Quando se deparam com um Bruxo homossexual que age de igual para igual, alguns Pagãos heterossexuais — especialmente os liberais — se chocam com o fato de encontrar um gay que afirma haver grandes diferenças entre ambas as realidades, e que não admite que os Pagãos heterossexuais tenham automaticamente uma interpretação correta para a experiência no mundo, da mesma maneira que também não aceita que os cristãos possuam a única verdade sobre as realidades espirituais.

Um outro fator em questão aqui é a segurança que a distância física pode promover. Pode ser muito mais fácil para Bruxas lésbicas e Bruxos gays enfrentarem uma turma on-line de Bruxos heteros do que fazer isso face a face. Um xingamento cibernético pode ferir emocionalmente, mas isso em geral é melhor do que um embate físico.

Mudanças, muitas vezes, encontram resistência, obviamente. Assim, algumas vezes os Pagãos heterossexuais liberais sentem-se magoados e atacados por Pagãos gays e dizem versões diferentes de frases do tipo: "Mas alguns de meus melhores amigos são gays!" e " O que mais eu preciso fazer para você ficar satisfeito?". (Os Pagãos gays liberais que estão saturados dizem coisas como: "*Eu* não tenho nenhum problema com Pagãos heteros! Eles é que são um bando de radicais!")

O presente que está sendo dado aos Pagãos heterossexuais é a chance de ver o mundo gay que eles desconheciam, e a chance de se libertar do sentimento inconsciente de superioridade heterossexual. O presente que está sendo oferecido aos Pagãos gays é a chance de despertar para a riqueza que sua própria sexualidade pode conferir à espiritualidade, assim como a chance de alcançar mais completamente um sentimento de igualdade e enxergar a verdade de que nós merecemos um lugar no mundo.

Alguns Pagãos heterossexuais aceitam esses presentes, outros, resistem a eles. Alguns Pagãos gays recebem bem os presentes, outros, os rejeitam. Como tudo, isso é um processo em andamento.

A internet pode dar poderes aos Pagãos gays para compreender que temos vidas espirituais únicas e ricas, que são dignas de exploração — apesar e por causa do fato de que nossas realidades espirituais serem um pouco diferentes daquelas vividas por nossos irmãos e irmãs heterossexuais.[4]

Alguns de nós encontram grande conforto, e também um profundo nível de intimidade, entre pessoas com quem compartilhamos um estado que nos é imposto pelo mundo

Quem tem a lançadeira?

mundano. O que quero dizer com isso é que se somos gays, podemos escolher trabalhar exclusivamente com outros Bruxos gays por causa do elo criado por nossas experiências compartilhadas na sociedade. Por motivos semelhantes, as lésbicas podem optar por trabalhar em um círculo onde não haja nenhuma energia masculina. E as mulheres, independentemente de sua sexualidade, podem se sentir à vontade trabalhando dentro de uma congregação totalmente de mulheres. Tais covens podem ser uma enorme fonte de cura, reintegração, crescimento e força.

Todos esses fios coloridos da Arte possuem uma presença on-line vital na forma de sites, listas de discussão e coisas do tipo. Alguns sites, além de apresentarem outros materiais de Bruxaria, traçam sua linhagem por covens em vez de indivíduos, favorecendo a autenticidade de suas tradições.

Agora, depois de uma década ou mais de exploração da nova mídia mágica de comunicação eletrônica e da internet, estamos testemunhando o surgimento das **cibertradições**. Como muitas tradições da Arte no espaço terreno, as cibertradições desenvolvem maneiras de trabalhar em conjunto, divindades da tradição, simbologias, Livros das Sombras, sistemas de treinamento e elevação e métodos de passar o poder adiante. Portanto, elas estabelecem um método de trabalho, um estilo e um sistema que as torna únicas. (Veja Capítulo 6, onde o fio da magia on-line reaparece.)

> CIBERTRADIÇÕES: Tradições de Bruxaria que existem exclusivamente no espaço cibernético, na Terra.

RESPONSABILIDADE E ÉTICA

Observar a arte dos feitiços e orações em um aprendizado leva muitos Bruxos, não todos, a adquirir o senso de responsabilidade cármica. Isso significa que aquilo que manifestamos no mundo retorna a nós de modo triplicado. Isso se chama Lei do Retorno Triplo, e significa que, se um Bruxo realizar um feitiço com uma finalidade negativa, algo que cause danos a alguém, ele então receberá uma negatividade três vezes maior.

Esse conceito tem sido observado no ciberespaço. Por algumas razões sutis e não sutis, a comunicação virtual freqüentemente incita as pessoas a serem grosseiras, não diplomáticas, imponderadas, arrogantes, desdenhosas ou inflamadas em seus ataques a outras pessoas. (Esse comportamento, obviamente, não é limitado aos pagãos; é um fenômeno comum.) Isso pode ser parcialmente explicado pelo fato de que conversar no ciberespaço significa digitar em um teclado e olhar para um monitor, em vez de falar com nossa voz e respiração olhando nos olhos de alguém; falar através de nossa mente sem compaixão em nossos corações; perder o tom e o timbre da voz de alguém; não observar a linguagem corporal da pessoa; não modular as palavras para serem impressas.

Quando isso chega ao povo da Bruxaria, em particular, é como pólvora sendo soprada em uma fogueira. Maldições geram maldições. O fogo entra em erupção violentamente e queima de modo rápido. Antes da internet, os desentendimentos poderiam se arrastar por semanas, ou até meses e anos, antes de chegar ao ponto de ebulição. Agora, a disputa explode no espaço cibernético, queima tudo o que estiver no caminho e morre por falta de combustível quando todo mundo se afasta do conflito — tudo na velocidade mágica da internet. Fritz Jung confirma isso: "Hoje em dia, fofocas ou situações emocionais na comunidade se arrastam por apenas poucos dias em vez de meses."

Os wiccanianos podem debater temas de interesse mútuo ferozmente em determinados momentos, mas, como não temos um conjunto de regras e leis estabelecidos, muitos de nós compartilham certos códigos de ética. Um deles é conhecido como Rede, a Rede Wiccaniana. Ele estabelece que "Sem mal nenhum causar, faça o que desejar" (ou "Faça como preferir"). O Covenant of the Goddess usa em seu código de ética a frase: "Se não prejudicar ninguém, faça como desejas."[5] A frase é baseada nas palavras de um mago cerimonial inglês chamado Aleister Crowley: "Faça o que quiser, pois é tudo da Lei. O Amor é a Lei. Amor sob vontade."[6] Muitos vêem a internet como uma orientação para a conduta correta. Outros pensam que isso é solto e também aberto demais para a maioria, possivelmente com interpretações conflitantes em determinadas circunstâncias — portanto, o debate continua.

Tudo isso situa a Bruxaria à parte de outras tradições religiosas. Enquanto muitas tradições de Bruxaria instituíram regras — e algumas, particularmente as tradições derivadas da Grã-Bretanha, fazem juramentos por meio de **sacramentos** —, não temos um código universal de comportamento, uma declaração de missão ou princípios de unidade. Quando o Covenant of the Goddess se formou, em 1975, ele declarou seu elo pela Lei da Arte, no entanto, como o CoG pontuou, a lei não era necessariamente idêntica em todas as tradições.

SACRAMENTOS: Um conjunto de leis ou regras pertencentes à prática, à tecnologia e às crenças de uma tradição de Bruxaria em particular.

Essa é uma das razões pela qual a Arte é tão diversa. Enquanto um coven ou tradição pode ter um conjunto rigoroso de critérios e regime de treinamento que o candidato deve cumprir para ser iniciado ou elevado, outras abordagens podem ser muito mais informais. No entanto, o que significa ser iniciado em uma tradição pode ser um pouco diferente em outra. Algumas tradições exigem que o iniciado memorize liturgia e rituais inteiros; outras apenas pedem que eles os leiam em livros. Membros de algumas tradições ainda podem rejeitar a idéia de realizar rituais manuscritos, preferindo trabalhar espontaneamente, conforme o espírito os guia. E algumas tradições ou covens podem insistir que o iniciado demonstre certas habilidades mágicas e talvez possua uma especialidade mágica — como herbologia, poesia, forja de metais, confecção de velas, dança ou uma arte divinatória.

Já vimos que alguns de nós possuem Livros das Sombras e outros, não; alguns fazem juramentos para aderirem a um certo conjunto de regras e outros, não; alguns trabalham somente com membros da família; alguns se reúnem com outros Bruxos de seu próprio gênero. Além disso, podemos trabalhar **vestidos de céu**, com mantos ou roupas do dia-a-dia.

VESTIDO DE CÉU: Nu, coberto pelo céu.

O que, então, além da rede (que para alguns ainda permanece como fonte de debate), temos em comum? Três coisas: as oito datas sagradas da Roda do Ano; um amor professado pela natureza, que inclui um comprometimento para viver em harmonia com nosso mundo em vez de abraçar a dominação, a exploração e o monopólio; e a Carga da Deusa. Essa carga, esse fragmento único de liturgia, é o acorde que toca verdadeiramente em todos os nossos corações e mentes. Há muitas variações da carga, mas a essência permanece a mesma. Este texto é tão poderoso que já viajou por todo o mundo. Pessoas que nos representam no mundo da inter-religiosidade internacional têm recebido manifestações amigáveis de um grupo de indianos que cultuam uma Deusa hindu e que reverenciam a versão de Doreen Valiente de "A Carga da Deusa".

A declamação de "A Carga da Deusa", tanto por uma Sacerdotisa quanto por um Sacerdote, ou pelo grupo falando como uma só voz, proporciona arrepios na espinha, faz o pêlo dos braços, do pescoço e da cabeça se eriçarem, nos deixa com lágrimas nos olhos. Toda vez que eu ouvi essa preciosidade litúrgica, reagi dessa forma, e o mesmo aconteceu com todos os presentes.

A Carga da Deusa

Ouçam as palavras da Grande Mãe, que, em outras eras, era chamada de Ártemis, Astartéia, Dione, Melusina, Afrodite, Cerridwen, Diana, Arianrhod, Brigid e muitos outros nomes:
Quando necessitarem de alguma coisa, uma vez no mês, e é melhor que seja quando a lua estiver cheia, reúnam-se em algum local secreto e adorem o Meu espírito, o da Rainha de toda Sabedoria.

Vocês estarão livres da escravidão e, como sinal de sua liberdade, apresentar-se-ão nus em seus ritos.

Cantem, festejem, dancem, façam música e amor, todos em Minha presença, pois Meu é o êxtase do espírito e Minha também é a alegria sobre a Terra.

Pois minha lei é a do amor a todos os seres. Meu é o segredo que abre a porta da juventude e minha é a taça do vinho da vida, que é o caldeirão de Cerridwen, esse é o santo graal da imortalidade.

Eu concedo a sabedoria do espírito eterno e, além da morte, dou a paz e a liberdade e o reencontro com aqueles que se foram antes.

Não exijo qualquer tipo de sacrifício, pois saiba, Eu sou a Mãe de todas as coisas, e Meu amor é derramado sobre a Terra.

Ouçam as palavras da Deusa Estrela, o pó de cujos pés abrigam a imensidão dos céus, e cujo corpo envolve o universo:
Eu, que sou a beleza da Terra verde e da lua branca entre as estrelas e os mistérios da água, invoco o espírito de vocês para que desperte e venha até a Mim.

Pois eu sou o espírito da natureza que dá vida ao universo.

De Mim todas as coisas procedem e a Mim todas devem retornar.

Que a Minha adoração esteja no coração que regozija, pois, saiba, todos os atos de amor e prazer são Meus rituais.

Que haja beleza e força, poder e compaixão, honra e humildade, júbilo e reverência, dentro de vocês.

E vocês, que buscam conhecer-me, saibam que sua procura e ânsia serão em vão, a menos que conheçam os Mistérios: pois se aquilo que buscam não se encontrar dentro de vocês, nunca o acharão do lado de fora.

Saibam, pois, Eu estou com vocês desde o início dos tempos, e Eu sou aquela que é alcançada ao fim do desejo.

— Doreen Valiente, adaptado por Starhawk

LIDERANÇA E "CLERO"

Pagãos não possuem um "clero" no sentido cristão da palavra. Não temos ninguém que nos ajude a interpretar leis ou escrituras, uma vez que não possuímos nenhuma dessas coisas. (O fio do clero e sacerdócio reaparece no Capítulo 7.) Mas isso não quer dizer que nossos correligionários — nossos coveners, Altas Sacerdotisas e Altos Sacerdotes — não proporcionem conforto, auxílio e ajuda a todos que se encontram em meio a um dilema ético. Eles podem, de fato, nos ajudar. (Também encontrei uma ferramenta para me auxiliar quando estiver confusa sobre o curso de uma ação: um livro chamado *When, Why... If: An Ethics Workbook,* de Robin Wood.) Finalmente, no entanto, como somos indivíduos responsáveis por nosso próprio comportamento, por tomarmos nossas próprias decisões, por optarmos pelo curso de nossas ações somos, essencialmente, independentes e autoconfiantes.

O estudioso pagão Gus diZerega explica que: "Uma vez que vemos o mundo como parte de uma dimensão do Divino, em vez de algo separado radicalmente Dele, naturalmente buscamos outras fontes, diferentes de textos, para legitimar o conhecimento e a compreensão espiritual. Quando o Divino é visto como manifestado dentro do mundo e por todo ele, é absurdo argumentar que a autoridade final está em um texto, especialmente um 'revelado' em uma língua de apenas uma pessoa, povo ou tribo."[7] Conseqüentemente, por ir além das religiões transcendentais, o paganismo enfatiza a experiência pessoal do divino por meio de rituais, meditação, contemplação, transe, incorporação de espíritos, busca da visão e coisas do gênero. Além disso, muitas tradições pagãs também se preocupam com a importância de ter uma linhagem de praticantes que seja capaz de treinar outros e que possa incorporar a experiência de incontáveis gerações dentro de uma tradição viva.

Isso nos leva ao tópico do conselho pastoral, que é aconselhar uma pessoa saudável mental e emocionalmente, geralmente um covener, quando ele se depara com uma crise em sua vida. O aconselhamento pastoral é utilizado para uma resolução mais rápida de um problema. Isso não deve ser empregado como substituto de uma terapia de longa duração, que é designada para focar temas pessoais profundos que precisam de maior atenção.

É natural para uma pessoa em crise chamar um amigo. Essa pessoa também pode decidir consultar sua Sacerdotisa ou alguma outra pessoa em seu coven — alguém em quem ela confie e cuja experiência de vida e julgamento ela respeite. Falar com um outro Bruxo é uma boa opção para um indivíduo que acredita que seu dilema pode ter uma base na magia, ou que práticas mágicas, como divinação ou trabalho de transe, podem conferir a ela alguma inspiração ou até mesmo uma resolução. Essa pessoa pode sentir que tem possibilidade de ser ajudada ou aliviada pela aplicação de práticas mágicas.

Um Pagão em crise pode sentir que um conselheiro convencional não compreende sua visão de mundo e que a tealogia pode não "ser a sua língua". Nós, pagãos, compartilhamos certas convicções, habilidades, imaginário e simbologia; isso nos possibilita usar um tipo de estenografia psíquica quando estamos falando com nossos correligionários. Para alguns que não estão familiarizados com nosso caminho espiritual, essas imagens e símbolos que compartilhamos podem parecer não ter significado algum, ou seu significado pode ser diferente.

Nas religiões convencionais, os membros de uma igreja ou congregação se voltam para seus sacerdotes e ministros para ajudá-los a superar a dor da morte de uma pessoa amada. Os coveners também se voltam às suas Altas Sacerdotisas e Sacerdotes (ou coveners companheiros) para se aconselharem em tempos de pesar.

Entretanto, há uma distinção entre aqueles com sabedoria para oferecer auxílio em tempos de crise e aqueles que dão esse consentimento. Creio que uma das forças sustentadoras dos caminhos pagãos seja a falta de autoridade central. A Bruxaria não possui nenhum líder carismático. Ao contrário, há muitos Bruxos carismáticos que possuem a habilidade, o treinamento, o temperamento e a inclinação para assumir funções de liderança. Há também líderes dentro de pequenos grupos de covens, e há outros líderes em áreas seculares da cultura da Bruxaria. Por exemplo, uma Sacerdotisa que manifesta poder pessoal, charme e adaptabilidade mágica dentro de seu coven pode ser considerada uma líder nesse contexto; mas isso pode não significar necessariamente que ela tenha discernimento social e político para agir estrategicamente com outros pagãos, tramando meios e métodos para assegurar nossa segurança e liberdade de culto. Por outro lado, um bom ativista de direitos Pagãos deveria ser capaz de exercer os deveres sacerdotais, ainda que suas habilidades sacerdotais não estivessem no mesmo nível de sua luta pela liberdade.

O mesmo é válido para sacerdotes católicos romanos, freiras e monges. Alguns servem como padres de paróquia ou como organizadores e administradores, outros como professores, enfermeiras, representantes ou contadores, e existem aqueles que servem como administradores e governantas; outros, ainda, como representantes de inter-religiosidade. O pregador mais motivador pode não ser a melhor pessoa para confortar uma criança ferida ou um avô no leito de morte.

O "culto da personalidade", que tem sido tão prevalecente na história da religião norte-americana, está totalmente ausente na Bruxaria contemporânea. Como mencionei, há Sacerdotisas e Sacerdotes carismáticos. Há autores articulados e teólogos fascinantes. Há, também, grupos específicos que crescem e brilham com criatividade e poder. E esses grupos possuem um ciclo de vida, como tudo neste mundo. Eles nascem, crescem, florescem, amadurecem, caem e, por fim, a maioria deles morre. Alguns renascem em uma nova forma.

Um coven pode durar anos, até gerações, mas muitos possuem tempo de vida curto. Conheço poucos covens que prosperaram por mais de 30 anos. Muitos têm 15 ou 10 anos. A maioria cresce de três a 10 anos antes de se dissolver ou ser reestruturado com mudanças suficientes para se tornar virtualmente uma nova entidade. Uma tradição transmitida teoricamente por sucessivas gerações de Bruxos vai sobreviver muito mais tempo do que um coven.

Agora que temos tradições cibernéticas e covens cibernéticos, talvez testemunhemos uma aceleração no ciclo de vida de nossas tradições e covens. E aqueles Pagãos que procuram sistematizar nossas crenças e práticas, para institucionalizá-las, poderão encontrar suas aspirações indeterminadas na natureza flutuante da acelerada internet.

Nesse meio tempo, nós, Bruxos, continuamos a não ter nenhuma autoridade suprema, nenhuma organização central que mantenha uma coesão política e social. Ao contrário, temos nossos praticantes solitários. Temos nossos covens pequenos e unidos. Temos tradições. Temos associações e ligas, grupos com interesses especiais e organizações culturais, educacionais, legais e de direitos civis — muitos dos quais se sobrepõem. Temos a internet.

Nossa autoridade está em cada um de nós. Essa convicção democrática compartilhada assegura nossa diversidade, uma diversidade que é essencial para qualquer ecossistema viável. Nossa autenticidade é demonstrada em nossas ações. Temos a vitalidade e a durabilidade de uma teia de aranha. Nós nos movemos ao longo dos filamentos tremulantes dessa teia, brilhamos como gotas de orvalho.

Capítulo 6

ENCONTROS E MUITOS
FIOS A TECER

A Bruxaria, uma prática mágica e espiritual mal compreendida por muito tempo, expandiu-se e tornou-se mais visível no início da década de 1970. Alguns dos Bruxos mais corajosos e públicos se mobilizaram em prol de interesses em comum, tradições semelhantes, direitos civis e defesa legal. Mais recentemente, uma grande variedade de filmes e séries de televisão sobre Bruxaria promoveu o interesse do público em geral. Estereótipos negativos e a ignorância das pessoas sobre o paganismo começaram a se dissolver com a expansão da internet em 1990. Bruxos e Pagãos se tornaram visíveis nas redes que são nossas vizinhas.

Ainda sou conservadora no que se refere a encontrar o treinamento que buscamos. Não incentivamos o caminho comercial de que muitas religiões costumam se valer. Não estamos nas esquinas distribuindo panfletos. Não temos nenhum pregador nos comandando. Não temos nenhuma construção para nos reunir. Mas se realmente desejarmos encontrar bom treinamento e formar relações próximas com outros Bruxos, conseguiremos isso. Será preciso procurar, e isso requer paciência, mas quando encontramos a situação correta, ela é a recompensa do esforço e da espera. Um de nossos pontos mais fortes tem sido que as pessoas que queriam nos encontrar, ser um de nós, se juntar a nós, precisavam nos procurar com empenho. Acredito que somos fortes, tanto individual quanto coletivamente, por causa desse esforço.

Com uma visibilidade maior e mais pessoas procurando aprender os caminhos Pagãos, surgiu a necessidade de professores e treinamentos. A demanda por treinamento excedeu o que os covens existentes podiam prover. Alguns treinamentos começaram a acontecer em salas de aulas, em vez de covens. Aqueles que participavam de aulas não conheciam necessariamente ninguém de antemão, nem eram selecionados por conveniência e compatibilidade, como poderiam ser se fossem treinados em um modelo de coven mais convencional. Mas, mesmo com as salas de aula abrindo as portas para mais pessoas, aqueles que viviam em áreas rurais ou em comunidades sociais conservadoras eram abandonados, sem ninguém para treiná-los. Contudo, eles tinham a internet. Possuíam seus computadores. Eles descobriram que tinham essa incrível ferramenta de comunicação governada pelo Deus Mercúrio. Assim, essas pessoas mais isoladas começaram a seguir seus caminhos no ciberespaço.

A essa altura, antes de olharmos mais de perto ao ensino on-line, gostaria de dizer "caveat emptor" ("Comprador, fique atento"). Esta é uma boa regra a se ter em mente ao contemplar qualquer compra. O mesmo se aplica para aprender magia, seja no espaço físico ou no ciberespaço. Discernir o que é autêntico e quem é sincero não é necessariamente fácil em todas as situações. Geralmente ficamos cegos pelo nosso profundo desejo de *acreditar*. Podemos ser muito ingênuos, especialmente quando estamos ouvindo aquilo que *queremos* ouvir. Quando conheci a Segunda Onda Feminista, havia muitos livros da "Deusa" em lojas, que contavam sobre as Deusas, suas características e personalidades e que áreas da vida elas governavam. Havia livros sobre a era de ouro do matriarcado. Por não ter muito conhecimento no assunto e realmente desejar que o que era dito nesses livros fosse verdade, eu acreditava neles. Eu e milhares de outras mulheres. Mais tarde, quando a arqueologia evoluiu como uma ciência e mais pesquisas foram disponibilizadas e publicadas, algumas das conclusões mais simplistas e extensas tornaram todos aqueles primeiros livros sobre a Deusa contraditórios. Todos que acompanharam aquela literatura ficaram sabendo que algumas das hipóteses formuladas sobre a cultura da Deusa e os matriarcados não eram baseadas em fatos. Assim, perdi minha inocência, mas ganhei uma percepção aguçada sobre o que constitui a pesquisa autêntica e a crítica.

Tal ingenuidade também pode se apresentar na busca espiritual. Você encontra algo que o toca fortemente e deseja acreditar naquilo. Talvez encontre uma professora carismática e comece seu treinamento com ela. Para todos vocês que estão embarcando em um caminho de aprendizado espiritual, recomendo olhar o muitas vezes citado *Advanced Bonewits' Cult Danger Evaluation Frame 2.5* (Estrutura Avançada de Bonewits para Avaliação de Perigos em Culto).[1] Isso é um conjunto de diretrizes para ajudar você a decidir se a pessoa com quem deseja treinar é verdadeira e confiável. É bom as pessoas terem diretrizes que as ajudem a avaliar aquilo que estão buscando. É com esse pensamento que exploramos os reinos misteriosos da magia no ciberespaço.

ENSINO ON-LINE

Quando a demanda por treinamento na Arte floresceu, muitas pessoas começaram a caminhar para preencher essa

SEMINÁRIO ON-LINE: O Cherry Hill Seminary ministra cursos de aconselhamento pastoral em formato acadêmico, com "aulas" on-line para fazer download e ler, e discussões e trabalhos determinados aos alunos que são enviados em uma lista de discussão para toda a turma. Mas a inclusão de uma sala de aula em forma de "sala de bate-papo", onde os estudantes podem interagir em tempo real, proporciona aos alunos uma forte sensação de reconhecimento uns dos outros como pessoas. E uma vez que o tema-chave do conselho pastoral é sobre aprender a ser aberto e realista com as pessoas enquanto as ouvimos, isso ganha uma grande importância.

Nem todos se adaptam bem à natureza rápida das salas de bate-papo, em que quatro "palestrantes" podem estar trocando suas idéias ao mesmo tempo. Como professora, eu aprendi que é bom compartilhar o entusiasmo das salas de bate-papo abertas com "alternância", onde eu faço uma pergunta e dou a cada aluno a chance de compartilhar seus pensamentos. Essa é a melhor forma de usar a sala de bate-papo;

lacuna. Alguns parecem ter adaptado com sucesso seus métodos de ensino para a internet, provendo seu material em formato similar a um vídeo instrutivo. Isso funciona bem em termos de aprendizado baseado em conteúdo e em texto, mas não estou convencida de que seja eficaz para o tipo de aprendizado que depende da dimensão experimental mais do que da intelectual. Muito do que ensinamos e fazemos é sutil. Em outras palavras, é fácil ensinar Bruxaria na internet, mas não é tão fácil ensinar a arte da magia. Com isso em mente, perguntei ao meu co-conspirador Adam o que ele pensava a respeito do ensino on-line:

Quando se trata de ensinar, a diferença entre estar em um MOO ou em uma sala de bate-papo é pequena — temos apenas algumas ferramentas extras. Uma delas é a arte da aula — muitas pessoas podem estar presentes, mas apenas uma pode ser ouvida. Outra é a sala tutorial — como uma sala de bate-papo, porém com mais controle do desenvolvimento da aula. A terceira é o uso de ferramentas de ensino virtual. Por exemplo, um antigo MOO (...) chamado "DynaMOO", costumava ter uma representação do assassinato de Lincoln (...) Você podia olhar para a sala, examinar os objetos e as pessoas, ver onde elas estavam sentadas, e assistir ao tiroteio. No InfoMOO um dos alunos criou um motor virtual de carro, que você podia consertar examinando as partes e trabalhando no que estava errado. Isso poderia ser feito melhor em gráficos completos de Realidade Virtual (RV), mas dessa maneira podíamos experimentar logo e alcançar resultados mais rapidamente — o que poderia levar muitos meses graficamente, levava apenas uma semana ou pouco mais em um MOO.

Neste momento, devo esclarecer que estou escrevendo a partir da perspectiva de uma Bruxa que vive no espaço ter-

Encontros e muitos fios a tecer

reno, quero dizer, como uma pessoa que foi treinada e continua a praticar rituais em espaços físicos com outros Bruxos e em tempo real. Ao contrário de Adam, eu nunca lecionei em um **seminário on-line**, mas já fui uma aluna on-line. (O fio da minha experiência com o aprendizado on-line reaparece no Capítulo 7.)

> isto dá tempo suficiente para que cada estudante com digitação lenta tenha a chance de ser ouvido, e cada idéia possa ser mais bem apreciada.
>
> — CAT CHAPIN-BISHOP

RITUAL, MAGIA E FEITIÇOS ON-LINE

No início da década de 1990, à medida que mais pessoas se conectavam à internet, e os desenvolvimentos tecnológicos criavam mais possibilidades para a comunicação eletrônica, Bruxos e pagãos começaram a experimentar o ritual on-line. O que são rituais on-line e como eles funcionam? Jehana Silverwing, que é uma praticante há muito tempo no espaço terreno, realizou inúmeros rituais on-line quando estava na Compuserve, e ficou surpresa ao descobrir que eles realmente funcionavam "se a pessoa lembrasse de não ser muito prolixa ao digitar".

Jehana nos contou sobre um ritual espontâneo que ela conduziu na Compuserve com um pequeno grupo em 1987. Foi uma cura para um membro do grupo. Nenhum deles tinha se encontrado antes, mas foram capazes de se unir e focar em sua vontade e desejo em comum, realizando assim uma cura bem-sucedida. Depois disso, eles continuaram a se reunir para curas e celebrações.

Como disse, sou uma Bruxa mais tradicional — se é que você pode afirmar isso de uma feminista radical eclética — e não tive muita experiência com rituais on-line. Para ser honesta, nunca me senti tentada a participar deles. Por essa razão, este capítulo sobre ensino, rituais, magia e arte on-line foi um dos mais difíceis de serem escritos. Aceitei a tarefa, porém, porque desejo fazer justiça a todos aqueles que realizam rituais on-line como uma parte cotidiana de suas práticas. Minha própria ignorância ou falta de inclinação não é razão para desprezar os rituais on-line. Muitos Bruxos que conheço e respeito asseguram que eles são ferramentas poderosas, e não estou em posição para contestar essas afirmações. Também sei o quanto é importante e significativo para pessoas isoladas e limitadas de alguma maneira possuir tal alternativa para compartilhar suas práticas. Indaguei diversos Bruxos experientes em rituais on-line, esperando que eles pudessem tecer suas linhas de raciocínio em nossa rede.

Quando seguimos os caminhos das linhas de aprendizado, discutimos tecnologias energéticas e sagradas. Aqui, levamos essas noções ao vasto reino do ciberespaço. O tecnopagão Mark Pesce diz que "a Arte não é nada menos do que a cibernética aplicada".

Desde 1994, meu co-conspirador Moose cria rituais on-line, algumas vezes para um grande número de pessoas. Ele realiza um workshop chamado "O cuidado e a manutenção ·de rituais on-line" nos festivais pagãos. Ao argumento de que pagãos, como praticantes de uma religião baseada na natureza, não podem cultuar seus Deuses on-line, Moose responde:

> Algum de vocês pode negar que cultos legítimos acontecem pela televisão? Ouso dizer que uma mudança de paradigma tem que ocorrer quando o culto se move do ambiente do rádio para a televisão. Uma mudança de paradigma similar provavelmente ocorre quando o culto se move do púlpito para a estação de rádio (...) e quando ele se move da palavra escrita à mão para a impressa (...) e quando ele se move da história oral para a palavra escrita (...) A adoração significativa é independente do nível tecnológico do adorador. Rituais on-line são, em minha experiência, tão poderosos e transformadores quanto qualquer ritual realizado no mundo real.

Adam explica sobre a energia on-line pela sua perspectiva de mago do caos: "Na maioria das vezes, é um tipo diferente de energia. Quando você fala para muitos sobre os trabalhos feitos especificamente on-line, essas pessoas, assim como muitos magos do caos, argumentam que diferentes energias requerem diferentes paradigmas. Mas isso ainda é compatível com os princípios básicos da magia na Wicca ou cerimonial."

Vamos observar de que forma os rituais on-line podem ser menos eficazes ou menos satisfatórios do que os rituais realizados no espaço físico. Vamos identificar elementos ou qualidades que podem ser diminuídas. Ao mesmo tempo, vamos identificar formas onde a magia pode ser intensificada por rituais on-line. Se algo se perder nesse novo meio, talvez outras coisas sejam conquistadas. Há aspectos benéficos na cibermagia.

No Reclaiming, tentamos trabalhar com os "diferentes tipos de energia" aos quais Adam se refere; a maioria de nós concluiu que algo foi perdido e algo foi ganho nessa mudança de paradigma. Quando começamos a formar nossa **e-célula** — um pequeno grupo responsável por manter a presença on-line do Reclaiming —, tentamos criar um espaço sagrado lançando um círculo virtual. Antes que fizéssemos isso, nos apresentamos e explicamos um pouco sobre nossas práticas mágicas, paixões, devoções, dedicações ou divindades pessoais, animais, plantas etc. Não fizemos nada para **purificar** o espaço, a não ser fazer algumas considerações na abertura. Fizemos um ritual que não foi feito em tempo real — ao contrário, foi seqüencial. Cada pessoa disse algo sobre a influência que desejava de cada elemento. Assim, de certo modo, cada um de nós lançou um círculo, um após o outro. Havia um atraso porque estávamos trabalhando via e-mail. Não estávamos juntos ao mesmo tempo. Contribuímos com

E-CÉLULA:
O Reclaiming opera em pequenas células de trabalho, cada uma delas focaliza uma área de interesse específica. Exemplos disso incluem células de professores, células de rituais públicos, células de periódicos e células administrativas. As e-células mantêm a presença eletrônica do Reclaiming e envolvem a construção e manutenção de diversas listas de discussão dentro da tradição.

PURIFICAR: Limpar espiritual e mentalmente; eliminar quaisquer pensamentos ou sentimentos que possam interferir na participação no ritual ou na capacidade de se concentrar e fazer magia. Entre as técnicas usadas para a purifição estão o banho pré-ritual, possivelmente em água aromatizada, sais Epsom ou ervas; a purificação do espaço com incenso e a aspersão de água salgada no ambiente e nos participantes.

a nossa parte quando nos conectamos e enviamos a mensagem. Construímos em cima das mensagens uns dos outros. Cada um de nós invocava uma divindade para pedir sua bênção ao nosso trabalho. Falamos sobre o que o trabalho mágico significava para nós, o que sentíamos, desejávamos e podíamos fazer, descrevendo nossos planos para a célula/ círculo. Nosso principal propósito era conhecermos uns aos outros, já que a e-célula era a única célula do Reclaiming cujos membros não moravam na área da baía de São Francisco — podíamos nos encontrar no ciberespaço.

Não posso dizer que *senti* algo no ritual. Nenhum impulso de reconhecimento mágico, nada (a vibração é perceptível quando isso acontece). Mas desenvolvemos uma melhor percepção um do outro. Tentamos permanecer atentos à natureza sagrada do trabalho que estávamos fazendo, mesmo que a maioria do trabalho fosse bastante mundano. Lembramo-nos de que estávamos construindo a mesma comunidade. (O fio da e-célula pode ser pego novamente mais tarde neste mesmo capítulo.)

RITUAL DO PROJETO DEUSA 2000

Eu também gostaria de mencionar outro tipo de ritual on-line (sobre o qual comentei no Capítulo 3), com o qual estive envolvida: o ritual de início do Projeto Deusa 2000, criado pela artista Abby Willowroot. Abby desejava lançar o Projeto Deusa 2000 com um ritual de abertura realizado no solstício de inverno de 1999. Ele foi chamado de "Dançando o Retorno da Deusa", e foi publicado no site do Projeto.[2] O plano de Abby era que todos ao redor do mundo realizassem o ritual no mesmo horário, às 20h do local onde moravam — sem se importar com o fuso horário. Dessa forma, a energia do ritual poderia ser carregada ao redor da Terra, passando de uma zona para a outra, durante toda a noite.

Durante o ano, Abby solicitou pequenos textos para o ritual de autores proeminentes, ritualistas, Pagãos, pessoas envolvidas com a espiritualidade da Deusa, visitantes de seus santuários on-line no Spiral Goddess Grove e pessoas que tinham respondido aos seus pronunciamentos sobre o Projeto Deusa 2000. Além de Abby, outras 16 pessoas contribuíram com poesias, cânticos, orações, bênçãos e outros textos para o ritual de abertura.

Abby e eu então criamos um roteiro ritualístico com todas as submissões. O roteiro incluiu instruções detalhadas para a realização de cada ato ritualístico, para a montagem do altar e a purificação do espaço de elevação de energia pelo canto; também incluímos uma descrição técnica de como realizar uma dança espiral. O ritual se iniciou com uma mensagem de boas-vindas, seguida pela bênção do autor Merlin Stone e por uma meditação de Hallie Austin Iglehart. Oferecemos dois textos distintos para o lançamento do círculo. Lunaea Weatherstone escreveu a invocação aos quadrantes. Depois que o círculo foi disposto e os quadrantes chamados, a Deusa foi trazida para o círculo por uma invocação dividida em três partes: começamos falando na terceira pessoa, progredimos falando diretamente com ela e então falamos através de Sua voz.

Depois disso, realizamos uma poderosa meditação incluindo dança e cântico, enviada por Selena Fox. Belas poesias que invocavam a Deusa foram proclamadas durante o ritual. Cantamos e dançamos em espiral para elevar energia e direcioná-la a toda arte da Deusa que trouxemos conosco e a que nós e outras pessoas que tinham participado do Projeto gerariam durante o ano. Depois disso, dedicamos uma oração a um milênio alegre e seguro, escrito por Marian Weinstein. Abençoamos as bebidas e alimentos que levamos para compartilhar no círculo sagrado e proferimos uma bênção final antes de agradecermos a todas as energias chamadas para o interior do círculo e, então, o desfizemos.

Além do roteiro, também publicamos um guia completo com instruções para todos que não tinham experiência em rituais, ou para aqueles que simplesmente se sentiam mais confiantes tendo essa informação. Incluímos um suplemento no ritual intitulado "Palavras de sabedoria dos anciãos", que foi criado para ser lido depois do ritual ou lido em casa.

O roteiro poderia ser usado em sua totalidade ou em partes. Encorajamos os participantes a adaptá-lo às suas práticas mágicas pessoais e ao estilo dos rituais, ou se inspirar nele para criar seus próprios rituais pessoais. Tomamos o cuidado de sermos bem específicas, assim as pessoas que fossem inexperientes em rituais poderiam ser guiadas, e ainda assim deixaríamos espaço suficiente para que ritualistas experientes o usassem como preferissem.

No dia e horário designado, realizei esse ritual com um grupo de 10 pessoas que reuni. Muitos de nós eram amigos e tinham realizado vários tipos de rituais ao longo dos anos, mas alguns só se conheceram pessoalmente no início do ritual. Decidimos usar o ritual exatamente como ele tinha sido escrito, porque eu o tinha co-redigido, juntado nosso grupo e todos queríamos ver como o roteiro iria funcionar. Ele foi programado para que tivéssemos o número certo de pessoas, para que cada um pudesse falar uma parte do roteiro. Assim, nos encontramos no espaço terreno, nos preparamos para realizar o ritual que tinha sido distribuído no ciberespaço e o realizamos. Depois de tudo, comemos, bebemos e conversamos. Todos nós nos sentimos alegres e conectados. Havíamos participado de algo grande, belo e benéfico para todos.

PREPARAÇÃO PARA O RITUAL:
PURIFICAÇÃO E ALTARES

Há certas coisas que ajudam a mudar minha consciência para aquilo que Starhawk chama de "visão estrelada"
(amo este termo). São coisas que uma pessoa *pode* fazer em
um ritual on-line, mas que terão que ser feitas separadamen-
te por cada participante, onde quer que a pessoa esteja trabalhando magicamente. Para começar, tenha certeza de que o
espaço onde você vai trabalhar é privativo. Moose recomenda desligar fontes de distrações externas — como o telefone —, como você faria em um ritual realizado fisicamente.
Uma das primeiras coisas que faço é tomar um banho para
o ritual ou me purificar de alguma outra forma. Obviamente,
você pode fazer isso sozinho baseado em suas próprias idéias,
mas eu realmente prefiro quando um(a) Sacerdote(isa) realiza uma purificação ritualística com todos os presentes, um
de cada vez. Você pode se purificar para um ritual on-line
com palavras, mas o uso de palavras isoladas não envolve a
sensação física da água morna em sua pele, aromas, fumaça,
unção com óleos. Eu amo inalar o incenso que flutua no ar
do espaço sagrado. Eu aprecio o ato de me mover por entre
a fumaça ao redor. Eu gosto de sentir o frescor da água salgada sendo respingada em minha face. Todos esses aspectos
do ritual se perdem em rituais cibernéticos.

Ainda assim, existem pessoas com sensibilidades a ambientes e que não toleram incenso ou óleo, e quando essas
pessoas participam de rituais on-line elas estão livres de serem expostas a essas substâncias que lhes são tóxicas. Se elas
forem alérgicas a gatos e seus companheiros de coven tiverem
gatos, este não será um problema se elas estiverem on-line.

É comum iniciar um ritual com um breve aterramento
ou exercício de centralização, como uma meditação guiada

MANUAL PARA ENCONTRAR UM PROFESSOR ON-LINE: Como um professor on-line pode demonstrar que é o instrutor certo para você?

• O modo informal e formal de a pessoa se comunicar on-line demonstra certa coerência e possui as características que você gostaria de ter um dia. Seus ensaios, pesquisas e conselhos públicos e visíveis devem ser embasados, ainda assim em seus e-mails particulares ela precisa demonstrar os mesmos valores que apresenta quando todos a estão observando.

• A pessoa demonstra uma forma respeitosa de seu comunicar on-line.

• O seu estilo de liderança se adapta bem a você.

• A pessoa sabe que em suas interações públicas ela deve considerar não só a audiência conhecida, mas a invisível, e então, de forma sutil, permitir que os que estão de fora se sintam incluídos.

• A pessoa pode responder a maioria das questões mais básicas dos novatos com a mesma atenção que ele dá às perguntas mais sofisticadas.

na Árvore da Vida. Isso é facilmente adaptável para rituais on-line. Ler uma meditação em um site (na parede do templo?) ou em uma tela conforme ela é digitada pode ajudar a nos mover para um estado alterado de consciência. Pode-se dizer também que o ato de ler e traduzir a informação que chega ao seu cérebro quando você está lendo o tira de um estado mágico de consciência colocando-o em uma consciência mais linear.

Um espaço confuso pode impedir o progresso da magia. Ter um monte de lixo ao redor pode interferir em seus rituais. Trabalhar em um espaço limpo nos ajuda a fazer a transição de uma vida mundana confusa para um estado mental mais sereno e centrado. Moose nos orienta a manter a área do ritual livre de confusão e incluir o computador nessa mesma área, ou decorar o computador como se ele fosse um altar.

Construir altares é o primeiro passo no ato colaborador, interativo e coletivo que é um ritual. Em nossa tradição, altares são geralmente criados por diversas pessoas, e não há fórmulas para o que deve ser colocado sobre ele. Contudo, se você estiver fazendo um altar do Ocidente poderá querer colocar conchas sobre ele; no altar do Norte você poderá usar ossos e pedras; e no do Oriente, penas. Acredito que criar um altar pode ser o início da mudança de consciência que uma pessoa possivelmente cultiva quando está criando um espaço sagrado. Preparar o espaço (limpeza da sala, varredura e assim por diante) faz parte desse processo para mim.

Para preparar qualquer ritual, também precisamos construir um altar num espaço sereno e sóbrio. Em rituais on-line, os participantes criam altares ao redor de seus computadores ou na sala onde estão trabalhando? Ou eles criam altares na tela? Todos os participantes vêem o mesmo altar? Quem os cria? Eles são fornecidos pela pessoa ou grupo que

Encontros e muitos fios a tecer

organiza e conduz o ritual? Eles são incentivados? Pessoas diferentes criam altares para direções diferentes? Cada participante possui quatro altares em quatro monitores em sua sala? Cada pessoa possui ferramentas reais (ao contrário de virtuais) para usar manualmente durante o rito? Os participantes queimam incenso? Eles produzem ritmos? Fazem um zunido? Cantam? Falam alto? Usam vestuários especiais?

Erik Davis escreveu na revista *Wired* que Mark Pesce, um operador de sistemas Pagão, o apresentou aos rituais cibernéticos explicando que: "Sem o sagrado não há diferenciação de espaço; tudo é plano e cinzento. Quando estamos prestes a entrar no ciberespaço, a primeira coisa que precisamos fazer é plantar o divino nele." Erik descreve um ritual on-line realizado em 1995, no qual os quadrantes, as torres de observação da cerimônia, geralmente simbolizadas por velas coloridas ou imagens, eram monitores em vez de altares: "Esta noite as torres de observação serão quatro PCs 486 conectados em rede por uma Ethernet e ligados a uma SPARCstation com uma conexão à internet." Isso reflete "o grau ao qual nossa sociedade substituiu ar, terra, fogo e água por silicone, plástico, fios e vidro".[3]

Talvez os altares usados em rituais on-line sejam abrigados em vastos templos virtuais. O Healing Circle, um espaço de ritual on-line, nos fornece uma linda descrição de seu espaço sagrado como um local ao mesmo tempo receptivo, purificador, centralizador e equilibrado, tudo isso ao mesmo tempo.[4] Ele oferece uma transição amável da realidade mundana para o espaço sagrado. Isso funciona na minha mente. Serve como um portal através do qual posso entrar em um espaço sagrado, um portal que me guia para outra realidade. O mesmo site também fornece conselhos sobre etiqueta ritualística, algo que ficaria em segundo plano

---

• A pessoa conhece profundamente os métodos de ensino on-line da mesma forma que conhece os métodos de ensino "cara a cara", e ela consegue compreender as diferenças que são necessárias à aplicação da técnica.

— Carol Maltby

para Bruxos treinados, mas que pode ser de grande auxílio e um fator tranqüilizador para alguém que é novo.[5] A maioria dos conselhos refere-se ao senso comum e às boas maneiras a serem aplicadas em qualquer tipo de ritual em qualquer religião, embora nunca seja demais repetir.

SOM, VOZ, RITMO

Sou boa em usar voz e canto para unir e elevar energia. Esta é uma das formas mais eficazes que conheço de mudar a consciência, criar energia, curar, invocar uma divindade e cantar invocações. Mas como isso é feito on-line?

Os participantes ouvem músicas gravadas? Se sim, todos eles ouvem a mesma seleção? A música vem de uma única fonte e, então, é reproduzida nos computadores dos participantes? Jehana explica como o seu grupo de ritual on-line coordenou para que todos tocassem a mesma música de fundo enquanto eles realizavam o ritual. (A música gravada permite que você se desligue de qualquer perturbação doméstica ou barulho externo que invada o espaço de seu ritual.)

Os participantes produzem ritmos? Moose inclui tambor em seus rituais on-line e o descreve para o grupo. Ele diz algo como: "A ASA começou a tocar o tambor. Devagar no início, mas de maneira forte e contínua. A batida se acelera. Uma contrabatida: tum-tum, tum-tum. Você consegue ouvir isso? Como um coração. Tum-tum-tum-tum. Acelerando. Mais rápido. Agora o tambor está rápido e o seu sangue está se igualando à batida. Rápido, rápido, cada vez mais rápido..." Isso, por mais evocativo que seja, não é um som de tambor real. Tudo acontece em sua cabeça. Quando perguntei a Moose como os participantes se harmonizavam ou se tornavam afinados uns com os outros, ele respondeu:

RITMO E TAMBOR: Os tambores e as batidas que eles produzem podem ser a estrutura na qual todo o resto do ritual pode ser construído. Quando o ritmo é empregado em um ritual, a sensibilidade e a habilidade por parte de quem toca são essenciais para a eficácia do ritual. Aquele que toca pode acelerar e intensificar a energia do círculo quando for necessário, e quando for apropriado suavizar e desacelerar. A pessoa que toca pode moderar a velocidade, o volume e a intensidade.

"Os participantes usam todas as suas habilidades ritua-lísticas comuns para elevar o cone. Eles são incentivados a fazerem isso por si só, mas em harmonia com os outros. As palavras (digitadas pelo facilitador, não pela massa) na tela marcam o progresso da elevação e assinalam a libera-ção de energia."

Moose afirma que elevar energia, transformando-a em rituais on-line, acontece "exatamente da mesma maneira que off-line — todos os métodos e precauções comuns estão em jogo. A única diferença significativa é que você pode estar fisicamente sozinho, e alguma vezes a energia alcançada pode afetar o modem. Se você é o tipo de pessoa que ocasional-mente se distrai, talvez não seja interessante escolher ritual on-line como sua primeira opção".

Perguntei a Moose como ele percebia elevação de ener-gia e as outras pessoas durante o ritual on-line.

No meio de uma elevação ou direcionamento de um cone de poder on-line eu não posso dizer honestamente que vejo os movimentos dos outros. Tenho uma percepção dos movimentos, mas é mais parecido com estar em uma né-voa, vendo áreas mais ou menos densas movendo-se de uma maneira ou de outra. (E eu estou usando "vendo" aqui de uma maneira muito abrangente.) Não sei se os movi-mentos que sinto estão diretamente relacionados ao tem-po e tom do teclado, mas já tive confirmações suficientes por e-mail para saber que algo mais do que o mero acaso estava acontecendo.

Gosto de respirar junto com as outras pessoas. Eu gosto de ouvir o inalar e exalar em conjunto. Gosto da hiperven-tilação na preparação para a magia. On-line, respiramos em uníssono, mas não podemos ouvir a respiração alheia. Eu

ESPÍRITO: O espírito está no centro do círculo; ele é a vida que é criada pelos elementos Ar, Fogo, Água e Terra; alguns Bruxos consideram o espírito por si só um elemento. Bruxos cantam: "Ar eu sou, Fogo eu sou, Água Terra e Espírito eu sou." Muitos Bruxos acreditam que o espírito é a consciência individual externa que existe independentemente de nossos corpos e é eterna, e a maioria acredita que toda forma de vida (animais, plantas, pedras, montanhas, rios) tem espírito. Alguns acreditam que o espírito de um indivíduo entra em um outro ser após a morte.

ESPIAR: Espreitar uma sala de bate-papo ou conferência. Na maioria das áreas on-line, espiar é um comportamento perfeitamente aceitável e, de fato, encorajado para que você perceba o terreno antes de postar seus comentários. No entanto, algumas áreas on-line, particularmente aquelas em que os participantes estão discutindo assuntos pessoais, impedem espiadas. Aquele que espia é conhecido como espreitador.[6]

gosto de unir as mãos em um círculo e sentir a energia circular de mão em mão. Não posso sentir a pulsação de meus companheiros pela internet.

ROTEIROS

Quando aprendemos a fazer ritual, a maioria de nós conta com algum tipo de roteiro. Poucas são as exceções a esse método de treinamento mágico. Os Pagãos que aprendem em livros, principalmente, tendem a usar roteiros. Sem um professor ou guia, temos apenas livros e nossa experiência pessoal para nos ajudar a encontrar o caminho. Roteiros podem ser lidos ou memorizados. Um roteiro inteiro pode ser lido por uma ou duas pessoas ou alguns oficiantes, restando pouco para outros participantes fazerem a não ser observar e ser absorvido pela experiência que está sendo proporcionada a eles. Quando nos tornamos mais aptos em ritualizar, mais familiarizados com o material e mais confiantes em nossas habilidades, podemos dispensar os roteiros e passarmos a realizar os rituais espontâneos — rituais não escritos previamente. Esta é a forma como aprendi; sei como me alinhar com as energias do momento, sejam elas a energia de um elemento ou de uma divindade, e falar à medida que o **espírito** me comove. Alguns de nós podem fazer isso com facilidade, enquanto outros trabalham melhor com mais estrutura e controle.

Moose tem uma cópia de seu roteiro ritualístico em um lugar visível de seu monitor. Ele trabalha com uma equipe de líderes em que todos possuem cópias do roteiro e estão preparados para assumir o lugar de um oficiante cuja conexão venha a cair, deixando-o de fora do espaço ritualístico. Tanto Jehana quanto Moose alertam para rituais muito longos, pois eles perdem a inflexão e podem se tornar enfadonhos, resultando na perda da atenção dos participantes. Jehana também nos alerta para não passarmos pelo roteiro do ritual muito rapidamente.

Na internet, tive a oportunidade de ver alguns rituais on-line que são em sua essência roteiros amáveis, com uma pessoa diferente "lendo" ou "encenando" cada uma das partes. Ainda não entendo como esses rituais podem funcionar magicamente. Qualquer um pode digitar: "Salve, Guardiões das Torres de Observação do..." — mas como isso pode ser algo além da mera digitação? Isso se torna algo mais quando é lido pelos outros? Como isso pode ser diferente de ler instruções em um site e preencher um espaço em branco? O fato de digitar novamente as palavras de um roteiro dentro do contexto de um ritual on-line substitui a pronúncia daquelas palavras? Por mais belo e lírico que um texto possa ser, como digitar de novo, reler ou falar novamente tais palavras dentro de um contexto de um ritual on-line é significativamente diferente do que simplesmente lê-las e apreciá-las sozinho? Para Jehana: "Há algo em relação ao fato de colocar uma pessoa nesse espaço e deixá-la *vivenciar* isso que é importante. É o ato de conexão ativo, e não passivo, que movimenta a energia — e mesmo que a proximidade e todas as outras coisas ajudem na mesma proporção, isso não é inteiramente essencial, conforme descobrimos, para nossa sorte."

Moose e Jehana conduzem rituais on-line juntos. Moose descreve a dinâmica que faz esses rituais funcionarem para ele: "O trabalho é preenchido com energia e intenção pela pessoa que digita. Algo como carregar magicamente o seu voto antes de colocá-lo na urna." A digitação do ritual requer alguma habilidade especial? Moose explica que um Alto(a) Sacerdote(isa) ou qualquer outra pessoa que conduza um ritual pode manipular a energia do ritual: "Qualquer pessoa que puder digitar e tiver o roteiro *pode* exercer a função, mas isso não seria necessariamente magia. Descobri que colocar as palavras na tela, uma por vez, e ativamente decidir quanto tempo esperar para cada frase aparecer, faz parte do conjunto de habilidades da ASA ou do ASO on-line."

Ceffyl é uma outra ritualista on-line experiente. Ela fala da vulnerabilidade que ela e outros algumas vezes vivenciam, uma vulnerabilidade que parece afiar sua intuição sensitiva:

Parece um absurdo você se permitir participar de um ritual on-line do mesmo modo que participa de um pessoalmente. Você mencionou anteriormente o fato de as pessoas assumirem identidades on-line, brincarem ou terem uma máscara (...) terem uma falsa intimidade. Existe o outro lado disso — essa mesma sensação de intimidade cria um efeito interessante em círculos on-line. Se você está em um círculo on-line e pede para todos visualizarem que estão de mãos dadas, isso pode ter um efeito muito maior do que se todos estivessem juntos. Você está estabelecendo uma ligação de energia imediata com as outras pessoas. Você fica muito mais aberto fazendo isso do que em um círculo regular, onde pode simplesmente deixar a energia fluir através dos seus ombros se desejar participar dele, mas não necessariamente contribui muito para ela (por ter tido um péssimo dia ou qualquer outra razão).

Assim, a maneira como participo de círculos on-line é um pouco diferente da que participo pessoalmente. Sou muito mais exigente on-line, o que provavelmente não faz muito sentido. Mas é a intimidade ou o trabalho energético que me torna muito cautelosa. Há pouquíssimas pessoas que eu poderia considerar para me reunir on-line; pessoalmente, é algo completamente diferente.

De onde estou, é muito difícil compreender como um círculo no ciberespaço pode ter um efeito mais poderoso do que um no espaço terreno. Talvez isso seja percebido assim por uns e não por outros. Mesmo quando todos os participantes estão no mesmo espaço físico, a experiência do ritual compartilhado pode variar consideravelmente para cada um. Porém eu me pergunto como saber, on-line, quando uma pessoa está bloqueando a energia ou simplesmente está sendo cabeça-dura. Você nota uma quebra de ligação energética? Como você determina se é isso que está acontecendo?

Moose e Jehana enfatizam a importância de um envolvimento de todos os participantes no ritual dando espaço para outros "se expressarem". "Você precisa dessa resposta, porque, de outra forma, é difícil saber se há alguém lá" insiste Moose. Os rituais de Moose são realizados num formato de representação ritualística, com uma "equipe de liderança", "músicos", "participantes" e "leitores". Ele diz que "o ritual deve incluir algo que faça o participante se mover fisicamente" — a pessoa pode, por exemplo, apontar seu athame, dedo ou bastão e traçar um círculo ao seu redor. Além disso, Moose sugere que cada participante tenha em mãos algum pequeno item, como uma pedra, para infundir a energia elevada no ritual.

FLUXO DE ENERGIA

Comecei a assistir aulas em salas de bate-papo há algumas semanas. É a minha primeira experiência desse tipo. Descobri, no entanto, que a coesão e o fluxo da aula têm a ver com nossa disposição — por causa do atraso na comunicação eletrônica — para não esbarrar na linha de raciocínio do outro. Shawn Arthur expressa uma frustração semelhante:

Como qualquer pessoa que já participou de muitos rituais cibernéticos (com muitos anos de experiência em outro tipo de ritual em meu currículo particular), posso afirmar que é muito difícil se concentrar em um estado meditativo quando: você tenta ler em um monitor com reflexo; se concentrar em digitar legivelmente; você quer escrever ("dizer") algo e outras pessoas estão mudando de assunto; a sala de bate-papo onde você se encontra está com algum problema; você está se comunicando por mensagens instantâneas; você está tentando conduzir o ritual e participar dele também e assim por diante. Quando alguém perde o seu estado meditativo, a IBM e a AOL deixam de ser sagradas no mesmo instante!

Se esse método de comunicação é desafiador no contexto da aula, então, quão mais desafiador ele é no contexto do ritual, quando você deseja que seus poderes de visualização e foco sejam claros e aguçados? Moose admite que isso constitui uma desvantagem para os rituais on-line — mas "placas de modem, linhas telefônicas com interferência e tempestades repentinas são partes simples do panorama no ciberespaço". Uma vez que esses fatores irritantes podem fazer com que a "equipe ritualística" desapareça durante o ritual, ele recomenda ter um plano extra.

ESPAÇO/CÍRCULO SAGRADO

Quando mencionamos as formas de aprendizado, discutimos formas de consagrar o espaço e focar no sagrado. Lançamos círculos com gestos, palavras, ferramentas, sons e aromas. Usamos ferramentas e técnicas para efetuar as mudanças de consciência que podem nos possibilitar sentir a intensidade e a proteção das interferências externas que o espaço sagrado provê. Como criamos espaços sagrados on-line? Se fizermos em tempo real em uma sala de bate-papo, abençoamos a sala no ciberespaço em vez de uma sala particular ou um outro ambiente em um hotel ou saguão. É possível emitir um círculo on-line? Se for, como caminhamos ao redor do espaço? Ceffyl diz:

Criar um espaço sagrado on-line é mais ou menos como criar um espaço sagrado pessoalmente. As etapas são as mesmas. A diferença é onde você o lança. Recentemente, fiz isso em um ritual on-line de Imbolc com minha melhor amiga que estava no Japão na época. Lançamos um círculo entre nós, assim esse círculo estava ao redor da mesa do meu computador e de onde ela estava sentada. Por incrível que pareça, não fizemos isso em uma sala de bate-papo, mas enviando mensagens. Decidimos o que iríamos fazer, o formato básico, e assim procedemos. Nenhum roteiro, nada escrito previamente. Tudo funcionou muito bem.

Uma outra vez realizei um ritual de dedicação de um aluno on-line em um ambiente MUD que havia escrito. Criei um ambiente virtual completo (baseado em texto), com altares em cada quadrante, elementos e seus itens representativos, altar principal, velas etc. Ele também poderia acender velas. (Emoções são sempre úteis.) Isso criou um sentido forte de espaço sagrado. Esse ritual teve um roteiro.

ENTRE OS MUNDOS E O CIBERESPAÇO

Existem similaridades entre aquilo que Bruxos conhecem como o lugar "entre os mundos" e aquele conhecido como ciberespaço? Opiniões sobre esta questão são divergentes no mundo Pagão. Shawn Arthur diz:

Acredito que para muitos Bruxos o ciberespaço e o reino entre os mundos possuem muitas áreas de interseção. A maioria dessas áreas está na mente do mediador.

Cognitivamente, esses dois reinos podem ser muito semelhantes se alguém se propuser a explorá-los de forma comparativa. O "reino entre os mundos", que é uma frase usada geralmente relacionada ao espaço sagrado, pode ser teoricamente transplantado para a realidade do ciberespaço, especialmente se alguém usar o ciberespaço para isso. Em outras palavras, o reino entre os mundos em um ritual wiccaniano é o mesmo que estar ou não em um círculo físico com amigos reais, em um círculo físico com amigos cibernéticos ou em um círculo cibernético com amigos cibernéticos.

As qualidades instantâneas do ciberespaço, juntamente com a disponibilidade da virtualidade (da mesma forma que as habilidades de visualização bem treinadas — a palavra "cálice" digitada na mente do praticante se torna um cálice e, então, parte da realidade do praticante, embora sem representação física), proporcionam a um número crescente de pagãos um "espaço" alternativo para suas práticas. Eu, no entanto, penso que os praticantes que possuem práticas extensivas em círculos físicos se beneficiam muito mais dos rituais cibernéticos do que aqueles que possuem pouca ou nenhuma experiência (uma vez que os aspectos análogos do ciberespaço e espaço sagrado físico só podem ser identificados se a pessoa conhecer ambos — obviamente, aqueles que tiverem realizado apenas rituais cibernéticos podem ter um conceito completamente diferente do espaço sagrado) (...) Eu pratico rituais (físicos e cibernéticos) da mesma forma em muitos aspectos. Penso no espaço cibernético e no "espaço entre os mundos" como um lugar de redes de interligações extremamente complexas. Conhecer diferentes aspectos das redes permite que os trabalhos nesses ambientes sejam realizados (da mesma forma que um xamã aprende a trabalhar com diversos aspectos do submundo).

Moose acrescenta: "A internet é uma boa prática para se conhecer o espaço entre os mundos. Ela nos ensina a pensar nas pessoas como personalidades em vez de corpos, e nos lugares como centros de sinergia em vez de destinos. Esse é um mundo paralelo ao real, em muitos aspectos, ao panorama interior de estar entre os mundos." Moose pensa que podemos ficar entre os mundos no ciberespaço, mas ele não está convencido de que o ciberespaço seja necessariamente esse lugar mágico intermediário. "O ciberespaço é um lugar de onde alguém pode viajar entre os mundos. O ritual é uma porta de acesso a ele. A porta simplesmente está no ciberespaço." E Moose sugere uma outra maneira de olhar para rituais que acontecem no ciberespaço: "Se todos os caminhos levam à verdade, isso inclui o ritual on-line."

Aqui estão algumas perguntas provocativas que surgiram sobre o paralelo entre o ciberespaço e o espaço "entre os mundos". Não proponho respostas, apenas ofereço as perguntas como combustível para o pensamento, até que nossos futuros Bruxos cibernéticos as expliquem.

- Em termos neoxamânicos, o ciberespaço se compara aos Mundos Superior ou Inferior em vez do Mundo Intermediário?[7]
- Como a utilização do meio virtual para ritualização se harmoniza com o que muitas vezes reivindicamos ser a ênfase admirável do paganismo na imanência, no corpo e na própria Terra?[8]

E aos Bruxos que têm praticado rituais cibernéticos poderosos e satisfatórios com pessoas que eles conheceram primeiro pessoalmente, eu pergunto:

- Vocês acham que os rituais funcionaram bem porque vocês já se conheciam no mundo real?
- Vocês acham que isso poderia ter funcionado tão bem com pessoas desconhecidas?

COVENS ON-LINE

A palavra *coven* pode ter significados diferentes para pessoas diferentes. Para o propósito dessa discussão o termo representa uma pequena congregação de Bruxos que se encontra regularmente para realizar ritual, culto e/ou trabalhos de magia. Um coven é um grupo familiar, muito íntimo; cada membro está ciente e sensível aos dons especiais, talentos e força dos outros coveners.

Como os covens on-line se comparam aos covens em que as pessoas se encontram pessoalmente? Algumas descrições anteriores de rituais on-line se referem à participação de coveners. Nesse sentido da palavra, covener pode ser qualquer um que se conecta ao ciberespaço onde o ritual está acontecendo. Todos os participantes podem ser estranhos uns aos outros — exceto o facilitador que organiza e executa o ritual. Compare isso a um ritual em um coven estabelecido, em que os participantes desenvolveram um profundo nível de amor e confiança.

Os internautas interessados em covens virtuais podem encontrar uma grande quantidade deles. Livros sobre covens virtuais, cibermagia e como praticar a Arte on-line estão começando a ser publicados. Os covens virtuais possuem a mesma intimidade verdadeira que bons e velhos covens têm?

Ou qualquer percepção de intimidade sentida pelos coveners on-line pode ser ilusória? Essa percepção pode ser resultado de um desejo? Os covens virtuais vivenciam os mesmos conflitos internos ocasionais que os covens no espaço físico? Se isso acontece, como eles são resolvidos? Se alguém é magoado, os outros podem realmente sentir sua dor? Eles podem ver suas lágrimas? Como os coveners virtuais se abraçam? Eles repartem o pão juntos no fim do ritual? Eles precisam aterrar novamente da forma como fazemos depois de um ritual realizado em um espaço físico?

Ao fazer estas perguntas, pode parecer que eu esteja desacreditando a validade de um coven virtual. Mas não estou. Ao contrário, estou tentando compreender uma tecnologia relativamente estranha, ainda que maravilhosa. Quando eu era criança, poucas casas tinham uma televisão. Nenhum recipiente de metal tinha saído dos limites da gravidade da Terra. Nenhum ser humano tinha colocado os pés na Lua. Minha religião e espiritualidade são inspiradas nas visões trazidas pelos quatro ventos; energizadas pelo calor do Sol; carregadas pelo sangue que corre em mim e aterradas em minha carne e ossos.

INTIMIDADE

Há algo estranho na comunicação via internet: ela parece incitar pessoas que mantêm aspectos saudáveis em todos os outros setores da vida a pôr de lado todas as suas precauções. A internet possui uma qualidade sedutora que nos induz a descontrair. Em outras palavras, ela cultiva uma intimidade instantânea.

Quando você aspecta, você se prepara e tem um companheiro de trabalho, deixa sua personalidade de lado para que a divindade possa falar através de você. Na transfiguração, você "se veste de glamour" e aparece em uma forma diferente daquela que usa na "realidade comum". Quando você usa uma máscara, você apresenta uma face diferente ao mundo, e pode se mover e agir como se não fosse você, "atuando" por trás da máscara.

Isso pode ser feito on-line? Acredito que sim. Como sugeri, on-line as pessoas podem ser seduzidas a relaxar sua inibição, especialmente em e-mails particulares, discussões e bate-papos reservados. Isso as permite deixar sua personalidade diária de lado para que a divindade possa dominar. Ao mesmo tempo, muitas pessoas fazem isso intencionalmente para alcançar outros fins — como o policial que se passa por uma garota adolescente enquanto trabalha em uma busca on-line. Ou o pedófilo que tenta seduzir jovens vítimas na internet. Ou qualquer um que tente atrair outras pessoas mostrando on-line algo que ele não é — um atleta, um fisiculturista, uma modelo. Algumas pessoas podem identificar prontamente um impostor pelo contato on-line. Outros são mais crédulos, menos sensitivos ou, até mesmo, mais inocentes. Esses, podem ser ludibriados. Eu geralmente acredito naquilo que uma pessoa apresenta a mim — não sou desconfiada por natureza.

Com a minha limitada experiência em rituais on-line, posso dizer de longe que nunca senti arrepios em minha espinha da forma como acontece em rituais em espaços físicos. No entanto, há Bruxos que conheço e respeito que afirmam que rituais on-line funcionam. Portanto, eu sinto que não posso desprezar esses rituais só porque não os experimentei com a mesma intensidade e potencial transformador que outras pessoas. Como posso dizer o que eles provocam em outras pessoas? Valorizo a interatividade da respiração em conjunto com meus companheiros de círculo, olhar um nos olhos dos outros, sentir a energia circular de mão em mão.

Quais são os substitutos on-line para esses pontos? Não acredito que haja algum, mas isso me deixa intrigada com o tipo de experiência mágica que as pessoas vivenciam no ciberespaço que não são possíveis de serem sentidas estando no mesmo espaço físico.

Moose diz: "Eu concordo que religiosos da natureza que vivem sua religião no espaço terreno provavelmente jamais vão usar o ciberespaço para algo além de um ritual experimental." E Fritz acrescenta: "Para mim, a internet jamais terá o impacto da luz de uma vela ao vivo. Essa é uma das razões de estarmos trabalhando tão arduamente para desenvolver nossa seção de rede de comunicações. Para nós, isso acontece melhor em um nível local/físico."

INFORMANDO E MOBILIZANDO PARA SEGURANÇA E MUDANÇA

Eu tendo a pensar no paganismo como um movimento em vez de uma comunidade. Somos formados por comunidades diversas. Pegando o fio da rede de comunicações on-line dos Bruxos (que apareceu anteriormente no Capítulo 3), vamos observar o que reúne as comunidades pagãs em um movimento atualmente.

Eu trabalho há aproximadamente quatro anos com um grupo de pagãos, não apenas Bruxos, em alguns projetos. Começamos como um grupo informal de aproximadamente 15 pessoas que foram procuradas para prestar informações e opiniões sobre o projeto de um dicionário coordenado pela Pagan Educational Network, PEN (Rede de Comunicação Educacional Pagã). Depois, nos reunimos de uma maneira mais organizada em uma lista de discussão chamada OurFreedom. Essa lista surgiu como uma resposta aos ataques à Arte por parte de um congressista da Geórgia chamado Bob Barr, durante a vigília do ritual do equinócio da primavera em Fort Hood em 1999. Escrevemos uma matéria enfatizando os direitos garantidos pela Primeira Emenda e a liberdade religiosa garantida pela Constituição dos Estados Unidos.[9] Coletamos dinheiro suficiente (700 dólares) entre nós mesmos e pagamos uma empresa para fazer a distribuição da matéria. Em julho de 1999, isso foi enviado ao Presidente Clinton, todos os senadores, congressistas, serviços telegráficos, televisões, redes de rádio e aos maiores jornais metropolitanos. Essa foi a primeira vez que um número tão variado de pagãos se uniu para chamar a atenção para um assunto importante e comum a todos.

Os participantes desse projeto — os signatários que representavam os vários grupos pagãos — foram encorajados a distribuir a matéria aos seus legisladores locais e estaduais, assim como à mídia local, além de informar para a imprensa o nome das pessoas a serem contatadas. A matéria foi um documento histórico verdadeiro, assinado por pessoas de grupos que tinham, no passado, por quaisquer razões, desconfiado umas das outras. Menos de cinco anos atrás, alguns dos grupos pagãos participantes jamais teriam endossado o mesmo documento. Ainda assim, no verão de 1999, essas pessoas foram suficientemente sábias e prudentes para deixar de lado pequenas diferenças e trabalhar em prol de um interesse em comum. Isso, para mim, é sem dúvida a indicação da maturidade do movimento Pagão.

Além disso, a resposta mais recente do movimento ao pedido do Presidente Bush pela articulação de propostas religiosas beneficentes foi realizada com a mesma solidariedade que alcançamos com as colaborações prévias. Estou orgulhosa de ser uma das signatárias da carta que enviamos ao presidente lembrando-o das garantias dispostas em nossa Constituição e Declaração de Direitos, e a importância de manter a separação entre Igreja e Estado. Se houver uma fenda no muro que divide as duas instituições, essa barreira crucial será violada. Não podemos permitir que isso aconteça. Precisamos permanecer ativos e vigilantes. Aqueles que querem nos impedir de assegurar os nossos direitos estão colocando a todos em perigo. Nós somos o mundo; precisamos mantê-lo seguro e limpo.

A internet tem sido uma poderosa ferramenta para Bruxos em ação. Podemos nos comunicar, organizar e mobilizar com uma rapidez sem precedentes. Em minha própria comunidade, Reclaiming, que é muito mais politicamente ativa que a maioria das Tradições da Arte, temos montado ações sucessivas e gerado suporte para elas na internet. Em 1998, nos reunimos para protestar contra o desmatamento da preciosa e antiga floresta de sequóias da Floresta Nacional de Headwaters, no condado de Humboldt, Califórnia. Participamos de um protesto grande e apaixonado organizado pela Earth First! e outros grupos. Meu companheiro Corby, nossos amigos Cary the Faery e eu seguimos para um acampamento no meio das sequóias e nos juntamos a um grupo de apoio aos ativistas. Antes de sairmos de casa, nos comunicamos por e-mail para nos assegurar de que tínhamos todos os suprimentos necessários e que cada pessoa sabia que era responsável por seu fogareiro, comida, roupas secas e outros materiais. Sabíamos onde encontrar com nosso grupo. Quando nossos ativistas retornaram, nas primeiras horas da manhã, molhados, com frio e cansados, montamos uma cozinha improvisada e preparamos café, ovos e frutas frescas.

Muitos dos suprimentos foram doados por comerciantes de nossas cidades. Uma amiga, Tami, solicitou produtos frescos dos mercadores de onde fazemos nossas compras semanais. Os agricultores retribuíram com gratidão e apoio com suas frutas e vegetais. Tami ficou sabendo via e-mail que os ativistas estavam precisando de apoio. Embora nem ela nem os fazendeiros tivessem condições para ir até a floresta, Tami carregou alguns carros com as doações que conseguiu e os enviou em nossa direção.

Mais tarde, depois que retornamos da ação, enquanto os ativistas em tempo integral ainda bloqueavam caminhões que transportavam madeira e Julia Butterfly começou seus dois anos de vivência em Luna, tivemos noção do tipo de apoio — emocional, financeiro e espiritual — que os protestantes precisavam e fizemos o que podíamos.

Em dezembro de 2000, muitos ativistas Pagãos que conheço e amo foram até Seattle para protestar contra as reuniões da World Trade Organization (WTO). Apoiamos os manifestantes, presos ou não, através da rede de comunicação que compartilhávamos com outros Bruxos pelo país e pelo mundo, e pudemos distribuir notícias às famílias rapidamente. Essa ação foi muito além de minha comunidade do Reclaiming, assim que relatórios de estudantes, professores, repórteres, enfermeiros e ativistas de todos os tipos passaram de lista em lista. Um grande número de Pagãos não sabia da existência da WTO antes de a ação acontecer, muitos sequer conheciam os malefícios provocados por ela à sociedade, ao meio ambiente e à economia. Foi uma época agitada. Aqueles que não puderam estar no local da ação se sentiram conectados a ele de uma forma quase que imediata. Os simpatizantes dos Bruxos de todo o mundo e-conectado trocaram energia com os nossos companheiros nas ruas de Seattle. Todos aqueles relatórios e conexões nos apoiaram de uma maneira que nunca sentimos antes. Para muitos de nós, isso foi uma fonte de esperança.

TOMADA DE DECISÃO CONSENSUAL ON-LINE

Minha tradição, Reclaiming, é livremente organizada em grupos de trabalho que chamamos de "células". Muitos podem achar que isso é um legado do Partido Comunista, mas vejo isso como um padrão orgânico semelhante ao da comunidade de abelhas. De qualquer forma, cada célula do Reclaiming é autônoma, embora seja responsável por uma roda. Não vou tentar explicar a estrutura misteriosa do Reclaiming aqui, mas tentarei descrever uma célula em particular: a e-célula, na qual trabalhei durante anos. A e-célula mantém a presença eletrônica do Reclaiming. Toda célula do Reclaiming opera por consenso; consenso é o nome de uma categoria ampla do processo que evoluiu das práticas religiosas da Religious Society of Friends (Sociedade Religiosa de Amigos), os quakers.

> [Consenso é] uma forma não violenta de as pessoas se relacionarem umas com as outras como um grupo. O consenso nos permite reconhecer nossas áreas de concordância e agir conjuntamente sem coerção. Pelo consenso, o grupo não toma nenhuma atitude que não seja consentida por todos os membros. O direito fundamental do consenso é permitir que cada pessoa possa expressar a si mesma, suas palavras e seu próprio desejo; a responsabilidade fundamental do consenso é assegurar ao outro o direito de falar e ser ouvido.[10]

Você pode encontrar uma pequena biblioteca de artigos sobre o processo de consenso no site do Reclaiming. Creio que os processos de consenso se adaptam bem às organizações pagãs. Nossa e-célula se adaptou ao processo de consenso para ser usada no ciberespaço. Quando a célula começou, ele era composta por pessoas que viviam na área da baía de São Francisco e estavam conectadas coletivamente ao Reclaiming, assim todos nós nos conhecíamos pessoalmente. Compartilhávamos o objetivo comum de manter a presença eletrônica do Reclaiming e tínhamos confiança de que era possível trabalhar juntos confortavelmente. Quando o coletivo se dissolveu e se metamorfoseou em uma grande entidade, isso permitiu à e-célula se expandir além dos limites do norte da Califórnia.

As células de atividade têm um tempo de vida limitado porque geralmente são formadas para um projeto que irá por fim se completar. A e-célula é uma célula permanente, então, ocasionalmente, as pessoas saem dela. Elas podem mudar de interesse, sentir que contribuíram mais do que podiam ou, ainda, ter prioridades pessoais que impeçam a continuidade de seu envolvimento ativo. Uma célula boa e forte precisa ter pessoas suficientes para realizar as atividades necessárias, permitindo ainda que seus membros individuais possam assumir responsabilidades mais leves vez ou outra. Algumas vezes, os membros da célula podem até tirar férias prolongadas, planejando retornar em seu devido tempo.

As células se expandem quando é necessário — quando se tornam pequenas demais para a realização do trabalho, quando os membros precisam de um intervalo ou quando desejam levar adiante projetos relacionados. Na e-célula, isso pode representar que a célula deseja adicionar mais páginas ao site e precisa de alguém para colocá-las no ar e fazer a manutenção das mesmas. Isso envolve geralmente alguém que colaborou na célula de algum projeto particular (caso seja uma célula orientada a um projeto), como auxiliar uma célula de rituais públicos a organizar um sabbat, ou uma pessoa que tenha expressado desejo de trabalhar mais na célula. Como essa pessoa já trabalhou com eles, os membros da célula tiveram uma chance para conhecer e avaliar suas habilidades e comprometimento. Possuir habilidades especiais não é o principal pré-requisito para participar de uma célula — muitas células gostam de treinar novas pessoas que desejam aprender diferentes tarefas. É importante, no entanto, que os membros dessa célula conheçam e confiem em todos aqueles com os quais vão trabalhar.

Antes de expandirmos a e-célula do Reclaiming para incluir as pessoas que viviam além de nossa área imediata, pensamos cuidadosamente. A possibilidade de trabalharmos consensualmente com pessoas que não conhecíamos e viviam longe de onde a maioria de nós morava nos preocupou. Então, decidimos que um critério para os novos membros seria que eles deveriam conhecer pessoalmente ao menos um membro da e-célula. Como muitos dos professores de WitchCamps (acampamentos de Bruxos) eram da organização original baseada em São Francisco, diversas pessoas locais conheciam Bruxos das outras regiões do país onde havia WitchCamps. Eu também estava viajando muito quando ainda colaborava com a e-célula, e, por isso, tive a chance de conhecer muitos candidatos a voluntários.

Articulamos no site quais eram nossas exigências em relação aos novos membros, para que assim as pessoas interessadas pudessem visitar o site e ver se nossas necessidades estavam de acordo com os seus interesses. Encorajamos os possíveis voluntários a nos fazerem perguntas — tanto sobre como a célula funcionava quanto sobre nós como indivíduos — e também fizemos nossas perguntas a respeito deles. Não apressamos as coisas. Mesmo depois de convidarmos alguém para participar da célula, essa pessoa passava por um breve período probatório, no qual nos ajustávamos uns aos outros e pensávamos em que poderíamos trabalhar em conjunto.

Quando chegava a época de fazer o trabalho da célula — que era trabalhar no site, listas de discussão, correspondências via e-mail, calendários, moderação, novos projetos —, apresentávamos um tópico para a célula via e-mail e colocávamos uma data de resposta na linha do assunto. Algumas vezes, o tópico é um assunto que desejávamos discutir; outras vezes, algo que precisava ser feito ou uma solicitação (de uma outra célula ou de pessoas na comunidade) que precisava ser tratada. Quinta-feira era o nosso dia de resposta para qualquer ação proposta durante a semana anterior. Isso quer dizer que, se algo estivesse ativo na agenda da célula, respondíamos e gerávamos discussão na quinta-feira. Cada item da agenda tinha pelo menos sete dias, a partir da data em que o tópico fora apresentado para a célula, para chegarmos a um consenso sobre ele. Se por volta da quinta-feira ainda não tivéssemos chegado a um consenso ou resolução, podíamos prorrogar o prazo.

Durante algum momento da discussão, se uma pessoa concordasse com o que era exposto, ela reformulava o tópico em forma de proposta. Todos os que não respondiam de uma forma ou de outra até a data limite eram considerados como se não tivessem opinião ou objeção. Em outras palavras, todos os que escolhessem não se expressar não poderiam bloquear o andamento da ação. E cada membro era responsável por se manter informado sobre o que estava acontecendo na célula naquela semana. Durante meu envolvimento com a célula do Reclaiming concluí que esse método de operação é eficiente e satisfatório. Eu o ofereço aqui para todos os que quiserem tentar utilizá-lo.

Capítulo 7

ADICIONANDO COR E TEXTURA

As comunidades de Bruxos e Pagãos que cresceram durante os festivais feitos a céu aberto entre as décadas de 1970 e 1980 permitiram que pessoas mágicas de todos os tipos conhecessem outras que tinham e nas mesmas práticas e acreditavam nelas. Dentro dessas comunidades, falávamos sobre nossas habilidades individuais, técnicas, treinamento e buscas mágicas especiais. Nossa união buscava criar um **espaço sagrado** — liturgia, implementos rituais, invocações, canções e ritmo. Compartilhávamos refeições, conversas acaloradas, contos, receitas, arte, música e humor. Então, dançamos, tocamos tambores e alguns de nós fizeram amor.

    Conforme a internet se expandiu, nós que fazíamos parte do povo pagão nos juntamos ao resto da população para explorar suas maravilhas. Encontramos muito mais colegas on-line do que já havíamos conhecido em festivais e reuniões. Alguns se reencontraram; éramos Bruxos de coração, mas sem uma comunidade. Não sabíamos que havia outros como nós. Nossos anciãos e aqueles com problemas de mobilidade ou saúde que eram impedidos de participar de eventos em acampamentos agora podiam se comunicar conosco da mesma maneira que qualquer outra pessoa. Nossa rede se

ESPAÇO SAGRADO: Um espaço, geralmente um círculo, onde um ritual ou outro tipo de trabalho de magia é feito, seja por um indivíduo ou um grupo. Freqüentemente, pessoas ficam em um círculo para iniciar um ritual, mas durante o ritual elas podem se movimentar e formar qualquer configuração e, ainda assim, estão "em círculo" ou "em espaço sagrado".

expandiu. Novas redes foram tecidas, se sobrepondo e se entrelaçando com outras.

Criamos listas de discussão para tradições específicas, permitindo que os iniciantes isolados e dispersos mantivessem uma comunicação fácil e reforçamos nossos laços com as extensões de nossas famílias de Bruxos. Listas de discussão estão freqüentemente conectadas a um ou mais sites; um site pode gerar diversas listas de discussão. A e-célula do Reclaiming cria e mantém listas de discussão para outras células do Reclaiming (células de professores regionais, células de *Periódico,* células de rituais públicos regionais); a lista RIDL (sigla em inglês para Lista de Discussão Internacional Reclaiming); a lista BARD (sigla em inglês para Lista de Discussão Reclaiming da Área da Baía) e um simples e-mail de anúncios para classes, workshops e eventos. Esses anúncios são enviados ao *Periódico* para publicação impressa, para a e-célula postar no calendário on-line e também para a série de acontecimentos para registro em uma agenda telefônica.

SERVIDOR DE LISTA: Um programa pequeno que redistribui automaticamente e-mails para nomes em uma lista de endereços. Os usuários podem se inscrever em uma lista ao enviarem um e-mail para a lista que descobriram. O servidor irá automaticamente incluir o nome e distribuir futuras postagens de e-mail para cada inscrito.[1]

Muitos **servidores de lista** promovem a arte divinatória. Há lista sobre tarô, usos específicos do tarô, diferentes baralhos e escolas específicas de pensamento sobre o tarô. Organizações, listas de discussão e salas de bate-papo possibilitam que Sacerdotisas e Sacerdotes discutam e vivenciem temas de interesse comum. Nós, Pagãos, crescemos e nos aprofundamos como resultado dessas redes de comunicação.

Procure qualquer site que hospede servidores de lista e você encontrará centenas de listas de e-mail, abertas e privadas, relacionadas ao paganismo, neopaganismo, Bruxaria, Wicca, magia e espiritualidade da Deusa. Há uma lista para cada possível interesse especial. Estou em diversas listas de discussão Pagãs. Obviamente, há um limite para a quantidade de tempo que uma pessoa pode despender on-line de

Adicionando cor e textura

forma benéfica. Então, em vez de atravancar nossas vidas e nossas caixas de e-mail com incontáveis mensagens de uma única lista de discussão, podemos optar que essas mensagens sejam enviadas em uma compilação diária; ou podemos nos conectar e ler as mensagens em um arquivo em vez de recebê-las em nosso e-mail. Essas tecnologias nos permitem contatar um ao outro e ampliam de forma semelhante o apoio e a participação.

A internet nos conecta com as fontes de práticas avançadas e nos dá acesso a recursos especiais. Algumas áreas de busca nas quais temos muito para compartilhar e aprender são:

- cultivo, uso e tradição de ervas; escolas de ervas; informações sobre sementes; receitas
- habilidades xamânicas
- treinamento de voz
- dança, movimento, ioga, dança étnica
- arte da forja, confecção de jóias, jateamento em vidro
- tatuagem com significado espiritual e/ou mágico
- treinamento de habilidades psíquicas
- arte teatral — atuação, encenação, iluminação, cenário, maquiagem, pirotecnia

REALIZANDO UM PROJETO NA INTERNET

A minha exploração on-line começou no meio da década de 1990 com o fácil acesso oferecido pela onipresente America Online. Naquela época, a AOL estava oferecendo serviços além de sua capacidade e demorava muito para estabelecer uma conexão. Não demorou muito tempo para que eu encontrasse outro provedor que pudesse me fornecer um serviço ininterrupto pelo qual estava pagando. A primeira coisa que fiz foi procurar pelas palavras *Pagão* e *Bruxo*. Encontrei diversas listas e comecei expondo minhas próprias idéias sobre tópicos que estavam sendo discutidos. Em determinado momento, no quadro de mensagens de um grupo que não tinha nada a ver com paganismo — estava relacionado a maternidade, mães de sangue e adotivas —, percebi que estava detalhando minha história reprodutiva inteira! Para estranhos! Eu fiquei fascinada pelo quanto esse meio era sedutor, pelo quanto era tentador revelar minha vida pessoal no ciberespaço.

Não muito depois disso, comecei a trabalhar em um livro intitulado *Crossing Over: A Pagan Manual on Death and Dying*. Ele foi um projeto em colaboração com a organização Reclaiming. Starhawk tinha tido a idéia de que nós, Bruxos e Pagãos, precisávamos de um recurso que nos ajudasse a explorar os desafios impostos pela **morte**, para nos ajudar a atravessar as várias crises que surgem quando alguém que amamos está morrendo ou acabou de morrer. Ela sabia que eu era uma mulher com um grande interesse em escrever, editar e publicar e que não estava envolvida em nenhum outro trabalho coletivo naquele momento. Dessa forma, ela me enviou um calhamaço de papéis contendo alguns pensamentos, poemas, invocações e outros textos que ela vinha produzindo nos últimos seis meses aproximadamente, e pediu que eu começasse a trabalhar esses fragmentos para transformá-los em um livro com a contribuição de outros.

Peguei com a assistente de Starhawk os textos em um disquete e comecei o processo de solicitar composições de outros que eu acreditava que tivessem algo de valor para dizer sobre o tema. O processo criativo e editorial que resultou no *Crossing Over* foi conduzido quase que inteiramente on-line. Uma outra escritora Bruxa local colaborou comigo

MORTE: O estado no qual entramos depois de a "vida" acabar, como é comumente definido pela biologia ocidental. A morte é compreendida como parte do ciclo. Muitos Bruxos acreditam que o morto continua a existir em um outro plano e que é possível contatá-lo, especialmente em Samhain, por intermédio de uma conexão psíquica. Todos nós estamos cientes de nossas ligações com nossos ancestrais e em relação ao fato de que, de alguma forma, viveremos em nossos descendentes. Cantamos "O que é relembrado vive".

Adicionando cor e textura

nos primeiros estágios. Assim, projetei e escrevi o livro em meu programa processador de texto. A capa foi feita da forma antiga: a artista Laura Kemp a produziu com pincel e tinta. Este foi o único item produzido manualmente.

A organização Reclaiming pagou a impressão e encadernação, o que foi caro, pois estávamos trabalhando contra o tempo. A idéia original foi apresentada a mim em um retiro em janeiro de 1995, Starhawk me deu o maço de papéis em meados de fevereiro, a impressão e encadernação foram feitas no fim de outubro de 1995 e os livros seguiram para venda na grande Dança Espiral no ritual de Samhain — um dia após serem retirados da gráfica.

Em 1996, Starhawk mostrou um exemplar de *Crossing Over* para sua editora. A editora quis reeditar o livro para que ele estivesse na estante das lojas no Samhain de 1997. Assim, trabalhamos para reorganizar os artigos e a liturgia, solicitando mais composições e textos. A edição revista ampliada, intitulada *The Pagan Book of Living and Dying: Practical Rituals, Prayers, Blessings, and Meditations on Crossing Over*, contém os escritos de 36 pagãos, nem todos eles Bruxos. Algumas eram pessoas que eu conhecia, pessoal ou profissionalmente, outras eram pessoas que Starhawk conhecia, e outras, ainda, nós duas conhecíamos.

Algumas das contribuições foram espontâneas, e elas abordavam pautas que sequer tínhamos considerado. Por exemplo, recebemos uma pergunta de Dennis e Beth de Massachusetts; eles desejavam fazer pesquisas, meditações e outros trabalhos sobre a questão da doação de órgãos e perguntaram se estávamos interessadas em ver seus textos. Naturalmente que sim. Seu trabalho, que por fim encontrou lugar em *The Pagan Book of Living and Dying*, incluía uma oração para liberar a essência do doador de seus órgãos e outra para pessoas que usam cadáveres para aprofundarem seus conhecimentos nas artes da cura. A composição foi baseada nos textos de investigação do tema do deus moribundo extraído de *A Deusa Branca* (Bertrand Brasil, 2004), de Robert Graves. No livro, nós não afirmamos que a doação de órgãos é correta para todos; deixamos isso para ser avaliado pelo indivíduo e pela família. Aceitamos o texto de Dennis e Beth porque desejávamos tornar nosso livro algo relevante aos leitores contemporâneos. Vemos a Arte como um caminho espiritual vivo e em constante evolução, que continua a se adaptar às diferentes épocas.

Dos artigos que solicitamos para preencher o espaço vazio, um se relacionava à morte de uma criança. Outro apresentava rituais e sugestões práticas sobre como ajudar crianças que precisavam de auxílio para lidar com a morte de um ente querido ou animal de estimação. Quando esses artigos foram organizados, no entanto, percebi que não havia nada sobre a perda de um filho, uma das passagens mais difíceis de serem aceitas. A morte é parte do ciclo da natureza. Ela chega para todos mais cedo ou mais tarde, não importa o que as pessoas propõem para fugir ou transcendê-la. A morte simplesmente *é*. Mas a morte de um filho está fora da ordem natural. Filhos devem viver mais tempo que seus pais. Assim, quando um filho morre, especialmente uma criança muito jovem, isso nos golpeia, tirando-nos o equilíbrio emocional. Precisávamos de alguém para falar sobre isso no *The Pagan Book of Living and Dying*.

Dessa forma, perguntei às pessoas ao meu redor. Um membro da organização me contou sobre uma mulher em sua comunidade que tinha perdido o filho jovem e queria escrever sobre isso. Questionei se ela era uma escritora ou se só estava desejando usar o ato de escrever como terapia. Minha amiga me assegurou que o texto da mulher era bom,

Adicionando cor e textura

então enviei um e-mail para ela. Ela enviou o artigo algumas horas depois de minha solicitação. Essa é a magia da comunicação on-line!

O texto, intitulado "Um aroma de beleza", era tão comovente que me sentei em frente à tela de meu computador e chorei enquanto o lia. Eu enviei um e-mail para a autora para dizer quão inestimável era o presente que ela estava doando ao nosso projeto e à nossa crescente cultura, e pedi sua permissão para publicar o artigo. Ela me enviou um e-mail em seguida dizendo que era uma honra para *ela* ter a chance de dividir sua experiência com o público. Esse é o motivo pelo qual "Um aroma de beleza" entrou no *The Pagan Book of Living and Dying*. Quando ele foi lançado, a autora, chamada Lady Bachu, e eu tínhamos diversos amigos em comum, mesmo sem nunca termos nos encontrado. Isso não aconteceu até o primeiro lançamento do livro, que aconteceu em Berkeley, Califórnia, onde nós duas finalmente nos encontramos. Ao expressar sua dor a outras pessoas em nossa publicação, Lady Bachu começou a aceitar melhor a morte do filho.

Graças à internet, estabelecemos essa conexão, trocamos o artigo, o editamos e o colocamos no livro em questão de dias. Se não fosse pela internet, eu provavelmente não saberia da existência de tal trabalho. Jamais telefonaria para todas as pessoas que eu conheço na tentativa de encontrar um pagão que tivesse perdido um filho e que estivesse disposto a escrever sobre isso. Mas como pude escrever uma mensagem geral e enviá-la tanto para uma lista de discussão quanto para indivíduos em minha agenda pessoal de endereços, essa contribuição maravilhosa se manifestou.

A ARTE DO SACERDÓCIO: MINISTÉRIOS
DE INTERESSE ESPECIAL

Filmes, televisão, livros — os Bruxos estão aparecendo em todos os lugares da cultura pop. E quanto mais e mais pessoas procuram uma religião que contemple seus anseios espirituais, que se dirija aos seus interesses diários e às grandes questões da vida, mais elas se deparam com a estrada do caminho Pagão. Desanimadas pelo descaso com a natureza, pelo declínio da qualidade do ar e da água, da agricultura e da criação de animais, elas acabam por encontrar esperança no paganismo. Criamos rituais de comprometimento e renovação em face aos perigos ecológicos. Nossa diversidade é a nossa alegria. Encorajamos a criatividade e a auto-expressão.

Quanto mais pessoas iniciam a prática Pagã, mais elas procuram informações e conexões na internet. Sacerdotes e Sacerdotisas têm se reunido para superar esse desafio. Juntos, criamos formas de ensino e aprendizado on-line. De muitas maneiras, a internet acrescentou e, em alguns casos, até melhorou a transmissão da Arte por parte dos mais sábios. As pessoas procuram na internet por Pagãos para conduzirem seus rituais de passagem ou aconselhá-las em momentos de crise. Em resposta a essa necessidade, Sacerdotisas e Sacerdotes, individualmente ou em duplas, realizam serviços que podemos reconhecer como semelhantes aos realizados pelo clero dominante.

Os Pagãos, mais do que nunca, estão buscando apoio de outros Pagãos: por exemplo, alguns que estão prestes a ter seus filhos se sentem mais confortáveis tendo uma parteira Bruxa presente no nascimento de sua prole. Recebo algumas vezes telefonemas de pessoas perturbadas que estão assistindo à morte de um ente querido. Por causa do meu trabalho em *The Pagan Book of Living and Dying* elas acreditam que

Adicionando cor e textura

posso ter algum entendimento especial nessa situação e, assim, pedem o meu conselho. Geralmente eu sugiro formas de encarar o momento. Essas pessoas também chegam até mim por e-mail, e pela rede eu teço todas as palavras de conforto que posso.

Meus colegas e eu criamos memoriais e funerais. Aos capelães de hospital, funcionários de hospícios, profissionais de funerárias que pedem auxílio sobre como servir seus clientes pagãos, eu falo sobre nossas crenças e práticas. Também tenho feito palestras em colégios sobre a visão pagã da morte. Essa é uma das partes do meu ministério.

Laura Spellweaver, de Massachusetts, é uma Sacerdotisa que realiza rituais de comprometimento. Muitos desses rituais são cerimônias de casamento, legais aos olhos do Estado. Laura, como muitos outros que celebram casamentos, conduz seções de aconselhamento pré-marital. Ela também possui uma coleção de textos litúrgicos dos quais aqueles que procuram seus serviços podem escolher para transformar sua cerimônia em algo único. Laura é uma das muitas Bruxas do continente que respondeu a um chamado e desenvolveu um ministério especializado.

Conselheiros pagãos que possuem treinamento secular em terapia podem se especializar em tais áreas para trabalhar com vítimas de violência doméstica e abuso infantil. Como acontece com qualquer ser humano em qualquer profissão, sua espiritualidade pode melhorar e enriquecer sua atividade profissional.

Como Sacerdote de Bridghe, Patrick MacCollum é um ourives incrivelmente habilidoso e talentoso. Ele é o capelão wiccaniano do Departamento de Correções do estado da Califórnia, o primeiro capelão pagão de um estado a ser nomeado para servir a condenados pagãos. Patrick também trabalha na Prison Issue Task Force da Lady Liberty

League,[2] além de ser consultor de administrações de prisão em sete outros estados e no Federal Bureau of Prisons (Agência Federal de Prisões). O ministério de Patrick, chamado de Our Lady of the Wells (Nossa Senhora das Fontes), é agora um dos muitos existentes em todo o país. Eles existem em vários estados, entre eles Washington, Arizona, Missouri, Tennessee e Flórida.

Os Pagãos, inclusive eu, que realizam trabalhos ministeriais nas prisões, estão começando a encontrar companheiros na internet. Estamos trocando informações que ajudam outros ministérios de prisão. O "clero" da Bruxaria que trabalha na prisão também aprecia relacionamentos profissionais com outros clérigos de prisão e com o quadro de funcionários da cadeia. Também trabalhamos em conjunto com professores de alfabetização de adultos, que oferecem serviços sociais dentro do sistema carcerário. Nós formamos alianças que beneficiam os prisioneiros, seus familiares e nós mesmos.

Ministros inter-religiosos ordenados possuem agora treinamento orientado para crenças e práticas Pagãs. Além disso, alguns pagãos são chamados para o ministério inter-religioso; eles estudam em seminários de inter-religiosidade como no Golden Gate Interfaith Institute (Instituto Inter-religioso Golden Gate) na área da baía de São Francisco. Com tal treinamento, esses Bruxos se unem a companheiros envolvidos com o ministério da inter-religiosidade para trabalhar em escolas, hospitais, prisões, para oficiar casamentos e funerais e auxiliar em outros eventos significativos na vida de seus correligionários. Na península sul de São Francisco, há uma Bruxa que trabalha como capelã de um hospital. Cada vez mais, hospícios e hospitais possuem pacientes que solicitam o auxílio do clero Pagão. Sinto-me motivada quando esses capelães, enfermeiros e outros voluntários me

Adicionando cor e textura

procuram por estarem interessados em um workshop que estou ministrando ou por causa do *The Pagan Book of Living and Dying*. Eles são motivados pelo desejo de servir seus clientes respeitando suas crenças. Da mesma maneira, fico motivada quando meus correligionários tentam promover serviços de capelania para pessoas de todas as crenças.

Alguns pagãos usam o termo "clero" para definir suas responsabilidades comunitárias, mas há paralelos entre as funções do clero judaico-cristão e do sacerdócio Pagão que não podem ser comparados. Por exemplo, os Bruxos não possuem um texto sagrado — obtemos orientação espiritual por intermédio de espíritos e encontros espirituais. Gus diZerega nos fornece um clara explanação sobre as diferenças.

Na maioria das vezes os títulos cristãos são descrições do relacionamento de uma pessoa com um corpo organizado (...) O sacerdote ordenando é um intermediário qualificado entre Deus e as pessoas (...) Todo protestante possui um relacionamento pessoal com Deus. O clérigo, conseqüentemente, em nenhum sentido é um intermediário. No entanto, ele ou ela tem a função de liderar uma congregação, ensinar seus membros, proclamar a palavra de Deus e, geralmente, ser a principal autoridade humana a interpretar a Escritura dentro da Igreja. A autoridade ministerial se deriva em grande parte do reconhecimento dado livremente pelos membros da congregação às suas habilidades como pregador, na interpretação das Escrituras, e por viver de acordo com os preceitos cristãos (...) Uma Sacerdotisa ou Sacerdote Wiccaniana(o) tradicional não prega (...) Sacerdotes e Sacerdotisas neopagãos são muitas vezes professores, mas aquilo que eles ensinam não é fundamentalmente doutrina. Em vez disso, é o modo de agir dentro de um pequeno grupo que, como um coven, funciona com o mundo dos espíritos e o Espírito. Na Wicca tradicional, a Alta

Sacerdotisa é geralmente a mulher mais habilidosa e experiente do grupo, e o Sacerdote é o membro masculino que ela escolhe para auxiliá-la em sua tarefa. Muitas vezes, sua autoridade é maior do que a de um ministro de uma igreja protestante, pois eles podem expulsar membros unilateralmente. Por outro lado, eles não possuem nada parecido com a autoridade institucionalizada de um sacerdote católico ou um ministro indicado por uma das igrejas protestantes mais institucionalizadas. Além disso, eles não são pagos pelos seu serviços.

Embora a Alta Sacerdotisa ou Alto Sacerdote possua apenas uma autoridade institucional mínima (outros coveners podem muito bem possuir uma iniciação formal tão alta quanto a deles), espera-se que eles sejam as pessoas mais aptas, ou ao menos as mais experientes, para trabalhar com o mundo dos espíritos ou o Espírito (...) elas são julgadas principalmente por sua capacidade em trabalhar com os poderes espirituais... Essas capacidades promovem uma ligação entre os Sacerdotes Wiccanianos e os curandeiros, adivinhos, médiuns, xamãs e muitas outras tradições Pagãs (...) A outra questão importante (para pessoas mais sensíveis isso é tão importante quanto a anterior) é a maturidade espiritual. Por fim, e talvez um pouco menos importante, é sua afiliação institucional.[3]

SEMINÁRIOS PAGÃOS E OVÁRIOS

Conforme a internet se expande, mais redes se intersectam e se entrelaçam, nossas comunidades se expandem, nossa religião evolui. Há, e sempre houve, aqueles entre nós que buscam aprofundar suas práticas, moldar as habilidades, explorar territórios desconhecidos, ir além dos limites conhecidos.

A partir do fim da década de 1990, os pagãos começaram a perceber a necessidade de treinamentos mais avan-

Adicionando cor e textura

çados. Vimos que tínhamos muito a aprender um com o outro. Alguns desejavam buscar conhecimento e experiência de uma forma mais estruturada. Pessoas que estavam no movimento há anos queriam se engajar em trabalhos mais profundos do que aqueles encontrados nos festivais, onde pessoas de todos os níveis de experiência se reuniam. (Veja o Capítulo 5 para pegar o fio sobre autoridade e institucionalização.)

Algumas dessas pessoas tentaram atingir esse objetivo buscando estudos avançados em seminários convencionais. Um exemplo de institucionalizações desse tipo é a Starr King School for the Ministry (Escola Starr King para o Ministério),[4] membro da Universalista Unitária da Graduate Theological Union (União Teológica Graduada), em Berkeley, Califórnia. Conheço diversas pessoas que obtiveram grau de mestre em teologia na Starr King. Uma outra instituição formal cujos programas se harmonizam com a visão de mundo da Bruxaria e confere graus e ordenações é a University of Creation Spirituality — UCS (Universidade da Espiritualidade da Criação) em Oakland, Califórnia. Fundada pelo sacerdote e formador dominicano Matthew Fox, a UCS articula os "Dez Princípios da Espiritualidade da Criação", cujos três últimos são especialmente aplicáveis para as religiões voltadas para a natureza.

- Somos todos filhos e filhas de Deus; assim, temos sangue divino em nossas veias, o ar divino em nossos pulmões; e o trabalho básico de Deus é compaixão.
- O Divino é tanto Mãe quanto Pai, tanto Filho quanto Ancestral, tanto Divindade (mistério) quanto Deus (história), está tanto além de todos os seres quanto dentro de cada um deles.

- Sabemos por experiência que o Divino está em tudo e tudo está no Divino (panenteísmo) e que essa intuição mística suplanta o teísmo (e seu filho, ateísmo) como forma apropriada de nomear nossa relação para com o Divino e vivenciar o Sagrado.[5]

No decorrer deste livro tentei transmitir um sentido de vastidão e diversidade do pensamento, crença e política Bruxísticos. Alguns pagãos afirmam ser apolíticos; nós demonstramos nossa política fazendo a simples afirmação de que nosso posicionamento político é irrelevante à nossa espiritualidade. Mas muitos outros pagãos se envolvem diretamente na sociedade; somos ativos na Associação de Pais e Mestres, nas ações de bairro, nas conquistas estaduais, nacionais ou globais. A declaração de objetivos da UCS representa aquilo que muitos praticantes da Arte pensam:

O movimento da UCS procura integrar a sabedoria da espiritualidade ocidental e das culturas indígenas globais com o surgimento da compreensão científica do universo e a criatividade passional da Arte (...) A Espiritualidade da Criação proporciona uma base sólida e uma perspectiva holística das quais abordar os temas críticos de nossa época, incluindo a revitalização da religião e da cultura, o reconhecimento da sabedoria da mulher, a reinvenção do trabalho, a celebração da fé da juventude de hoje, a promoção da justiça social e ecológica e a reformulação dos modelos de educação.[6]

O programa da UCS que confere o grau de Doutor em Ministério (D.Min) é o primeiro desse tipo. Alunos que possuem essa credencial são os mais diferentes e possuem as mais variadas tradições religiosas; há assistentes sociais,

Adicionando cor e textura

médicos, advogados, artistas, terapeutas, clérigos e ativistas sociais. Há também Bruxos entre eles. Muitos alunos da UCS são adultos trabalhadores de todos os lugares do país e do mundo. Uma das áreas de estudo é a mente nativa. Eles examinam a perspectiva espiritual de diversos povos. Tal empenho surge naturalmente para muitos Bruxos — aqueles que já ouviram o chamado para investigar nossas raízes biológicas e étnicas, aprender os caminhos de nossos ancestrais, explorar e entender a sabedoria da mente nativa.

A UCS é apenas um dos muitos meios de aprendizado pan-espiritual onde nós Bruxos podemos aprofundar nosso conhecimento. Outros Pagãos, ainda, começaram a estabelecer seus próprios seminários Pagãos, o que eu chamo de "ovários". Nós também organizamos retiros para trabalhos profundos. Entre esses ovários está a Reformed Congregation of the Goddess-International, Inc. (RCGI, ou, em português, Congregação Reformada da Deusa Internacional),[7] que tem proporcionado um programa de treinamento sacerdotal chamado Cella (o termo se refere aos "mistérios internos"). O Cella é aberto somente para mulheres e exige um comprometimento mínimo de um ano, incluindo a participação a três fins de semana intensivos. Ao completar o primeiro ano, as alunas devem decidir se desejam continuar no programa, que em sua totalidade requer o comprometimento de seis anos e oito fins de semana de residência.

O treinamento Cella fornece a cada aluna uma estrutura básica de programa e um consultor. A aluna define sozinha suas atividades e caminha de acordo com o seu próprio tempo nessa estrutura. O Cella tem seis áreas de especialização, chamadas de caminhos: Creatrix, para arte, dança, textos, música e teatro; Earthwalker, para serviços que combinem atividades práticas mundanas com auto-entendimento; Schoolar/Teacher, para estudos e ensino; Ritualist, para promover celebrações com outras pessoas; Healer, para alcançar o máximo do bem-estar pessoal e auxiliar os outros a alcançarem o mesmo objetivo; e Organizer, para organização de eventos e atividades que possibilitem outras pessoas de compartilhar a energia da Deusa.

A RCGI foi criada em Madison, Wisconsin, em 1983, e agora tem comunidades e praticantes em seis estados — Califórnia, Texas, Virgínia, Wisconsin, Colorado e Nova Jersey. A RCGI estabeleceu o The Women's Theological Institute Cella Training Program (Programa de Treinamento Cella do Instituto Teológico das Mulheres), em 1991, e até agora ordenou 16 Sacerdotisas em todos os seis tipos de ministério.

Um programa semelhante promovido por um afiliado da RCGI é o Matrix Program, organizado pelo Circle of Aradia (Círculo de Aradia), com sede em Los Angeles. O convite para ingressar explica que o "Matrix é um programa Diânico com duração de quatro anos dentro da comunidade do Circle of Aradia, por meio do qual nós mulheres nos engajamos em uma relação contínua umas com as outras em direção ao objetivo de: (1) dar poderes a cada mulher em seu caminho de serviço espiritual e (2) ensinar a cada mulher novas formas de liderança por meio do reconhecimento e da prática que estamos sempre ensinando e aprendendo ao mesmo tempo".[8]

Durante muitos anos, o projeto Ardantane do Novo México ("*Ardh an teinne*" significa "luz do fogo") foi o sonho dos membros e amigos de um coven chamado Our Lady of the Woods (Nossa Senhora das Matas). Ele é agora uma sociedade sem fins lucrativos com um corpo de diretores composto por representantes de diversas tradições da Arte. O projeto teve início em 1996 ao apresentar pequenos workshops em cidades e festivais pagãos. Em 1999, ele ganhou sua

Adicionando cor e textura

forma atual e começou a oferecer palestras noturnas, work-shops em festivais e seminários de um dia. Nesse formato, ele serve a várias tradições da Arte e abre a maioria dos seus programas a outras tradições Pagãs; o Projeto Ardantane não é denominativo. Seu currículo cobre liderança de coven (aconselhamento, criação de ritual e realização, administração e progresso do grupo), magia avançada (divinação, lançamento de feitiço e sistemas cerimoniais), sustentabilidade ambiental (ecologia, jardinagem orgânica, energia alternativa, casas ecologicamente corretas) e cura alternativa (herbalismo, trabalho energético), entre outros tópicos. O projeto não tem a intenção de substituir o treinamento em coven; ao contrário, ele proporciona aos seus estudantes a oportunidade de se beneficiarem do treinamento avançado e de compartilhar com companheiros.

Atualmente, a maioria das aulas do projeto Ardantane é de workshops intensivos de um dia, porém sua assessoria está planejando promover programas com a duração de um fim de semana em breve. Eles também estão preparando o lançamento de um site — ardante.org — e explorando a possibilidade de disponibilizar algumas aulas pela internet. Os fundadores esperam estabelecer por fim um campus permanente em forma de retiro, próximo a Santa Fé, Novo México, com fardos de palha e estruturas solares passivas, santuários a céu aberto, jardins e um círculo de pedra. Lá eles pretendem oferecer longos programas de residência, mas o plano também visa a continuação da expansão. A internet terá um papel primordial nesse empenho.

Uma outra instituição formal de aprendizado é o Woolston-Steen Theological Seminary (Seminário Teológico Woolston-Steen), um anexo da Aquarian Tabernacle Church International (Igreja Internacional do Tabernáculo de Aquário), com sede no estado de Washington.[9] O seminário é altamente estruturado na forma de uma "escola pós-secundária para o treinamento e preparação para a ordenação do clero wiccaniano e pagão". Ele oferece graduação de Associado em Ministério, Bacharel em Ministério, Mestre em Ministério e Doutor em Ministério. Como os fundadores acreditam que "não há nenhum substituto para a interação face a face, discussão e aprendizado no processo do pensamento crítico", o programa do seminário é residencial.[10] Embora o seminário não ministre aulas on-line, muitos de seus alunos se encontram on-line, pesquisam on-line e se registram on-line antes de viajar para Washington para estudar.

O California Institute of Integral Studies (CIIS, ou Instituto Californiano de Estudos Integrais), em São Francisco, oferece Ph.D. em Espiritualidade Feminina.[11] Outras instituições na Costa Oeste que oferecem estudos e títulos em espiritualidade feminina, parapsicologia, psicologia oriental/ocidental e ecologia são o New College of California[12] e a Universidade John F. Kennedy.

O Reclaiming tem ensinado em retiros de verão com duração de uma semana os chamados WitchCamps. Há comunidades de WitchCamps nos Estados Unidos, Canadá, Inglaterra e Alemanha. As comunidades que promoveram WitchCamps assumiram o desafio de ministrá-los em suas cidades. Existem grupos em Los Angeles; Portland, Oregon; Seattle; British Columbia; Missouri; Michigan; Austin, Texas; Flórida; Charlotte, Carolina do Norte; West Virgina; Virgínia; Geórgia; Pensilvânia; Vermont e Toronto.

Existem WitchCamps de todos os níveis de treinamento e experiências — de neófitos a níveis mais avançados. Os WitchCamps do Reclaiming são exemplos de um ambiente de aprendizado de uma tradição específica. Entre as sessões de acampamento, os professores e organizadores dos

Adicionando cor e textura

WitchCamps travam discussões sobre seus ensinamentos e a organização dos acampamentos. Eles escolhem e desenvolvem temas, selecionam professores e grupos de ensino, planejam retiros de professores e organizadores, reservam locais e acomodações, arrumam as refeições e conduzem as inscrições. Para tudo isso, eles contam com listas de discussão, e-mail e sites. Mesmo que o treinamento em questão aconteça no ambiente intenso dos retiros, o crescimento e o desenvolvimento do fenômeno dos WitchCamps se tornaram mais rápidos e eficientes por meio da comunicação eletrônica.

Há outros programas de treinamento de tradições específicas disponíveis. Por exemplo, o Foxwood Temple (Templo Foxwood), em Maryland, organiza retiros e workshops onde ensinam Bruxaria e magia baseados na tradição Foxwood.[13]

A "escola de graduação" Pagã que eu conheço pessoalmente é o Cherry Hill Seminary, localizado em Vermont.[14] Assim como o Projeto Ardantane, o Cherry Hill Seminary é aberta aos seguidores de todos os caminhos pagãos. Recentemente, assisti a um curso de 13 semanas chamado "Limites e Éticas para Conselheiros Pastorais Pagãos". Embora o Cherry Hill, que busca o reconhecimento do estado de Vermont como uma instituição de ensino superior, conduza muitos dos seus cursos mais básicos no seu campus em Bethel durante fins de semana e sessões de retiro com duração de uma semana, "Limites e Éticas" ocorreu no ciberespaço. O professor estava em Massachusetts e os alunos estavam conectados em Nova York, Ohio, Flórida, Texas, Nova Jersey e Califórnia. Todos tínhamos os livros de psicologia convencionais e recebemos as indicações de leituras adicionais pela nossa página no Yahoogroups. Discutimos nossas leituras através de uma lista de discussão e tínhamos uma palestra semanal online. Então, nos encontrávamos em tempo real em uma sala de bate-papo para uma aula de discussão. Com aulas assim, o Cherry Hill Seminary começou o processo de se aprofundar e ampliar nosso trabalho, para definir a nós mesmos e nosso movimento.

Uma das tarefas do curso "Limites e Éticas para Conselheiros Pastorais Pagãos" do Cherry Hill Seminary é ler os códigos de ética de diferentes organizações profissionais, como a da Associação Nacional dos Trabalhadores Sociais, a Associação Americana de Conselheiros Pastorais, a Associação de Capelães Profissionais e o Conselho de Práticas Espirituais. Usando esses códigos e nossa espiritualidade de Bruxas como guias, os alunos foram solicitados a escrever o próprio código de ética pessoal. Aqui está um que eu acredito que muitos Bruxos julgarão ser apropriado para eles.

A carga do conselheiro: uma afirmação de ética

Assim Ela falou, a guardiã do coração, a oradora das palavras de vida, a cantora da Terra e do Tempo, a dançarina da totalidade, Ela que tece respiração:

Como Minha Sacerdotisa, você será encarregada de cuidar dos corações e terá a guarda das estradas da vida. A você dou o presente do pé firme, para andar no caminho da vida com aqueles que pedirem a ti para acompanhá-los. Dou de presente pernas suficientemente fortes para a viagem e sábias o bastante para saber quando parar e sugerir que eles reconsiderem seu caminho, pedindo instruções um ao outro, aos seus corações e ao próprio caminho. Dou-lhe o presente de costas vigorosas, para carregar o próprio fardo e, quando necessitar, carregar outra pessoa ou dar aos outros um apoio para subir em um galho alto ao longo do

Adicionando cor e textura

caminho, pois duas pessoas juntas podem alcançar o que uma sozinha não pode. Dou-lhe sentidos aguçados, para estar ciente dos perigos e oportunidades que surgem na estrada da vida, para olhar e escutar, cheirar e tocar para si e para os outros que confiaram em você para trilhar seu caminho com eles. Dou-lhe uma mente afiada e um coração macio, e uma boca que só se abre para dar bons conselhos, não para insistir, manipular ou condenar. Finalmente, dou-lhe ouvidos e um coração que escutará 10 vezes mais do que a sua boca irá falar. Com todos esses presentes dados você, oh, conselheiro, peço apenas que os use sabiamente, com compaixão e entendimento, e a serviço da Vida e do Amor.

— Margaret Hammit-McDonald (© 2001)

Todos esses programas emergentes, os que nos auxiliam a aprofundar e ampliar nossas experiências e práticas, têm sido fomentados pela internet. Eles poderiam ter surgido sem a internet, mas isso levaria anos. Devido à velocidade da comunicação eletrônica e sua capacidade de alcançar tantos Pagãos tão facilmente, o aprendizado Pagão se expandiu muito além do que qualquer um de nós poderia imaginar no período anterior à internet.

Cada abordagem de treinamento Pagão mencionada aqui é um aspecto de um largo espectro. Cada uma delas reflete uma visão diferente da Bruxaria contemporânea — Diânica, anárquica, convencional, acadêmica. E cada uma delas se relaciona com treinamentos contínuos de formas distintas. Todas possuem algo único para oferecer. Mas cada uma — o programa Cella da RCGI, o projeto Ardantane, o Seminário Teológico Woolston-Steen, os WitchCamps do Reclaiming, o Cherry Hill Seminary e muitos mais que não estão nomeados aqui — tem sido profundamente influenciada pela internet.

Conclusão:
Ampliando e colorindo a tapeçaria

Ao longo destas páginas tentei formular questões que vão nos ajudar a navegar na complexa rede da Mulher Aranha. Minha esperança é que essas questões estimulem o pensamento de Bruxos e façam surgir formas novas e inexploradas de interligar espiritualidade e a tecnologia. As possibilidades são ilimitadas.

O primeiro grande desafio com o qual me deparei ao escrever este livro foi me concentrar em um alvo móvel: o sempre mutável mundo da comunicação eletrônica e a internet. Não busco aqui dar a última palavra sobre Bruxaria e internet. Ninguém pode. Este livro e as tradições de nossa fé são trabalhos em andamento.

O segundo desafio foi apresentar fielmente nossa considerável diversidade de pensamento, crenças e práticas. Somos uma religião *viva*. E também somos pragmáticos. Nós nos adaptamos e mudamos de acordo com a época e o lugar onde estamos, enquanto reverenciamos a Natureza e nosso lugar em Sua rede.

Nós, seres humanos, apesar das tradições religiosas individuais, alcançamos um ponto crítico em termos de como existimos neste planeta. Temos tratado a Mãe Natureza como se ela fosse uma fonte inexorável. E sim, de muitas formas, ela é. Mas, mesmo que a vejamos como ilimitada, precisamos urgentemente reconhecer que, se não mudarmos nossos hábitos e expectativas — nossas atitudes coletivas —, iremos prejudicar nosso mundo e a vida que ele sustenta de forma irreparável.

Muitas tradições religiosas atualmente em voga também chegaram a essa conclusão. Elas também estão procurando se importar com questões ligadas aos nossos recursos naturais. Muitas dessas pessoas vêem a si mesmas como administradoras da Terra. Infelizmente, a noção de administração sagrada se perdeu em algum lugar ao longo do caminho para o destino, e a atitude do "homem", por ter domínio sobre todos os pássaros do ar, feras do campo, deserto, florestas, peixes dos mares, árvores e vegetação, águas e minerais que formam o corpo da natureza, tem precedência sobre a noção de cuidado e gerenciamento da generosidade da Terra.

Temos a esperança e as ferramentas para transmitir nossas formas de administrar os recursos da Terra para o bem de todas as formas de vida. Podemos seguir um caminho Pagão ou não. Como espécie, temos a capacidade de reajustar nossas vidas para minimizar, e em alguns casos até eliminar, a perturbação do ritmo natural da vida. A internet se tornou rapidamente uma ferramenta importante para auxiliar a resolver crises ecológicas e muitos sites dedicados à preservação evidenciam a presença vital do Paganismo na rede. Muitos ativistas dedicados ao planeta são Bruxos e Pagãos. Nossas crenças reforçam nosso comprometimento com o ativismo. Podemos usar magia para fortalecer nossas ações. Podemos também usá-la para a restauração e renovação diante das grandes desvantagens. O trabalho que nossos eco-ativistas realizam em campanha é exigente e pode solicitar um empenho incessante de nossa parte. Podemos encontrar força e conforto no ritual — não simplesmente em nossa fé ou crença, mas no ato de ritualizar nossos trabalhos e vidas. Nós podemos mudar a nossa realidade se: visionarmos a imaginação desinibida; estimularmos o comprometimento; moldarmos as atividades de magia, feitiço e rituais e nos informarmos sobre o pensamento científico e os novos desenvolvimentos em tecnologia.

À medida que aprendemos a nos harmonizar com os ritmos naturais da vida, que entendemos como fiar de modo mais leve sobre o corpo de nossa mãe, que ela nos permita dançar na teia, viajar ao longo de seus filamentos de um nó a outro, abertos a todas as possibilidades.

Notas

Capítulo 1

1. Gary Snyder, *No Nature: New and Selected Poems* (Nova York: Pantheon, 1992).
2. <www.whatis.com>.
3. Steven Posch, conversa pessoal com o autor.
4. <www.magusbooks.com/newalexandria/>.
5. *American Heritage Dicitionary* on-line.
6. Graham Harvey, <www.uni-marburg.de/fb03/religionswissenschaft/journal/diskus/harvey2.html>.
7. J. Gordon Melton, conversa pessoal, 21 de novembro de 1995. Qtd. em Chas S. Clifton, "The Significance of Aradia", em *Aradia; Or, The Gospel of the Witches: A New Translation*, tradução de Mario Pazzaglini e Dina Pazzaglini. (Blaine, WA: Fênix, 1998.)
8. Mais textos de Richard Ely sobre geologia podem ser encontrados em <www.enlightenment.com>.
9. <http://maeshowe.mypage.org/>.
10. <www.whatis.com>.
11. <http://www.kodak.com/US/en/corp/features/birdcam2001/index.shtml.>.
12. <http://birdcam.backyardwildlife.com/>.
13. <www.arborday.org>.
14. <www.rainewalker.com>.
15. <www.nps.gov/havo/pele.htm>.
16. <http://alohaweb.com/Pele/>.
17. <www.mbari.org>.
18. <www.csulb.edu/%7Ewgriffin/>.
19. <www.nccn.net/~tarot/welcome.html>.
20. <www.webcom.com/gimbutas/belili/movie.html>.
21. Um dos muitos sites é <http://catal.arch.cam.ac.uk/catal/catal.html>.
22. <http://catal.arch.cam.ac.uk/catal/goddess.html>.
23. <www.mistress-of-folklore.com/>.
24. <www.uni-marburg.de/fb03/religionswissenschaft/journal/diskus/harvey2.html>.
25. *Ibid.*

26. *Ibid.*
27. Veja Margot Adler, *Drawing Down the Moon: Witches, Druids, Goddess-Worshippers, and Other Pagans in America Today* (Boston: Beacon, 1979, 1986).
28. <www.uni-marburg.de/fb03/religionswissenschaft/journal/diskus/harvey2.html>.
29. Erik Davis, "Technopagans", em <www.techgnosis.com/figment/technopagans.html>.
30. <www.horsegoddess.net>.
31. Erik Davis, "Technopagans", em <www.techgnosis.com/figment/technopagans.html>.
32. *Ibid.*
33. <http://www.flindersclub.asn.au/pagan/>.
34. <www.cynsmoon.com/>.
35. <www.bloomington.in.us/~pen/>.
36. <www.caw.org>.
37. <www.milpagan.org/>.
38. <www.cuups.org>.
39. <www.witchvox.com>.

Capítulo 2
1. Erik Davis, "Technopagans", em <www.techgnosis.com/figment/technopagans.html>.
2. Gaetan Delaforgem, "The Templar Tradition: Yesterday and Today", *Gnosis*, <www.chaosmatrix.com/lib/chaos/texts/gegregor.html>.
3. Do Conselho de Práticas Espirituais, em <www.csp.org>.
4. *Encarta World English Dictionary,* ed. 1999.
5. <www.ozarkavalon.org>.
6. <www.beliefnet.com>.
7. Mary Louise Schumacher e Tom Heinen, "Praying on the Web", *Milwaukee Journal Sentinel*, 13 de dezembro de 2000.
8. *Ibid.*
9. <www.techgnosis.com/figment/technopagans.html>.

Capítulo 3
1. <www.stepchild.org>.
2. <http://users.ids.net/~theitic/nectw.html>.
3. <www.cog.org>.
4. <www.nroogd.org>.
5. <www.whatis.com.
6. Pour down like Silver <www.candledark.net/silver/>.
7. <www.stonecircles.com>.
8. <www.witchvox.com>.
9. <www.drak.net>.
10. <www.whatis.com>.
11. *Ibid.*

Notas

12. <www.drak.net>.
13. <www.reclaiming.org/newsletter/>.
14. <www.magickalcauldron.com/>.
15. <www.interchg.ubc.ca/fmuntean/>.
16. <www.twpt.com/>.
17. "Declaração de Missão Wicca/Pagã."
18. <www.fote.org/>.
19. <www.witchradio.com>.
20. <www.webopedia.com>.
21. <www.serpentinemusic.com>.
22. <http://stations.mp3s.com/stations/91/above_a_star_earth_spirit.html>.
23. <www.live365.com>.
24. <www.witchwayisup.com/wgds.htm>.
25. <www.cog.org>.
26. <www.goddess2000.org>.
27. <www.spiralgoddess.com>.
28. <www.cpwr.org/calldocs/ethictoc.html>.
29. <www.pwrsa.co.za/>.
30. <www.cpwr.org/calldoc.html>.
31. <www.uri.org>.
32. <www.themestream.com/>.

Capítulo 4

1. Gus diZerega, *Pagans and Christians: The Personal Spiritual Experience* (St. Paul, MN: Llewellyn, 2001).
2. *Ibid.*
3. <www.techgnosis.com/figment/technopagans.html>.
4. *Ibid.*
5. <www.whatis.com>.
6. <www.bbzzz.com>.
7. <www.technognosis.com/figment/technopagans.html>.
8. *Ibid.*
9. Patricia Monaghan, *The New Book of Goddesses and Heroines* (St. Paul, MN: Llewellyn, 1998).
10. Definição fornecida pela minha co-conspiradora Ceffyl.
11. <www.geocities.com/SoHo/Lofts/2938/>.
12. <www.spiralgoddess.com>.
13. <www.bbzzz.com/judy/>.
14. <www.sekhmettemple.com/>.
15. <ordbrighideach.org>.
16. <http://www.laurels.uni.cc>.

250   Bruxaria na internet

Capítulo 5

1. <www.geocities.com/SoHo/5756/minbtrad.html>.
2. <www.minoantemple.org>.
3. *Ibid.*
4. © 2001, Sparky T. Rabbit, usado com permissão.
5. Regulamento do Covenant of the Goddess, art. 9, seç. B.1, rev. jan. 2001.
6. Aleister Crowley, *The Book of the Law* (York Beach, ME: Samuel Weiser, 1997). Há estudos não publicados que indicam que o estilo lingüístico da rede data de 1535.
7. Gus diZerega, *Pagans and Christians: The Personal Spiritual Experience* (St. Paul, MN: Llewellyn, 2001).

Capítulo 6

1. <www.neopagan.net/abcdef.html>.
2. <www.goddess2000.org/G2000Ritual.html>.
3. Erik Davis, "Technopagans", em <www.techgnosis.com/figment/technopagans.html>.
4. <thedance.com/rituals/guestbooksamp.html>.
5. <thedance.com/rituals/circetsamp.html>.
6. <webopedia.com>.
7. Chas S. Clifton, conversa pessoal com o autor.
8. Grant H. Potts, conversa pessoal com o autor.
9. <http://www.bloomington.in.us/~pen/military.html>.
10. De INVERT, RFD I, Newport ME 04953, em <www.reclaiming.org/about/consensus/index.html>.

Capítulo 7

1. <www.whatis.com>.
2. <www.circlesanctuary.org/liberty/>.
3. Gus diZerega, *Pagans and Christians: The Personal Spiritual Experience* (St. Paul, MN: Llewellyn, 2001).
4. <www.sksm.edu>.
5. <www.creationspirituality.org>.
6. *Ibid.*
7. <www.goddesswomen.com/>.
8. <www.coa.org>.
9. <www.atc.org>.
10. *Ibid.*
11. <www.ciis.edu>
12. <www.newcollege.edu>.
13. <www.foxwood-temple.net>.
14. <http://sites.netscape.net/laurelinkirk/CherryHill.htm>.

Glossário terminológico

Este glossário define palavras da forma como são usadas e entendidas geralmente dentro da Tradição Reclaiming. Variações, ou adendos, a estes significados podem ser encontrados nos léxicos de outros Bruxos e Pagãos. Acrescentei ao Glossário diversos outros termos pagãos que aparecem neste livro. (A definição de Magia do Caos foi escrita por Adam Jenkins; a definição de Egrégora é de Gaetan Delaforgem.)

ABRIR "Abrir o círculo" é dissolver, apagar ou desfazer os limites do círculo criado no início de um ritual para finalizá-lo, e remover a designação de espaço sagrado conferida ao local.

ALTA SACERDOTISA/ALTO SACERDOTE Uma mulher treinada e habilidosa, que conduz rituais e é a personificação da Deusa; e seu parceiro masculino, que conduz rituais com ela e pode aspectar o Deus. Esses são os papéis tradicionais na maioria dos covens antigos e em muitas das tradições mais novas. Esses termos não são usados na tradição Reclaiming.

AMADOS MORTOS Pessoas que amamos quando eram vivas e que já fizeram a passagem.

AMALDIÇOAR Fazer um feitiço, geralmente para uma pessoa ou pessoas, direcionando a energia para afetar intencionalmente o objeto da maldição de uma maneira que ela ou ele perceba a negatividade — por exemplo, causando dor ou fracasso. A maioria das tradições desencoraja o uso de maldições, mas algumas dizem que um Bruxo que não sabe amaldiçoar não pode curar.

AMULETO Um objeto pequeno, freqüentemente um saquinho ou outro receptáculo contendo ervas, pedras ou outros materiais, carregados com energia de um feitiço específico.

Muitas vezes carregado ou usado pela pessoa para a qual foi criado. Ou um objeto seme-lhante carregado mais genericamente e usado por alguém que necessita/deseja o feito daquele tipo de energia — por exemplo, um amuleto para proteção ou amor. Isso tam-bém pode ser chamado de "saquinho de encantamento", "saquinho da sorte" ou "gris gris".

ASPERGIR Purificar ritualmente, respingando água e sal. Isso, muitas vezes, é feito mer-gulhando-se um ramo aromático, como o alecrim, na água e sacudindo-o sobre os parti-cipantes em um ritual.

ATERRAR Conscientemente, tornar-se conectado à energia da Terra, geralmente por meio da meditação. É considerado essencial no desenvolvimento da habilidade de concentra-ção e de realização de magia, além de ajudar a prevenir distrações psíquicas.

ATHAME Pronuncia-se A-tâ-me. Uma lâmina ou faca usada como um instrumento no ritual. Muitas vezes, é uma faca de lâmina dupla. É também um instrumento associado ao Oriente, simboliza e enfatiza o poder de escolher, analisar, definir e separar. Em algumas tradições, um athame é usado como um símbolo fálico. Quando um Bruxo escolhe não usar uma lâmina por causa, por exemplo, de suas associações com armas, a pessoa pode substituí-lo por uma pena, osso ou qualquer objeto semelhante, ou inclusive usar sua pró-pria mão.

BASTÃO Instrumento do sul. Um bastão é normalmente feito de madeira, metal ou pe-dra pelo seu dono. Ele é uma vareta ou ramo, um pouco maior do que o comprimento de um braço, que pode ser embelezado com entalhes, cristais, penas e outros objetos que te-nham algum significado para seu proprietário. Ele é usado para direcionar energia.

BONECA Uma boneca pequena feita a mão, criada para representar uma pessoa específi-ca, usada em feitiços. Uma boneca pode conter roupas, cabelos ou um objeto que perten-ceu à pessoa que ela representa.

CALDEIRÃO Um pote, de três ou quatro pés, freqüentemente feito de ferro, com uma alça e uma tampa e que é usado de várias formas em trabalhos de magia e rituais. Em es-sência, uma panela de cozinhar também é um instrumento de transformação. Objetos podem ser passados pelo fogo do caldeirão para serem purificados; as pessoas podem pular

Glossário terminológico

253

sobre o caldeirão para serem purificadas ou curadas. Um caldeirão também pode ser usado sobre o fogo, para cozinhar bebidas de ervas ou fazer sopas especiais a serem ingeridas como parte de um ritual. Cheio de água, um caldeirão pode ser usado para perscrutar. (Veja *Perscrutar*.)

CÁLICE Instrumento do Ocidente. Usado para armazenar água salgada, água ou qualquer bebida usada no ritual. Em algumas tradições, o cálice é símbolo do feminino. Ele pode ser uma taça, copo, pote ou outro receptáculo capaz de armazenar líquido.

CARREGAR Infundir a energia que é direcionada para um objetivo específico. Um objeto carregado guarda energia mágica e a libera para fazer magia.

CHACRA Literalmente, "rodas". O termo deriva das crenças hindus. Um chacra é um dos sete vórtices de energia localizados no corpo humano, começando na base da espinha e terminando acima da coroa da cabeça. Eles podem ser "abertos" ou estimulados por meio de movimentos físicos e técnicas psíquicas/mentais/espirituais, de modo que a energia possa ser liberada e utilizada.

CÍRCULO Um espaço sagrado onde um ritual, ou outro tipo de trabalho mágico, é realizado, seja por um indivíduo ou um grupo. É comum as pessoas traçarem um círculo para iniciar um ritual, mas durante o ritual elas podem se movimentar de qualquer maneira e ainda assim permanecerem "em um círculo". Um círculo é também um conceito fundamental para a teologia da Bruxaria moderna, que geralmente se refere ao ciclo da vida, da morte e do renascimento e à interconectividade de todo o universo. A palavra "círculo" também é um sinônimo para "coven"; usada como verbo, significa reunir pessoas em um espaço sagrado.

CONTEMPLAÇÃO Uma meditação guiada específica que deve ser feita com uma pessoa ou um coven.

CORTAR Lançar um círculo, ou, ritualmente, entrar e sair de um círculo após ele ter sido lançado, abrindo cuidadosamente um espaço para atravessá-lo e fechando-o após atravessar seus limites.

COVEN Um grupo autônomo de Bruxos que se encontram regularmente para fazer magia. Tradicionalmente, um coven tem 13 membros que se encontram na lua cheia. Hoje em dia, um coven pode ter qualquer tamanho, e seus membros podem ser mulheres e homens. Em algumas tradições, há um conjunto aceito de exigências para membros e lideranças para o ingresso no coven. Na tradição Reclaiming, os covens estabelecem as suas próprias regras. A maioria dos covens se encontra reservadamente e não abre suas portas a visitantes. Ocasionalmente, no entanto, um coven pode declarar um ritual aberto e convidar pessoas de fora apenas para aquele ritual. A filiação a um coven é obtida por meio do contato pessoal. Muitas vezes, os coveners se tornam muito próximos e consideram uns aos outros membros de sua própria família. Os covens também são conhecidos como "círculos" ou "groves".

COVENSTEAD Lugar onde a maioria do coven está. Um covenstead pode ser um lugar no campo, mas muitas vezes é uma sala na casa de um dos membros que serve de ambiente para o ritual, ou talvez um círculo marcado com pedras no jardim.

COWAN Uma pessoa que não é um Bruxo, assim como um gentio é alguém que não é judeu.

DIVINDADE/DEIDADE Muitos Bruxos modernos acreditam em um panteão de Deuses e Deusas que estão associados a muitas tradições religiosas, modernas e antigas, ao redor do mundo. O mais comum são os Bruxos invocarem divindades das culturas celta, grega e romana, mas muitos recorrem a Deusas e Deuses egípcios, africanos, escandinavos, nativos americanos, chineses e indianos. Muitos Bruxos são cuidadosos para não se apropriarem de práticas e crenças espirituais de outros povos; mas, uma vez que reconhecemos que culturas diferentes se afetam quando entram em contato umas com as outras, estamos propensos às influências de outras religiões que estejam em harmonia com a Arte.

DESINVOCAR Agradecer a uma deidade ou deidades que foram invocadas para um ritual e convidá-las a ficar ou partir se quiserem. O oposto de *invocar*. Este termo é usado no Reclaiming e não é encontrado em dicionários.

DEUS Tudo o que nasce, cresce e morre; a vida das plantas e animais. Algumas vezes, o Sol é considerado o Deus porque todo ano ele cresce brilhante no verão, declina, morre e

Glossário terminológico

renasce. As qualidades do Deus são as mesmas das plantas, como o crescimento, vitalidade, alcance da maturidade, ascensão e queda; também são as dos animais, como estado selvagem, liberdade, vulnerabilidade, inocência e êxtase na Natureza. (Veja *Divindade*.)

DEUSA A Terra, também chamada de "Mãe" e "Grande Deusa", pois é ela a fonte da vida. Quando morremos, nossos corpos retornam a ela. Através da Terra, estamos conectados aos mistérios e à beleza do Cosmos. Os Bruxos a consideram sagrada e de maneira honrada dedicam sua vida a protegê-la. As qualidades da Deusa são todas as que podem ser associadas à Terra — como resistência, fertilidade, abundância, sustentação, compaixão, criatividade (parto), destruição (decadência) e renascimento. (Veja *Divindade*.)

DEUSA TRÍPLICE A Donzela, a Mãe e a Anciã — associadas às fases da lua nova, cheia e minguante — são a tríade mais familiar na tradição Reclaiming. Outras Deusas Tríplices reconhecidas em várias culturas e períodos históricos são as Parcas, Cloto, Lachesis e Atropos; as Moiras ou Irmãs Gréias; as Nornes ou as Irmãs Wyrd e Morrígan. A Deusa Brigit, ou Bhride, está associada à forja, à chama e à fonte.

DIREÇÕES Leste, Sul, Oeste, Norte (também conhecidas como quadrantes) e Centro. Cada direção possui um elemento e poderes específicos associados a ela. O Centro é o ponto central do círculo. (Veja *Elementos*.)

DIVINAÇÃO A prática de buscar orientação ou obter percepção ou predição da sorte por meio de técnicas de magia — como ler cartas de Tarô, perscrutar ou ler folhas de chá.

EGRÉGORA "Um tipo de mentalização grupal que é criada quando as pessoas se reúnem conscientemente para um propósito em comum (...) [Ela] possui geralmente uma capacidade mais eficaz do que a mera soma de seus membros individuais." (Gaetan Delaforgem, "The Templar Tradition: Yesterday and Today", *Gnosis*.)

ELEMENTOS As quatro substâncias (Ar, Fogo, Água e Terra) necessárias para a criação e manutenção da vida. Cada uma delas está associada a uma das quatro direções; a uma ferramenta em particular; a certas qualidades e poderes que existem no mundo físico exterior e dentro de cada pessoa; a certas cores; formas de vida, fenômenos naturais que correspondem a cada direção.

Ar: Leste, athame, poderes da mente, capacidade de analisar e entender, respirar, sentir o cheiro, ouvir; as qualidades do vento — frescor, luz do dia, percepção repentina, pensamento racional, perspectiva; branco e tons leves de amarelo e rosa; pássaros, insetos.

Fogo: Sul; bastão; poder da paixão e do desejo, capacidade de agir de modo eficaz, destruir, purificar e mudar; as qualidades da chama — calor, fúria, agressividade, afeto, desejo sexual; vermelho, laranja, dourado, amarelo intenso; cobras, escorpiões, formigas, faíscas, o Sol, Deus.

Água: Oeste; cálice; poder da intuição e da emoção, capacidade de sonhar, amar, sofrer, limpar, curar, refrescar; as qualidades do fluído — mutabilidade, pureza, profundidade; azul, turquesa, púrpura, prata; peixe, cetácea, crustáceos, aves aquáticas, conchas, alga marinha, sangue, lágrimas, suor, a Lua.

Terra: Norte; pentáculo, os poderes do corpo, capacidade de criar, nutrir, alimentar, sustentar, destruir, curar; as qualidades do planeta — força, resistência, fertilidade, sustentação, sensualidade, abundância e diversidade; montanhas, rochas, árvores, cavernas; todos os animais e formas de vida, especialmente ursos, cervos, vacas; frutas e grãos, nascimento e morte, a Mãe, a Deusa e o Deus.

ENERGIAS; ELEVAÇÃO DE ENERGIA O uso de várias técnicas, como ritmos, movimentos e voz, para aumentar e intensificar a energia concentrada por um grupo. Essas técnicas tradicionais como cantar, tocar tambor e dançar são usadas para direcionar e liberar energia para ser usada de acordo com a intenção do grupo. A forma mais fácil de observar que a energia foi elevada é o calor: o ambiente torna-se quente e as pessoas que estão elevando a energia transpiram. A elevação de energia é usada para dar mais poder a um feitiço, uma cura ou outro trabalho. Quando a energia chega ao ápice, nós a moldamos naquilo que chamamos de "cone de poder" e o "liberamos", seja na direção de algo ou cercando-o (ou seja, permitindo que o excesso de energia seja escoado e absorvido pela Terra).

ENTEÓGENO Deus interior; Deus ou espírito facilitador. Um enteógeno é um sacramento psicoativo, uma planta ou substância química tomada para causar experiências religiosas primárias — por exemplo, o cacto de peiote, usado pela igreja dos nativos americanos.

ESBAT Um ritual de lua cheia celebrado mensal e regularmente pela maioria dos Bruxos e covens.

ESPÍRITO O espírito está no centro do círculo: ele é a vida, que é criada pelos elementos Ar, Fogo, Água e Terra. Alguns Bruxos consideram o espírito por si só um elemento.

Glossário terminológico 257

Os Bruxos cantam: "Ar eu sou, Fogo eu sou, Água, Terra e Espírito eu sou." Muitos Bruxos acreditam que o espírito é a consciência individual externa e eterna que existe independentemente de nossos corpos, e a maioria deles acredita que toda forma de vida (animal, plantas, pedras, montanhas, rios) tem espírito. Alguns acreditam que o espírito de um indivíduo entra em um outro ser depois da morte.

FEITIÇO Energia concentrada, dirigida para um resultado em particular, que utiliza um conjunto de objetos e ingredientes cuidadosamente escolhidos, palavras e **encantamentos**, gestos e o momento certo (como uma fase lunar apropriada). O propósito de um feitiço é gerar uma mudança na realidade física e não física. Em muitas tradições, os feitiços são regidos por princípios éticos. Um feitiço pode ser criado na forma de um encantamento físico ou, então, algo pode ser encantado. O ato de criar um feitiço é chamado de "arte dos feitiços" ou "feitiçaria". (Ver *Amuleto*.)

FERRAMENTAS Objetos que foram abençoados ou carregados de magia, e que são usados para propósitos mágicos. Há ferramentas particulares associadas a cada uma das cinco direções.

GEOMANCIA Adivinhação por meio de linhas e figuras ou por características geográficas.

INCENSAR Purificar, usar incenso ou fumaça de um bastão fumegante. (Veja *Aspergir*.)

INVOCAR Chamar um espírito ou divindade no círculo.

LIVRO DAS SOMBRAS Um compêndio, com rituais, feitiços, liturgias, invocações, canções, cânticos, receitas, formas de trabalho, nomes de divindades e atributos e instruções em certos conhecimentos sagrados, que é guardado por um indivíduo, coven ou tradição.

MAGIA A Arte e prática de mudar a consciência por meio da vontade.

MAGIA DO CAOS Em essência, Magia do Caos está relacionada ao ato de abandonar aquilo que seus praticantes vêem como uma parafernália e estruturas rígidas da magia desnecescessárias para se chegar ao centro da questão. Todos os que a praticam se distanciam das crenças completas e do simbolismo de outros sistemas de magia para empregar uma estrutura básica que gera resultados através de métodos únicos para cada praticante. Essa estrutura fornece um conjunto de ferramentas e técnicas que envolvem sinais, gnose (ou estados alterados de consciência, alcançados por meio de métodos variados), ritual, humor e auto-avaliação rigorosa.

O que há de mais interessante sobre a Magia do Caos não é sua forma ou flexibilidade, é o atitude do mago do caos. Os praticantes usam técnicas não porque foram ensinados a usar, mas porque elas funcionam. No fim, o mago do caos usa o que sente ser adequado, e permanece muito mais interessado na realização da magia do que em sua teoria.

MORTE O estado no qual entramos depois de a "vida" acabar, como é comumente definido pela biologia ocidental. A morte é compreendida como parte do ciclo. Muitos Bruxos acreditam que o morto continua a existir em um outro plano e que é possível contatá-lo, especialmente em Samhain, por intermédio de uma conexão psíquica. Todos nós estamos cientes de nossas ligações com nossos ancestrais e em relação ao fato de que, de alguma forma, viveremos em nossos descendentes. Cantamos "O que é relembrado vive". (Veja *Reencarnação*.)

PENTÁCULO A figura de uma estrela de cinco pontas, com um de seus vértices apontando para cima, dentro de um círculo. Instrumento do norte. O pentáculo é usado para atingir um equilíbrio psíquico e permitir que as pessoas experienciem várias energias conectadas de uma forma concentrada; cada uma de suas pontas está associada a diferentes poderes e qualidades. As tradições Reclaiming e Feri usam dois, e algumas vezes mais, esquemas de pentáculo específicos da tradição: o pentáculo de ferro, cujas pontas são sexo, self, paixão, orgulho e poder; e o pentáculo de pérola, cujas pontas são amor, lei, sabedoria, conhecimento e poder. Adicionalmente a isso, cada ponta do pentáculo corresponde a uma "ponta" do corpo quando ele assume a posição de um pentáculo (braços abertos, pernas afastadas): cabeça, mãos e pés.

PODEROSOS MORTOS Todos os que morreram e que são amplamente conhecidos como grandes Sacerdotisas, Sacerdotes e/ou professores da Arte. O termo é usado nas tradições Reclaiming e Faery.

Glossário terminológico

PERSCRUTAR Uma técnica de divinação. Em geral, significa olhar fixamente para uma bola de cristal, uma bacia de água ou alguma outra substância clara até que surja uma visão que possa ser interpretada ou compreendida de maneira direta.

PURIFICAR Limpar espiritual e mentalmente; eliminar quaisquer pensamentos ou sentimentos que possam interferir na participação no ritual ou na capacidade de se concentrar e fazer magia. (Ver *Aspergir, Incensar*.)

QUADRANTES Veja *Elementos, Direções*.

REENCARNAÇÃO A maioria dos Bruxos acredita em algum tipo de reencarnação ou renascimento — seja no sentido de que todas as coisas se reciclam, uma vez que tudo vem da Terra e nossos corpos retornam a ela quando morremos, ou na idéia de que nossa identidade individual, nosso espírito, irá se conectar a uma nova pessoa ou forma de vida.

RITUAL Uma ocasião na qual um indivíduo ou um grupo usam práticas tradicionais para enviar energia a um propósito específico, como uma cura, transformação, fortalecimento, proteção ou celebração. Os elementos básicos de um ritual na Tradição Reclaiming são equilibrar e purificar; lançar um círculo; invocar os elementos; invocar uma deidade (ou deidades); trabalho mágico; compartilhar comidas e bebidas e abrir o círculo.

RODA DO ANO Bruxos descrevem os ciclos das estações como Roda do Ano. Há oito dias sagrados, chamados "sabbat", quatro dos quais são baseados em eventos solares, e todos eles marcam o "girar da Roda". Alguns dias sagrados são celebrados na "véspera" — na noite anterior. As datas do calendário a seguir refletem a perspectiva do hemisfério norte. Estes são os dias sagrados para a Tradição Reclaiming.

> **31 de outubro, Samhain** Uma palavra celta, que tem a pronúncia de "sou" e "ên". Também é conhecida como **Halloween, Hallows** ou **Hallowmas**. O Samhain é um feriado importante, acontece entre o equinócio de outono e o solstício de inverno. Nele, homenageamos e lamentamos todos os que morreram no ano que se passou, celebramos nossos ancestrais (veja *Amados Mortos* e *Poderosos Mortos*; algumas almas que se

foram se encaixam nos dois) e buscamos contato com os espíritos dos mortos. O Samhain é o ano-novo dos Bruxos.

21/22 de dezembro, Yule Uma palavra escandinava. O solstício de inverno, o dia mais curto e a noite mais longa do ano, e o nascimento do Sol. Olhamos o pôr-do-sol e então fazemos vigília ao longo da noite, mantendo a chama de yule acesa enquanto parimos o renascimento do Sol. Nós nos reunimos ao amanhecer para cantar o nascer do Sol. Muitos têm uma árvore de yule (com presentes!) em casa, representando a árvore da vida e a regeneração, conhecida entre os escandinavos como Ygdrassil.

2 de fevereiro, Brigid Também conhecida como **Candlemas**; refere-se ao retorno da luz, ou **Imbolc**, ou **Oimelc**, que significa "estação da ordenha" ou "no ventre". É o ponto intermediário entre Yule e o equinócio da primavera. Este é um momento no qual homenageamos Brigit, a Deusa da forja, chama, fontes, trabalho, poesia e cura. Fazemos pedidos na fonte sagrada, em frente a uma chama sagrada. Celebramos os sinais gentis do início da primavera e a luz retornando após a escuridão do inverno.

22 de março, Equinócio da Primavera Também conhecido como **Ostara, Oestar** ou **Páscoa**, recebe este nome por causa da Deusa da primavera. Os dias e as noites são iguais em tamanho, e é o momento de iniciar o jardim, de plantar as sementes. Tentamos fazer isso tanto em nossas vidas quanto na Terra. Celebramos a renovação da vida, o interminável ciclo do renascimento, simbolizado pelo ovo.

1º de maio, Beltane Também é chamado de **Dia de maio** e, em algumas tradições, a véspera desse dia é chamada de **Walpurgisnacht**. É ponto intermediário entre o equinócio da primavera e o solstício de verão. Tradicionalmente, esta é a época para os amantes celebrarem. Dançamos em volta do mastro enfeitado, trançamos fitas, pulamos sobre a fogueira de Beltane para realçar a fertilidade e todos os tipos de criatividade, amor e cura.

21 de junho, Solstício de Verão Também chamado de **Litha**. É o dia mais longo do ano e a noite mais curta. Depois dessa noite, os dias se tornarão mais curtos, então chamamos esse período de a morte do Rei Sol. Construímos uma grande figura com gravetos e palha e depois a queimamos. Olhamos o Sol se pôr e celebramos a beleza do solstício.

Glossário terminológico

2 de agosto, Lughnasad Pronuncia-se "Lu-na-shá". Esse sabbat também é chamado de Lammas (que significa "massa de pão"), celebra o Deus celta Lugh. Esse é o ponto intermediário entre o solstício de verão e o equinócio de outono. É a primeira colheita, quando nos regozijamos com os primeiros frutos da estação. Também começamos a nos preparar para a chegada do inverno e pensamos sobre o que precisaremos guardar para atravessar a estação escura e fria.

22 de setembro, Equinócio de Outono É a principal colheita ou festival de ação de graças, também conhecido como **Mabon** ou **Retorno da Colheita**. Esse é um momento em que novamente dia e noite estão em equilíbrio — o que significa que eles têm a mesma duração. Fazemos uma festa e às vezes também plantamos um jardim de inverno. Relembramos que é hora de diminuir o ritmo, descansar, aproveitar as bênçãos, principalmente nossas famílias e amigos.

SABBAT Um dos oitos dias do ano solar que marca o giro da Roda. (Veja *Roda do Ano*.)

SACRAMENTOS Um conjunto de leis ou regras pertencentes à prática, à tecnologia e às crenças de uma tradição de Bruxaria em particular.

SOLITÁRIO Um Bruxo que pratica sozinho, não em um coven.

TARÔ Um conjunto de 78 cartas com cinco naipes e imagens simbólicas, usado para divinação. Há muitas versões diferentes, e muitas vêm com um livro de consultas. As cartas do tarô são as precursoras do baralho comum, e são conhecidas por terem aparecido na Europa no início do século XV. Acredita-se que as cartas foram usadas primeiramente pelos ciganos e Bruxos até recentemente, quando seu uso se popularizou.

TRAÇAR Traçar "um círculo" é definir os limites do espaço sagrado, usualmente um círculo onde o ritual irá acontecer. (Veja *Círculo*.)

TRADIÇÃO FAMILIAR Uma tradição de família; uma tradição da Arte que é preservada dentro de uma família e passada adiante, geração após geração.

VESTIDO DE CÉU Nudez, nu sob o céu.

Bibliografia selecionada

Abrams, David. *The Spell of the Sensuous: Perception and Language in a More-than-Human World*. Nova York: Pantheons, 1996.

Adler, Margot. *Drawing down the Moon: Witches, Druids, Goddess-Worshippers, and Other Pagans in America Today*. Boston: Beacon, 1979, 1986.

Arthur, Shawn. "Technophilia and Nature religion: The Growth of Paradox", ensaio apresentado na conferência quinqüenal IAHR, em Durban, África do Sul, 10 de agosto de 2000, e no encontro anual da AAR (Academia Americana de Religião), em Nashville, TN, 18 de novembro de 2000.

Bunt, Gary. *Virtually Islamic: Computer-Mediated Communication and Cyber Islamic Environments*. Cardiff: U of Wales P, 2000.

Califia, Pat, e Drew Campbell (eds.). *Bitch Goddess: The Spiritual Path of the Dominant Woman*. São Francisco: Greenery, 1997.

Clifton, Chas S. (ed.). *Witchcraft Today*, 3 volumes (*The Modern Craft Movement; Modern Rites of Passage*; e *Witchcraft and Shamanism*). St. Paul, MN: Llewellyn, 1993-94.

Devereux, Paul, John Steele e David Kubrin. *Earthmind: A Modern Adventure in Ancient Wisdom*. Nova York: Harper & Row, 1989.

DiZerega, Gus. *Pagans and Christians: The Personal Spiritual Experience*. St. Paul, MN: Llewellyn, 2001.

Graham, Harvey. *Contemporary Paganism: Listening People, Speaking Earth*. Nova York UP, 1997.

Graham, Harvey e Charlotte Hardman (eds.). *Paganism Today: Wiccans, Druids, the Goddess and Ancient Earth Traditions for the Twenty-First Century*. São Franscisco: Thorsons, 1996.

Griffin, Wendy (ed.). *Daughters of the Goddess: Studies of Healing, Identity, and Empowerment*. Walnut Creek, CA: AltaMira, 2000.

Harrow, Judy. *Wicca Covens: How to Start and Organize Your Own*. Secaucus, NJ: Citadel, 1999.

Leland, Charles G. *Aradia; Or, The Gospel of the Witches*. Tradução de Mario Pazzaglini e Dina Pazzaglini. Blaine, WA: Phoenix, 1998.

Lewis, James R. (ed.). *Magical Religions and Modern Witchcraft*. State U of New York P, 1996.

Marshal, Peter. *Nature's Web: Rethinking Our Place on Earth*. Armonk, NY; Londres: M. E. Sharpe, 1992, 1996.

Monaghan, Patricia. *The New Book of Goddesses and Heroines*. St. Paul, MN: Llewellyn, 1998.

Orion, Loretta. *Never Again the Burning Times: Paganism Revived*. Prospect Heights, IL: Waveland, 1995.

Pike, Sarah M. *Earthly Bodies, Magical Selves: Contemporary Pagans and the Search for Community*. Berkeley: U of California P, 2001.

Rosen, Jonathan. *The Talmud and the Internet: A Journey between Worlds*. Nova York: Farrar, Straus e Giroux, 2000.

Wood, Robin. *When, Why... If: An Ethics Workbook*. Dearborn, MI: Livingtree, 1996.

Este livro foi composto na tipologia Minion, em
corpo 11,5/16, e impresso em papel off-white 80g/m²,
no Sistema Cameron da Divisão Gráfica
da Distribuidora Record.

Você pode adquirir os títulos da Nova Era
por Reembolso Postal e se cadastrar para
receber nossos informativos de lançamentos
e promoções. Entre em contato conosco:

mdireto@record.com.br

Tel.: (21) 2585-2002
Fax: (21) 2585-2085

*De segunda a sexta-feira,
das 8h30 às 18h*

Caixa Postal 23.052
Rio de Janeiro, RJ
CEP 20922-970

Válido somente no Brasil
www.record.com.br